AF617041

APUNTES FISCALES

APUNTES FISCALES

JOSÉ VICENTE GALDÓN GARRIDO
Notario de Esplugues de Llobregat

COLEGIO NOTARIAL
DE CATALUÑA

tirant lo blanch
Valencia, 2025

En caso de erratas y actualizaciones, la Editorial Tirant lo Blanch publicará la pertinente corrección en la página web www.tirant.com.

EDITA: TIRANT LO BLANCH
C/ Artes Gráficas, 14 - 46010 - Valencia
TELFS.: 96/361 00 48 - 50
FAX: 96/369 41 51
Email: tlb@tirant.com
www.tirant.com
Librería virtual: www.tirant.es
DEPÓSITO LEGAL: V-2111-2025
ISBN: 979-13-7010-847-2

Si tiene alguna queja o sugerencia, envíenos un mail a: *atencioncliente@tirant.com*. En caso de no ser atendida su sugerencia, por favor, lea en *www.tirant.net/index.php/empresa/politicas-de-empresa* nuestro procedimiento de quejas.

Responsabilidad Social Corporativa: http://www.tirant.net/Docs/RSCTirant.pdf

Índice

1. TRANSMISIONES ONEROSAS

1.1 INMUEBLES

TRANSMISIÓN DE UN SOLAR EFECTUADO POR UNA PERSONA JURÍDICA NO RESIDENTE

VENTA DE UN SOLAR SITUADO EN ESPAÑA POR UNA SOCIEDAD ITALIANA A UNA SOCIEDAD SUECA.

El esquema podría ser el siguiente:

A) IMPUESTO RENTA NO RESIDENTES

El IRNR grava las rentas obtenidas en España tanto por personas físicas como por personas jurídicas no residentes.

En este sentido, el art. 1:

"El Impuesto sobre la Renta de no Residentes es un tributo de carácter directo que grava la renta obtenida en territorio español por las personas físicas y entidades no residentes en éste".

Criterio reiterado en el art. 5, que califica como contribuyentes a:

"Las personas físicas y entidades no residentes en territorio español conforme al artículo 6 que obtengan rentas en él, salvo que sean contribuyentes por el Impuesto sobre la Renta de las Personas Físicas".

Por tanto, todo contribuyente que obtenga renta en España quedará sujeto a este impuesto.

En este sentido se manifiesta el art. 12 que, al definir el hecho imponible, establece:

"Constituye el hecho imponible la obtención de rentas, dinerarias o en especie, en territorio español por los contribuyentes por este impuesto, conforme a lo establecido en el artículo siguiente".

Y el artículo siguiente considera rentas obtenidas en territorio español:

"Las ganancias patrimoniales derivadas de la transmisión de derechos o participaciones en una entidad, residente o no, que atribuyan a su titular el derecho de disfrute sobre bienes inmuebles situados en territorio español".

Esta sujeción al IRNR se produce tanto si la sociedad vendedora tiene establecimiento permanente en España como si no lo tiene.

De hecho, los capítulos siguientes de la ley IRNR desarrollan ambos supuestos.

B) RETENCIÓN DEL 3%

Habrá que distinguir si la sociedad italiana (vendedora) tiene o no establecimiento permanente en España.

a) SI NO TIENE ESTABLECIMIENTO PERMANENTE: RETENCIÓN

Si la sociedad italiana (vendedora) no tiene establecimiento permanente en España, la sociedad sueca (compradora) está obligada a retener.

Y esto, por aplicación del art. 14 del R IRNR:

"En los supuestos de transmisiones de bienes inmuebles situados en territorio español por contribuyentes del Impuesto sobre la Renta de no Residentes que actúen sin mediación de establecimiento permanente, el adquirente estará obligado a retener e ingresar el 3 por ciento, o a efectuar el ingreso a cuenta correspondiente, de la contraprestación acordada, en concepto de pago a cuenta del Impuesto sobre la Renta de no Residentes correspondiente a aquellos".

b) SI TIENE ESTABLECIMIENTO PERMANENTE: NO RETENCIÓN

Si la sociedad italiana (vendedora) tiene establecimiento permanente en España, la sociedad sueca (compradora) no está obligada a retener.

Esto es así porque las sociedades extranjeras con establecimiento permanente en España deben tributar por el Impuesto de Sociedades en España con las especificaciones previstas en el IRNR.

Por tanto, bastará con que la sociedad italiana (vendedora) acredite, mediante el oportuno certificado expedido por la Administración Tributaria, su sujeción al Impuesto de Sociedades en España para que la sociedad sueca (compradora) no tenga obligación de retener.

En este sentido, el art. 14 del R IRNR:

"El adquirente no tendrá la obligación de retener o de efectuar el ingreso a cuenta en los siguientes casos:

a) Cuando el transmitente acredite su sujeción al Impuesto sobre la Renta de las Personas Físicas o al Impuesto sobre Sociedades mediante certificación expedida por el órgano competente de la Administración tributaria".

C) IVA: SUJECIÓN

Parece clara la sujeción a IVA de la operación.

Hay que recordar el art. 4 de la L IVA:

"Estarán sujetas al impuesto las entregas de bienes y prestaciones de servicios realizadas en el ámbito espacial del impuesto por empresarios o profesionales a título oneroso, con carácter habitual u ocasional, en el desarrollo de su actividad empresarial o profesional, incluso si se efectúan en favor de los propios socios, asociados, miembros o partícipes de las entidades que las realicen".

Por tanto, la ley no distingue entre participantes nacionales o extranjeros ni exige que las partes tengan un establecimiento permanente en España por lo que, en mi opinión, la transacción estará sujeta al IVA.

D) IIVTNU

No hay que olvidar que, tratándose de un solar, la operación estará sujeta, en todo caso, a IIVTNU tanto si la sociedad italiana (vendedora) tiene establecimiento permanente en España como si no lo tiene.

Curiosamente parece que, en este caso y haciendo una interpretación literal del art. 106 de la LHL, el comprador del terreno (la sociedad sueca) no se convierte en sujeto pasivo sustituto del vendedor (la sociedad italiana)

Y ello por la dicción literal del art. 106 de la LHL que exige, para que el adquirente sea un sujeto pasivo sustituto, que el transmitente sea una persona física no residente en España, lo que no se da en nuestro caso:

"Tendrá la consideración de sujeto pasivo sustituto del contribuyente, la persona física o jurídica, o la entidad a que se refiere el artículo 35.4

de la Ley 58/2003, de 17 de diciembre, General Tributaria, que adquiera el terreno o a cuyo favor se constituya o transmita el derecho real de que se trate, cuando el contribuyente sea una persona física no residente en España".

Sería interesante saber cuál es el criterio de la DGT en este punto, aunque fácilmente nos lo podemos imaginar.

E) CONCLUSIÓN

Lo dicho.

Salvo mejor opinión.

TRANSMISIÓN DE INMUEBLE COMO CONSECUENCIA DE UN PROCESO CONCURSAL: INVERSIÓN DE SUJETO PASIVO DE IVA

ARTÍCULO 84.UNO.2 L IVA.

A) PREMISA

Del supuesto de hecho planteado parece deducirse que tanto el transmitente (promotor) como el adquirente (Iglesia Evangélica) son sujetos pasivos de IVA y que ambos actúan en el ejercicio de su actividad.

Además, la sociedad transmitente se encuentra, según se indica, en situación de concurso de acreedores.

B) PRIMERA O SEGUNDA TRANSMISIÓN

Lógicamente, la fiscalidad será distinta según nos encontremos ante una primera o segunda transmisión.

Para determinar si estamos ante una primera o segunda transmisión, habrá que acudir a las reglas generales.

En concreto, al art. 20.uno.22 a), de la Ley del IVA:

"A los efectos de lo dispuesto en esta Ley, se considerará primera entrega la realizada por el promotor que tenga por objeto una edificación cuya construcción o rehabilitación esté terminada. No obstante, no tendrá la consideración de primera entrega la realizada por el promotor después de la utilización ininterrumpida del inmueble por un plazo igual o superior a dos años por su propietario o por titulares de derechos reales de goce o disfrute o en virtud de contratos de arrendamiento sin opción de compra, salvo que el adquirente sea quien utilizó la edificación durante el referido plazo".

C) PRIMERA TRANSMISIÓN

Si estamos ante una primera transmisión efectuada por un sujeto de IVA en el ejercicio de su actividad, la operación estará sujeta y no exenta de IVA y, en consecuencia, sujeta a AJD.

La particularidad consiste en que si, como ocurre en nuestro caso, el adquirente es sujeto pasivo de IVA (la Iglesia Evangélica), habrá inversión de sujeto pasivo de IVA porque la enajenación se produce dentro de un proceso concursal.

Y ello, por aplicación del art. 84.UNO.2 de la Ley del IVA que considera que hay inversión del sujeto pasivo de IVA con relación a los bienes inmuebles en:

"Las entregas efectuadas como consecuencia de un proceso concursal".

D) SEGUNDA TRANSMISIÓN

Si, en aplicación de las reglas generales, consideramos que estamos ante una segunda transmisión, la operación estará sujeta y exenta de IVA y, en consecuencia, sujeta a TPO.

La particularidad consiste en que si, como ocurre en nuestro caso, el adquirente es sujeto pasivo de IVA (la Iglesia Evangélica) cabría la renuncia a la exención.

En consecuencia, si se produce la renuncia, la operación estaría sujeta a IVA con inversión de sujeto pasivo por ser éste otro de los supuesto previstos en el mismo art. 84.UNO. 2 de la Ley del IVA:

"Las entregas exentas a que se refieren los apartados 20.º y 22.º del artículo 20.Uno en las que el sujeto pasivo hubiera renunciado a la exención".

E) INVERSIÓN DE SUJETO PASIVO DE IVA: DOS SUPUESTOS DISTINTOS

En realidad, los casos analizados son dos supuestos distintos de inversión de sujeto pasivo de IVA, detallados ambos en el art. 84.UNO.2 de la Ley del IVA:

"– Las entregas efectuadas como consecuencia de un proceso concursal.

– Las entregas exentas a que se refieren los apartados 20.º y 22.º del artículo 20.Uno en las que el sujeto pasivo hubiera renunciado a la exención".

El resultado, en ambos casos, es el mismo: la inversión del sujeto pasivo de IVA.

Lógicamente, en ambos casos, para realizar la inversión del sujeto pasivo de IVA, es necesario que el adquirente del inmueble sea un empresario o profesional que actúe en el ejercicio de su actividad.

23 de febrero 2024

COMPRAVENTA DE INMUEBLE SUJETA A CONDICIÓN SUSPENSIVA

Interesante debate.

En mi opinión:

La compraventa de un inmueble sujeta a condición suspensiva no está sujeta a TPO y sí está sujeta a AJD.

Intento explicarme.

A) NO ESTÁ SUJETA A TPO

La compraventa de un inmueble sujeto a condición suspensiva no está, en mi opinión, sujeta a TPO sencillamente porque ni se produce el hecho imponible ni, en consecuencia, el devengo del impuesto.

No se produce el hecho imponible porque solo están sujetas al impuesto, según el art. 7 del TR:

"Las transmisiones onerosas por actos «inter vivos» de toda clase de bienes y derechos que integren el patrimonio de las personas físicas o jurídicas".

Y aquí no hay transmisión alguna.

En consecuencia, no se produce el devengo del impuesto porque no hay transmisión patrimonial hasta el día en que desaparezca la limitación.

En nuestro caso, el devengo del impuesto se producirá el día en que la condición se cumpla, tal como establece el artículo 49.2 del TR:

"Toda adquisición de bienes cuya efectividad se halle suspendida por la concurrencia de una condición, un término, un fideicomiso o cualquiera otra limitación, se entenderá siempre realizada el día en que dichas limitaciones desaparezcan".

Por tanto, en mi opinión, si no hay ni hecho imponible ni devengo del impuesto difícilmente se puede hablar de sujeción a TPO.

B) ESTÁ SUJETA A AJD

La compraventa de un inmueble sujeta condición suspensiva está sujeta a AJD porque se produce el hecho imponible y el devengo del impuesto.

Se produce el hecho imponible porque cumple todos los conocidos requisitos del art. 31 del TR puesto que, como ya he dicho, no está sujeta a TPO.

Se produce el devengo del impuesto porque lo que se grava es el documento notarial propiamente dicho y éste ya se ha formalizado.

Así nos lo recuerda el artículo 49.1 b) del TR al indicarnos que el impuesto se devengará:

"En las operaciones societarias y actos jurídicos documentados, el día en que se formalice el acto sujeto a gravamen".

C) INCOMPATIBILIDAD ENTRE TPO Y AJD

Por supuesto que TPO y AJD son impuestos incompatibles.

Pero eso quiere decir que una operación no puede estar gravada al mismo tiempo por ambos impuestos.

La compraventa sujeta a condición suspensiva estará sujeta a AJD y no sujeta a TPO y cuando, en su caso, se cumpla la condición suspensiva, la escritura en que se formalice estará sujeta a TPO y no sujeta a AJD.

Se respeta, por tanto, la incompatibilidad entre ambos impuestos.

D) COMENTARIO

Un mismo hecho imponible no puede estar sujeto o gravado al mismo tiempo por dos impuestos.

TPO y AJD son dos impuestos distintos, incompatibles, con hechos imponibles distintos, cada uno con su propia regulación y con ámbitos de aplicación también distintos.

TPO grava las transmisiones patrimoniales onerosas de toda clase de bienes o derechos.

AJD grava el documento notarial que reúna los requisitos del art. 31.2 del TR.

Sostengo que la compraventa de un inmueble sujeta a una condición suspensiva no está sujeta a TPO y sí a AJD, por lo que se produce un sólo hecho imponible: la formalización del documento notarial, sujeto exclusivamente a AJD.

También mantengo que, si llega a cumplirse la condición suspensiva, se producirá un nuevo hecho imponible, esta vez sujeto a TPO y no a AJD por ser impuestos incompatibles.

Por ello creo que de mi planteamiento (con el que se podrá estar de acuerdo o no) no resulta que un mismo hecho imponible está gravado al mismo tiempo por dos impuestos, sino más bien que estamos ante dos hechos imponibles distintos, sujeto cada uno de ellos a un impuesto distinto.

Por otro lado, no es nada extraño que una sola compraventa esté sujeta a más de un impuesto.

Así ocurre, por ejemplo, con las compraventas con condición resolutoria, que estarán sujetas a TPO tanto por la transmisión del inmueble como por la constitución de la condición resolutoria.

O en las compraventas sujetas a IVA que tributarán tanto por la entrega de bienes como por AJD.

O, como mantengo, en las compraventas sujetas a condición suspensiva.

En todos estos casos, hay una sola compraventa pero varios hechos imponibles.

E) CONCLUSIÓN

El impuesto de AJD se devenga aunque la operación formalizada en el documento notarial esté sujeta a condición suspensiva.

Es decir, en sede de TPO el devengo del impuesto se produce cuando se produce el hecho imponible, es decir, cuando se produce la transmisión del inmueble, mientras que en sede de AJD el devengo del impuesto se produce el día que se otorga la escritura pública.

Las condiciones suspensivas no pueden tener efecto suspensivo del devengo de la modalidad de AJD ya que el hecho imponible no es el acto o contrato contenido en el documento, sino su documentación, es decir, el propio documento.

PRÓRROGA DE CONDICIÓN RESOLUTORIA: AJD

DGT V1044-14

Para la DGT, la simple modificación del calendario de pagos está sujeta a AJD.

En este sentido, la DGT V1044-14.

A) CUESTIÓN PLANTEADA

"Si la escritura pública notarial de modificación del calendario de pagos del precio originalmente aplazado devenga cuota variable de actos jurídicos documentados, documentos notariales".

B) ARGUMENTOS

Para defender la sujeción de la prórroga del plazo a AJD, la DGT utiliza dos argumentos.

En primer lugar, la DGT considera que la escritura tiene cuantía valuable:

"En particular, la consultante duda de que la mera modificación del calendario de pagos cumpla el requisito de tener contenido valuable.

Sin embargo, no parece razonable compartir este criterio, ya que sí tiene contenido valuable, precisamente el importe de las cantidades aplazadas"

De esto parece deducirse que la base imponible sería exclusivamente el importe de las cantidades no satisfechas en el momento del aplazamiento.

No la cantidad inicialmente garantizada.

Por tanto, en el supuesto de hecho planteado por nuestro compañero, la base imponible sería exclusivamente los 100.000 € que se aplazan, no la totalidad de la cantidad inicialmente garantizada.

En segundo lugar, para defender su posición, la DGT se apoya en el art. 9 de la Ley 2/1994 de 30 de marzo.

Como recordamos, este artículo establece la exención de la cuota gradual de AJD de las escrituras públicas de novación modificativa de los préstamos hipotecarios, acogidas a dicha Ley, que consistan en una alteración del plazo.

El argumento es sencillo.

Si determinadas modificaciones de plazo están sujetas y exentas (las acogidas a la Ley 2/1994), las que que no estén comprendidas en el ámbito de la citada Ley estarán sujetas y no exentas.

En este sentido, la consulta que comentamos:

"Pues bien, si la Ley establece la exención de la cuota gradual de una escritura pública de novación modificativa en la se altere el plazo del préstamo, es porque tal documento está sujeto a la referida cuota gradual, pues no cabe aplicar exención si no existe sujeción, luego no cabe sino concluir que la escritura pública que contenga la modificación de los plazos de pago tiene contenido valuable, y ello, con independencia de otros fundamentos jurídicos, por prescripción legal".

C) CONCLUSIÓN

La que establece la misma DGT:

"La escritura pública que documente la novación modificativa del calendario de pagos de una finca adquirida con pago aplazado y que incluye una condición resolutoria referente al impago de las cantidades pendientes de pago estará sujeta a la cuota gradual de actos jurídicos documentado por reunir todos los requisitos del art. 31.2 del TR ITPAJD".

TRANSMISIÓN DE CONCESIÓN ADMINISTRATIVA

DGT V2505-21

DGT V0171-07

DGT V2840-09

El esquema podría ser el siguiente:

A) TRANSMISIÓN DE TODA LA CONCESIÓN: ENTREGA DE BIENES

La consulta de la DGT V2505-21, de 6-10-2021 considera que la transmisión de concesiones administrativas sobre bienes inmuebles demaniales constituye para el concesionario, sujeto pasivo de IVA, una entrega de bienes respecto de la que se aplican las reglas generales del IVA.

En el mismo sentido, DGT V2840-09:

"en los contratos de concesión administrativa en los que el concesionario se obliga a construir determinados bienes en suelo demanial, el rescate de los mismos que eventualmente pueda producirse por parte del Ente concedente, determinaría la realización de una entrega de bienes efectuada por el concesionario a favor de este último, al corresponderle a aquél la totalidad de las facultades económicas derivadas de dichos bienes"

B) TRANSMISIÓN DE PLAZA DE GARAJE EN RÉGIMEN DE CONCESIÓN: PRESTACIÓN DE SERVICIOS

La transmisión de la cesión de derechos por un concesionario (por ejemplo, plazas de garaje en suelo público o amarres) quedan siempre sujetas y no exentas de IVA como prestación de servicios, siempre que el concesionario sea sujeto pasivo de IVA, no constituyendo una entrega de bienes.

En este sentido, consulta de la DGT V0171-07, de 24-1-2007, que destaca asimismo la sujeción por AJD de las escrituras públicas que documenten dichas operaciones por concurrir todos los requisitos del artículo 31.2 TR-LITPAJD.

En el mismo sentido, DGT V2840-09:

"El referido supuesto de no sujeción resulta aplicable al otorgamiento de concesiones o autorizaciones administrativas por los entes públicos que las efectúen, por no considerarse realizadas en el desarrollo por parte del ente público de una actividad empresarial o profesional, pero no resulta aplicable a las ulteriores transmisiones de dichas concesiones que los primeros o ulteriores adjudicatarios de las mismas realicen como es el caso objeto de consulta, constituyendo, por tanto, una prestación de servicios sujeta y no exenta del Impuesto sobre el Valor Añadido".

18 de abril 2023

TRANSMISIÓN DE CONCESIÓN ADMINISTRATIVA DE PLAZAS DE GARAJE SUJETA A TPO

El otro día me preguntaba un compañero cómo tributaría la transmisión de una plaza de parking en régimen de concesión administrativa.

En mi opinión, el esquema de este tipo de concesiones de plazas de garaje en suelo público sería el siguiente:

A) CONSTITUCIÓN: TPO

La constitución de una concesión administrativa para la construcción de plazas de garaje en suelo público está sujeta a TPO y no sujeta a IVA.

Unicamente están sujetas a IVA las concesiones administrativas que tengan por objeto el derecho a utilizar inmuebles o instalaciones en puertos, aeropuertos e infraestructuras ferroviarias.

El resto de concesiones administrativas, como la que estamos tratando, estarán sujetas en su constitución a TPO.

En este sentido, el art. 7.1 B) del TR ITPAJD:

"1. Son transmisiones patrimoniales sujetas:

B) La constitución de derechos reales, préstamos, fianzas, arrendamientos, pensiones y concesiones administrativas, salvo cuando estas últimas tengan por objeto la cesión del derecho a utilizar infraestructuras ferroviarias o inmuebles o instalaciones en puertos y en aeropuertos".

En consecuencia, en todo caso, tanto si el concesionario es sujeto pasivo de IVA como si no lo es, la constitución de una concesión administrativa para la construcción de plazas de garaje en suelo público estará sujeta a TPO.

El tipo de gravamen será el fijado por las CCAA y, en su defecto, con carácter supletorio el 4%.

En este sentido, el art. 13.1 del TR ITPAJD en relación con el art. 51.1.b) del R ITPAJD

Art. 13.1 TR ITPAJD:

"1. Las concesiones administrativas tributarán con el tipo que, conforme a lo previsto en la Ley 21/2001, de 27 de diciembre, por la que se regulan las medidas fiscales y administrativas del nuevo sistema de financiación de las Comunidades Autónomas de régimen común y Ciudades con Estatuto de Autonomía, haya sido aprobado por la Comunidad Autónoma.

Si la Comunidad Autónoma no hubiese aprobado el tipo a que se refiere el párrafo anterior, las concesiones administrativas tributarán como constitución de derechos, al tipo de gravamen establecido en el artículo 11.a) para los bienes muebles o semovientes, cualesquiera que sean su naturaleza, duración y los bienes sobre los que recaigan".

Art. 51.1 b) R ITPAJD:

"1. La cuota tributaria se obtendrá aplicando sobre la base liquidable los siguientes tipos, sin perjuicio de lo establecido en el artículo siguiente:

b) El 4 por 100, si se trata de la transmisión de bienes muebles y semovientes, así como la constitución y cesión de derechos reales sobre los mismos, salvo los derechos reales de garantía".

La base imponible será, en principio, el canon de la concesión. (El art. 13 TR ITPAJD establece algunas reglas especiales que conviene consultar).

B) AMPLIACIÓN: TPO

El mismo régimen tributario se aplicará a la posterior ampliación de la concesión administrativa, siempre que implique para su titular un incremento patrimonial.

En este sentido, el art. 10.2 del R ITPAJD:

"Se liquidará como constitución de derechos la ampliación posterior de su contenido que implique para su titular un incremento patrimonial, el cual servirá de base para la exigencia del tributo".

C) TRANSMISIÓN DEL GARAJE EN RÉGIMEN DE CONCESIÓN

1. TRANSMITENTE NO SUJETO PASIVO DE IVA: TPO

Si el vendedor de la plaza de garaje no es sujeto pasivo de IVA, la transmisión quedará sujeta a TPO al tipo de gravamen que para la transmisión de inmuebles establezca cada CCAA.

Es decir, no tributará al 4% como la constitución o ampliación, sino al tipo de gravamen general que tenga establecido cada CCAA para la transmisión de inmuebles.

En este sentido, el art. 10.3 del R ITPAJD:

"La transmisión de sus derechos por el concesionario o por el beneficiario de los actos y negocios administrativos que se equiparan fiscalmente a concesiones administrativas, tributará por el tipo de gravamen que corresponda a la naturaleza mueble o inmueble de los derechos que se transmitan".

2. TRANSMITENTE SUJETO PASIVO DE IVA: IVA + AJD

Si el vendedor es sujeto pasivo de IVA y actúa en el ejercicio de su actividad, la transmisión de la plaza de garaje quedará sujeta a IVA como prestación de servicios, además de estar sujeta a AJD al ser impuestos compatibles.

En ningún caso habrá inversión de sujeto pasivo de IVA, puesto que estamos ante una prestación de servicios, no ante una entrega de bienes.

Todo este tema está perfectamente tratado por JM JUÁREZ en TODO TRANSMISIONES.

TRANSMISIÓN DE CONCESIÓN ADMINISTRATIVA DE UNA PLAZA DE PARKING SUJETA A IVA

La transmisión de una plaza de parking en régimen de concesión administrativa puede quedar sujeta a IVA o a TPO según los casos.

A) TRANSMISIÓN SUJETA A IVA

La transmisión de una plaza de parking en régimen de concesión administrativa quedará sujeta a IVA, como prestación de servicios, cuando el transmitente sea sujeto pasivo de IVA y actúe en el ejercicio de su actividad.

Puesto que no se considera entrega de bienes sino prestación de servicios, es indiferente que sea primera, segunda o tercera transmisión.

Quedará en todo caso sujeta a IVA y, lógicamente, también a AJD.

Al no considerarse una entrega de bienes, sino una prestación de servicios, no cabe la inversión de sujeto pasivo de IVA.

B) TRANSMISIÓN SUJETA A TPO

Por el contrario, la transmisión de una plaza de parking en régimen de concesión administrativa quedará sujeta a TPO cuando el transmitente no sea sujeto pasivo de IVA.

8 de julio 2024

TRANSMISIÓN DE INMUEBLE ENTRE PARTICULARES A CAMBIO DE PENSIÓN VITALICIA GARANTIZADA CON CONDICIÓN RESOLUTORIA

En mi opinión, esta operación tributará de la siguiente forma:

A) TRANSMISIÓN DEL INMUEBLE: TPO

No siendo sujeto pasivo el transmitente, la transmisión del inmueble estaría sujeta a TPO al tipo impositivo que corresponda a cada CCAA.

B) PENSIÓN VITALICIA: TPO

La pensión vitalicia queda sujeta a TPO al tipo de 1% calculando la base imponible según lo establecido en el artículo 10.2f del TR ITPAJD:

"La base imponible de las pensiones se obtendrá capitalizándolas al interés básico del Banco de España y tomando del capital resultante aquella parte que, según las reglas establecidas para valorar los usufructos, corresponda a la edad del pensionista, si la pensión es vitalicia, o a la duración de la pensión si es temporal.

Cuando el importe de la pensión no se cuantifique en unidades monetarias, la base imponible se obtendrá capitalizando el importe anual del salario mínimo interprofesional".

C) CONSTITUCIÓN DE CONDICIÓN RESOLUTORIA: AJD

La constitución de condición resolutoria queda sujeta a AJD siendo su base imponible la misma que la base imponible de la pensión, puesto que se constituye en garantía de ésta.

En ningún caso, la constitución de condición resolutoria puede estar sujeta a TPO puesto que el artículo 7.3 del TR únicamente grava por TPO las condiciones resolutorias establecidas en garantía de un precio aplazado en las transmisiones inmobiliarias, no en garantía de pensiones vitalicias.

D) CANCELACIÓN DE CONDICIÓN RESOLUTORIA: AJD

Las cancelaciones de condición resolutoria quedan sujetas, en todo caso, a AJD, puesto que reúne los requisitos del art. 31.2 del TR ITPAJD.

En ningún caso pueden quedar sujetas a TPO ya que la cancelación de una condición resolutoria no es hecho imponible en la citada modalidad.

La base imponible es la cantidad total garantizada por la condición resolutoria, que coincidirá con la base imponible de la pensión.

1.2 ARRAS

PROMESA DE CONTRATO: ARRAS.

22 de febrero 2024

PROMESA DE CONTRATO: ARRAS

DGT V1712-17

DGT V0397-20

Un intento de aproximación a su tributación podría ser el siguiente:

A) ÁMBITO TPO

Su tributación dependerá de cómo esté redactado el documento de arras.

a) PROMESA DE CONTRATO: TPO

Si el documento está redactado en términos obligacionales ("se obliga a vender" "se obliga a comprar"), estaremos en el ámbito del art. 14.2 del TR ITPAJD y la operación estará sujeta a TPO.

"Las promesas y opciones de contratos sujetos al impuesto serán equiparadas a éstos, tomándose como base el precio especial convenido, y a falta de éste, o si fuere menor, el 5 por 100 de la base aplicable a dichos contratos".

b) CONTRATO PRIVADO DE COMPRAVENTA: NO TPO

Si, por el contrario, el documento está redactado en términos de un contrato privado de venta (Don A vende a Don B que compra), los pagos anticipados no estarían sujetos a tributación por TPO puesto que no se ha producido la transmisión de la propiedad.

En este sentido, DGT V1712-17:

"En el supuesto de formalización de un contrato privado de compraventa en el que expresamente se establece que la entrega del inmueble tendrá lugar en el momento del otorgamiento de la escritura pública de compraventa, no concurre el presupuesto de hecho previsto en la norma para configurar el hecho imponible de la referida modalidad impositiva, pues aun cuando concurre la existencia de título jurídico valido, (contrato privado de compraventa) sin embargo no concurre la entrega.

Será en un momento posterior, cuando se autorice la escritura de compraventa, cuando se produzca el hecho imponible y la sujeción a TPO".

B) ÁMBITO IVA

En mi opinión, todas las cantidades entregadas a cuenta tienen el carácter de pago anticipado y, en consecuencia, estarán sujetas a IVA al tipo impositivo que corresponda en función del bien adquirido.

En este sentido, el art. 75. DOS. L IVA:

"No obstante lo dispuesto en el apartado anterior, en las operaciones sujetas a gravamen que originen pagos anticipados anteriores a la realización del hecho imponible el impuesto se devengará en el momento del cobro total o parcial del precio por los importes efectivamente percibidos".

C) ÁMBITO IRPF

Si la operación no llegará a formalizarse por causa imputable al comprador y el vendedor se quedase con las arras, éstas tributarán en IRPF como ganancia patrimonial.

En este sentido, DGT V0397-20:

"en el caso de que la transmisión no llegara a efectuarse por causa imputable al comprador, las cantidades percibidas por el vendedor en concepto de arras se calificarán como ganancia patrimonial y se imputarán al periodo impositivo en que éste pueda proceder a su ejecución, en los términos del contrato".

Y como esta ganancia no procede de una transmisión, las cantidades percibidas se integrarán en la renta general.

"Esta ganancia patrimonial, al no derivar de una transmisión, formará parte de la renta general, de acuerdo con lo dispuesto en el artículo 45 de la Ley del Impuesto, y su integración se efectuará en la base imponible general, en la forma prevista en el artículo 48 de la misma Ley"

D) CRÍTICA

La sujeción de las promesas de venta a TPO no tiene justificación puesto que no se produce ningún desplazamiento patrimonial.

El problema es que el artículo 14.2. del TR ITPAJD somete las promesas de venta a tributación, por ser accesorias de transmisiones de bienes sujetas a TPO.

En otras palabras, si redactamos el contrato como una promesa de venta, creo que no hay forma de escaparse del artículo 14.2 del TR que la sujeta a tributación.

Si, por el contrario, estamos ante un documento privado de compraventa (no una mera promesa) eludiríamos la aplicación de citado artículo, y al no haber desplazamiento patrimonial, no habría sujeción a TPO.

1.3 OPCIÓN DE COMPRA

22 de enero 2024

PERCEPCIÓN DE LAS PRIMAS DE LA OPCIÓN DE COMPRA: RENTA DE AHORRO

Dos recientes sentencias del Tribunal Supremo (“**TS**”), de 21 de junio de 2022, recaídas en los recursos de casación 7121/2020 y 7749/2020, han fijado jurisprudencia consistente en que las ganancias patrimoniales obtenidas por contribuyentes del Impuesto sobre la Renta de las Personas Físicas (“**IRPF**”) por la concesión de opciones de compra sobre elementos patrimoniales de su propiedad deben integrarse en la base imponible (“**BI**”) del ahorro —y no en la base imponible general— porque derivan de transmisiones patrimoniales.

Efectivamente.

Estas sentencias consideran la percepción de las primas de la opción de compra como una renta de ahorro sujeta a tributación al igual que los rendimientos del capital mobiliario:

“Las ganancias patrimoniales que se pongan de manifiesto con ocasión de la percepción de las primas satisfechas por el otorgamiento de un contrato de opción de compra, en los términos aquí examinados, se deben integrar en la renta del ahorro definida en el artículo 46, en aplicación de la Ley 35/2006, de 28 de noviembre, del Impuesto sobre la Renta de las Personas Físicas, por implicar una transmisión, fundada en la traditio, derivada de la entrega de facultades propias del derecho de propiedad a las que temporalmente renuncia el titular”.

Por tanto, el fundamento de la sentencia está en el art. 46 del IRPF que considera renta de ahorro:

“b) Las ganancias y pérdidas patrimoniales que se pongan de manifiesto con ocasión de transmisiones de elementos patrimoniales”.

CONCLUSIÓN

El Tribunal Supremo considera que la percepción de primas por el concedente de la opción es una renta de ahorro sujeta al IRPF.

Y ello porque se está transmitiendo, aunque sea temporalmente, una facultad dominical a la que su titular renuncia.

No hay, por tanto, propiamente una alteración patrimonial en los términos del art. 33 de la ley IRPF (no hay valor de adquisición ni valor de transmisión en los términos del art. 34), sino una renta de ahorro que tributará en los términos a que se refiere el art. 46.

1.4 PERMUTA

18 de diciembre 2023

PERMUTA

La permuta implica dos transmisiones y en que cada una de ellas tributará por las reglas generales.

A) POSIBILIDADES;

Por ello es perfectamente posible que:

a) Ambas transmisiones estén sujetas y no exentas de IVA, por lo que tratándose de bienes inmuebles tributarán, además, por AJD.

b) Una transmisión esté sujeta a TPO y la otra esté sujeta y no exenta de IVA, por lo que esta última estará sujeta además a AJD.

c) Ambas transmisiones estén sujetas a TPO, por lo que no estarán sujetas a AJD.

En definitiva, dos transmisiones y cada una de ellas tributará según las reglas generales.

B) NORMATIVA

En Cataluña, el artículo 621-57 del CCCat confirma que estamos ante dos transmisiones en la que cada una de las partes se considera a la vez comprador y vendedor.

Artículo 621-57. Régimen jurídico de la permuta.

Las normas de la compraventa se aplican a la permuta en lo que sean compatibles, y cada parte se considera comprador respecto a los bienes que debe recibir y vendedor respecto a los bienes que debe entregar.

Y este mismo criterio está confirmado en el art. 23 del R ITPAJD:

"En las permutas de bienes o derechos, tributará cada permutante por el valor comprobado de los que adquiera, salvo que el declarado sea mayor o resulte de aplicación lo dispuesto en el artículo 21 anterior, y aplicando el tipo de gravamen que corresponda a la naturaleza mueble o inmueble de los bienes o derechos adquiridos".

C) LA MERA MANIFESTACIÓN DE LOS OTORGANTES NO ALTERA LA NATURALEZA DEL NEGOCIO

La mera manifestación de los otorgantes no convierte la permuta en compraventa, tal como se desprende del artículo 2 de TR ITPAJD:

"El impuesto se exigirá con arreglo a la verdadera naturaleza jurídica del acto o contrato liquidable, cualquiera que sea la denominación que las partes le hayan dado, prescindiendo de los defectos, tanto de forma como intrínsecos, que puedan afectar a su validez y eficacia".

1.5 TRANSMISIÓN DE PARTICIPACIONES Y ACCIONES

15 de julio 2023

LA TRANSMISIÓN DE PARTICIPACIONES SOCIALES SE EQUIPARÁ FISCALMENTE A LA TRANSMISIÓN DE VALORES

Una pregunta recurrente.

Por qué se aplica el artículo 314 LMV que habla de transmisión de valores a la compraventa de participaciones sociales cuando estas en ningún caso tendrán el carácter de valores —art. 92 LSC—.

Una contestación sencilla.

El apoyo legal para la equiparación desde el punto de vista fiscal de la transmisión de valores y la transmisión de participaciones sociales se encuentra en la disposición adicional segunda del TR de la LSC

Disposición adicional segunda. Tributación de la transmisión de participaciones sociales.

"El régimen de tributación de la transmisión de las participaciones sociales será el establecido para la transmisión de valores en el artículo 108 de la Ley 24/1988, de 28 de julio, del Mercado de Valores".

19 de diciembre 2022

TRANSMISIÓN DE EMPRESA

SUPUESTO DE HECHO

Se transmite una empresa como conjunto en funcionamiento y susceptible de seguir funcionando, además de un inmueble que forma parte de la empresa.

Se cuestiona sobre la tributación.

A) TRANSMISIÓN DE EMPRESA: NO SUJECIÓN IVA

La transmisión de la empresa como conjunto, como una unidad económica autónoma, es uno de los supuestos de no sujeción a IVA.

Es decir, no está sujeto y exento, sino que directamente está no sujeto.

En este sentido, art. 7 L IVA:

"No estarán sujetas al impuesto:

1.º La transmisión de un conjunto de elementos corporales y, en su caso, incorporales que, formando parte del patrimonio empresarial o profesional del sujeto pasivo, constituyan o sean susceptibles de constituir una unidad económica autónoma en el transmitente, capaz de desarrollar una actividad empresarial o profesional por sus propios medios, con independencia del régimen fiscal que a dicha transmisión le resulte de aplicación en el ámbito de otros tributos y del procedente conforme a lo dispuesto en el artículo 4, apartado cuatro, de esta Ley".

La clave está, por tanto, en que se transmita un conjunto de elementos que constituyan una unidad económica autónoma, capaz de desarrollar una actividad empresarial o profesional por sus propios medios.

B) TRANSMISIÓN DEL INMUEBLE: REGLAS GENERALES

La transmisión del inmueble que forma parte de la empresa transmitida tributará por TPO o IVA según las reglas generales.

Aquí no hay especialidad.

Tratándose de una finca rústica, su transmisión está sujeta y exenta de IVA.

En este sentido, el artículo 20. UNO. 20 IVA:

"ESTÁN EXENTAS DE IVA.

20.º Las entregas de terrenos rústicos y demás que no tengan la condición de edificables, incluidas las construcciones de cualquier naturaleza en ellos enclavadas, que sean indispensables para el desarrollo de una explotación agraria, y los destinados exclusivamente a parques y jardines públicos o a superficies viales de uso público".

28 de noviembre 2023

TRANSMISIÓN ONEROSA DE PARTICIPACIÓN EN UNA SOCIEDAD CIVIL U OTRAS ENTIDADES ESPECIALES

DGT V2046-09

DGT V0625-05

DGT V2412-20

Aunque tanto la DGRN como la DGT han dado muchos bandazos en esta materia, creo que en la actualidad el esquema podría ser el siguiente:

A) CUESTIÓN

Puede aplicarse a la transmisión onerosa de participaciones de estos ENTES la exención prevista en el artículo 45.I.B) 9 del TR ITPAJD.?

"B) Estarán exentas:

9. Las transmisiones de valores, admitidos o no a negociación en un mercado secundario oficial, de conformidad con lo dispuesto en el artículo 108 de la Ley 24/1988, de 28 de julio, del Mercado de Valores".

B) CRITERIO GENERAL

El criterio general en esta materia lo estableció la DGT en la V2046-09, que distinguía claramente según el ENTE en cuestión tuviera o no tuviera personalidad jurídica.

"La consideración como valores de las participaciones en entidades, a efectos de la aplicación de la exención regulada en artículo 45.I.B).9 del Texto Refundido de la Ley del Impuesto sobre Transmisiones Patrimoniales y Actos

Jurídicos Documentados depende, en general, de la personalidad jurídica de la entidad, y tiene su fundamento en la distinta naturaleza jurídica de la participación en entes con personalidad jurídica y en los que carecen de ella".

a) ENTE CON PERSONALIDAD JURÍDICA

Si el ENTE tiene personalidad jurídica, las participaciones en su patrimonio se considerarán Valores y su transmisión está exenta de TPO:

"Cuando un ente tiene personalidad jurídica, las participaciones en su patrimonio se consideran valores y a su transmisión le resultará aplicable la exención referida, en los términos previstos en el artículo 108 de la Ley 24/1988, de 28 de julio, del Mercado de Valores".

b) ENTE SIN PERSONALIDAD JURÍDICA

Por el contrario, si el ENTE no tiene personalidad jurídica, no cabe hablar de transmisión de valores, sino de transmisión parcial de los bienes o derechos que integran el patrimonio del ENTE.

En este sentido, la DGT V0625-05:

"Por el contrario, en el caso de entes sin personalidad jurídica, el patrimonio pertenece directamente a los socios, asociados, comuneros o partícipes, ya que el ente interpuesto, al carecer de personalidad jurídica, no tiene existencia jurídica plena.

En este caso, la transmisión de una participación en el ente supone realmente la transmisión parcial del patrimonio del ente, cuya titularidad corresponde directamente a sus socios, asociados, comuneros o partícipes".

Consecuencia de lo anterior, es que esta transmisión estará sujeta y no exenta de TPO.

"En consecuencia, no resultará aplicable la exención regulada en el artículo 45.I.B).9 del Texto Refundido, debiendo tributar por el concepto de transmisiones patrimoniales onerosas al tipo que corresponda a cada uno de los bienes y derechos concretos incluidos en dicho ente".

Este criterio general es el que nos tiene que servir para resolver cada uno de los casos que se nos presente.

C) ALGUNOS CASOS CONCRETOS

1. SOCIEDADES AGRARIAS DE TRANSFORMACIÓN

Las sociedades agrarias de transformación son sociedades civiles con personalidad jurídica y plena capacidad de obrar por lo que la transmisión de sus participaciones se consideran valores a los efectos de la exención del ITP.

En este sentido, la DGT V2046-09:

"En consecuencia, las participaciones de estas entidades constituyen valores representativos del capital social o del patrimonio del ente en cuestión y, por tanto, que a su transmisión le resulta aplicable la exención regulada en el artículo 45.I.B).9 del Texto Refundido en los términos previstos en el artículo 108 de la Ley 24/1988, de 28 de julio, del Mercado de Valores".

2. SOCIEDADES PROFESIONALES

Como sabemos, estas sociedades tienen que formalizarse en escritura pública y pueden adoptar cualquiera de las formas societarias previstas en las leyes. Una vez inscritas en el Registro Mercantil, adquieren personalidad jurídica.

Por tanto, las participaciones en estas entidades constituyen "valores" a los efectos de beneficiarse de la exención del ITPAJD.

En este sentido, la DGT V2412-20 refiriéndose a una sociedad colectiva profesional:

"Por tanto, las participaciones de estas entidades constituyen valores representativos del capital social o del patrimonio del ente en cuestión y, por tanto, a su transmisión le resulta aplicable la exención regulada en el artículo 45.I.B).9 del Texto Refundido en los términos previstos en el artículo 314 de la Ley del Mercado de Valores, en tanto concurran los requisitos establecidos para ello".

3. PARTICIPACIÓN EN UN CLUB SOCIAL

La DGT trata esta cuestión en la V0625-05 remitiéndose a los criterios generales antes expuestos.

Por tanto, si el club social está legalmente constituido y tiene personalidad jurídica, la transmisión de un socio a otro de su participación tendrá la consideración de "valores" a los efectos de gozar de le exención de TPO.

CONCLUSIÓN

Este tema fue ampliamente tratado, como tantos otros, por el recordado Joaquin Zejalbo que concluía su artículo "EXENCIÓN EN EL IMPUESTO SOBRE TRANSMISIONES PATRIMONIALES DE LA TRANSMISIÓN DE PARTICIPACIONES DE SOCIEDADES CIVILES" de la siguiente forma:

"La conclusión de todo lo expuesto es la que, al afirmarse la personalidad jurídica de la sociedad civil, no se puede excluir la exención en el Impuesto sobre Transmisiones Patrimoniales de la transmisión de sus participaciones sociales".

1.6 RESOLUCIÓN DE VENTA

21 de septiembre 2023

RESOLUCIÓN DEL CONTRATO: DEVOLUCIÓN ITP

DGT V1071-21

CONSULTA ATC 305/19

El último Flash Fiscal del Colegio Notarial de Cataluña (CNC) recoge una consulta de la ATC que puede ser de interés.

A) SUPUESTO DE HECHO

Vendedor y comprador se plantean la posibilidad de resolver de mutuo acuerdo el contrato de compraventa porque el piso transmitido tiene aluminosis.

Se plantean dos cuestiones:

Si tendrían derecho a la devolución del ITP en caso de acordar la resolución del contrato o si, al menos, tendrían derecho a la devolución de una parte de la cantidad ingresada si acuerdan una rebaja en el precio.

B) POSICIÓN DE LA ATC

Ni lo uno ni lo otro.

a) NO HAY DERECHO A LA DEVOLUCIÓN DEL ITP EN LAS RESOLUCIONES DE MUTUO ACUERDO

En este sentido, el art. 95.5 del R ITPAJD:

"Si el contrato queda sin efecto por mutuo acuerdo de las partes contratantes, no procederá la devolución del impuesto satisfecho y se considerará como un acto nuevo sujeto a tributación. Como tal mutuo acuerdo se estimarán la avenencia en acto de conciliación y el simple allanamiento a la demanda".

b) NO HAY DERECHO A LA DEVOLUCIÓN PARCIAL DEL ITP AUNQUE SE REBAJE UNA PARTE DEL PRECIO

Y ello porque el art. 57 del TR ITPAJD no prevé esa posibilidad.

"Cuando se declare o reconozca judicial o administrativamente, por resolución firme, haber tenido lugar la nulidad, rescisión o resolución de un acto o contrato, el contribuyente tendrá derecho a la devolución de lo que satisfizo por cuota del Tesoro, siempre que no le hubiera producido efectos lucrativos y que reclame la devolución en el plazo de prescripción previsto en el artículo 64 de la Ley General Tributaria, a contar desde que la resolución quede firme".

Por tanto, sólo habrá derecho a la devolución del ITP cuando la resolución se produzca como consecuencia de una decisión judicial o administrativa, tal como establece el art. 57 del TR transcrito, o como consecuencia de una condición establecida por las partes, tal como añade el art. 95.1 del R ITPAJD.

"No será precisa la declaración judicial o administrativa cuando la resolución sea consecuencia del cumplimiento de una condición establecida por las partes"

C) CONCLUSIÓN

El esquema podría ser el siguiente:

A) RESOLUCIÓN POR MUTUO ACUERDO

No hay derecho a la devolución del ITP pagado.

La recuperación del dominio por parte del antiguo vendedor estará sujeta a un nuevo ITP.

La recuperación del dominio no está sujeta a AJD por ser incompatible con TPO.

B) RESOLUCIÓN POR DECISIÓN JUDICIAL O ADMINISTRATIVA, O CUMPLIMIENTO DE CONDICIÓN

Hay derecho a la devolución del ITP pagado.

La recuperación del dominio por parte del antiguo vendedor no estará sujeta a un nuevo ITP.

La recuperación del dominio, al no estar sujeta a ITP, está sujeta a AJD.

Con relación a esta última, la sujeción a AJD, que en mi opinión es más que discutible, hay que recordar la consulta de la DGT V1071-21 que con relación a un supuesto como el que nos ocupa, establece lo siguiente:

"Ahora bien, si la referida operación se documentase en escritura pública, la no sujeción de la misma a la modalidad de transmisiones patrimoniales onerosas determinaría la aplicación de la cuota gradual de la modalidad de actos jurídicos documentados, documentos notariales, del mismo impuesto, por cumplirse todos los requisitos exigidos por el artículo 31.2 del Texto Refundido"

18 de marzo 2023

RESOLUCIÓN DE COMPRAVENTA DE UN INMUEBLE POR EJERCICIO DE CONDICIÓN RESOLUTORIA EN GARANTÍA DE UN PRECIO APLAZADO

STS 30 DE JUNIO 2022.

DGT V0764-19

DGT V0362-14

Recientemente se ha tratado en este Chat sobre la tributación del ejercicio de la condición resolutoria en garantía de un precio aplazado en las escrituras de compraventa de inmueble.

Quizás, el esquema general podría ser el siguiente:

A) COMPRAVENTA SUJETA A TPO

1. CONSTITUCIÓN DE CONDICIÓN RESOLUTORIA: TPO

La constitución de una condición resolutoria en garantía de un precio aplazado quedará sujeta a TPO.

El tipo impositivo será el 1%. La base imponible será la cantidad total garantizada incluyendo, en su caso, intereses y costas. Y el sujeto pasivo, será el vendedor que ve garantizado su derecho al cobro.

2. EJERCICIO DE CONDICIÓN RESOLUTORIA: AJD

La recuperación del dominio por parte del vendedor, que ejercita la condición resolutoria por impago del precio, no está sujeto a TPO.

En este sentido, el art. 32.1 del R ITPAJD.

"1. La recuperación del dominio como consecuencia del cumplimiento de una condición resolutoria expresa de la compraventa no dará lugar a practicar liquidación por la modalidad de «transmisiones patrimoniales onerosas», sin que a estos efectos se precise la existencia de una resolución, judicial o administrativa, que así lo declare".

Además, el ejercicio de la condición resolutoria dará derecho a la devolución de lo satisfecho por el sujeto pasivo sin necesidad de resolución judicial o administrativa tal como establece el artículo 95.2 del R ITPAJD

"No será precisa la declaración judicial o administrativa cuando la resolución sea consecuencia del cumplimiento de una condición establecida por las partes"

Ahora bien, esta recuperación del dominio por parte del vendedor quedará sujeta a AJD.

En este sentido, la DGT V0764-19:

"2. La recuperación del dominio por los herederos de los vendedores no estará sujeta a la modalidad de transmisiones patrimoniales onerosas del ITPAJD como resulta del artículo 32.1 del Reglamento del ITP y AJD, lo que determina la sujeción de la escritura pública en que se formalice dicha recuperación a la cuota gradual de la modalidad de actos jurídicos documentados, documentos notariales, por cumplirse los cuatro requisitos exigidos por el artículo 31.2 del Texto Refundido".

3. RECUPERACIÓN DEL DOMINIO POR RESOLUCIÓN JUDICIAL O ADMINISTRATIVA: NO SUJETA AJD

Se equipara al supuesto anterior la recuperación del dominio que tiene lugar por resolución judicial o administrativa firme.

Igualmente el sujeto pasivo tendrá derecho a la devolución de lo satisfecho.

En este sentido el art. 57.1 del TR ITPAJD:

"1. Cuando se declare o reconozca judicial o administrativamente, por resolución firme, haber tenido lugar la nulidad, rescisión o resolución de un acto o contrato, el contribuyente tendrá derecho a la devolución de lo que satisfizo por cuota del Tesoro".

Lógicamente esta recuperación del dominio que deriva de una resolución judicial o administrativa firme, no está sujeta a AJD.

4. RESOLUCIÓN DE LA COMPRAVENTA POR PACTO: TPO

La recuperación del dominio por parte del vendedor por pacto con el comprador se considera una nueva transmisión sujeta a tributación sin que proceda la devolución del impuesto satisfecho.

En este sentido el artículo 57.5 del TR ITPAJD:

"5. Si el contrato queda sin efecto por mutuo acuerdo de las partes contratantes, no procederá la devolución del impuesto satisfecho y se considerará como un acto nuevo sujeto a tributación. Como tal mutuo acuerdo se estimarán la avenencia en acto de conciliación y el simple allanamiento a la demanda".

5. CANCELACIÓN: AJD

La cancelación de la condición resolutoria, en general, quedará sujeta a AJD siempre que reúna los requisitos del art. 31.2 del TR ITPAJD.

B) COMPRAVENTA SUJETA A IVA

1. CONSTITUCIÓN DE CONDICIÓN RESOLUTORIA: AJD

La constitución de una condición resolutoria en garantía de un precio aplazado de una compraventa de un inmueble sujeta a IVA, quedará sujeta a AJD dada la incompatibilidad entre IVA y TPO.

2. EJERCICIO DE CONDICIÓN RESOLUTORIA: AJD.

La resolución de la compraventa por ejercicio de la condición resolutoria supone, a efectos del IVA, la modificación de la base imponible relativa a dicha operación.

En este sentido, el artículo 80.2 de la L IVA:

"Dos. Cuando por resolución firme, judicial o administrativa o con arreglo a Derecho o a los usos de comercio queden sin efecto total o parcialmente las operaciones gravadas o se altere el precio después del momento en que la operación se haya efectuado, la base imponible se modificará en la cuantía correspondiente".

Por tanto, el comprador tendrá derecho a la devolución del IVA satisfecho y el vendedor recuperará el dominio sin que esta recuperación suponga una nueva transmisión sujeta a tributación.

Como ya se ha apuntado en este Chat, para determinar si estamos ante una primera o segunda transmisión a efectos de IVA, no se computará el tiempo de utilización por el adquirente cuya adquisición ha sido resuelta.

Art. 20.22.°A) L IVA:

"No se computarán a estos efectos los períodos de utilización de edificaciones por los adquirentes de los mismos en los casos de resolución de las operaciones en cuya virtud se efectuaron las correspondientes transmisiones".

Ahora bien, esta recuperación del dominio por parte del vendedor quedará sujeta a AJD.

3. RECUPERACIÓN DEL DOMINIO POR RESOLUCIÓN JUDICIAL O ADMINISTRATIVA: NO SUJETA AJD

El mismo régimen fiscal del ejercicio de la condición resolutoria será aplicable a la resolución de la compraventa por resolución judicial o administrativa firme puesto que también están incluidas en el art. 80.2 de la L IVA.

Lógicamente está recuperación del dominio que deriva de una resolución judicial o administrativa firme, no está sujeta a AJD.

4. RESOLUCIÓN DE LA COMPRAVENTA POR PACTO: TPO

En mi opinión, dará lugar a una nueva transmisión del comprador a favor del vendedor que estaría sujeta a TPO por tratarse de una segunda transmisión.

Por supuesto, no dará derecho a ningún tipo de devolución.

5. CANCELACIÓN: AJD

La cancelación de la condición resolutoria, en general, quedará sujeta a AJD siempre que reúna los requisitos del art. 31.2 del TR ITPAJD.

TRANSMISIÓN DE UN INMUEBLE CON RESERVA DE DERECHO DE RETRACTO: TRIBUTACIÓN DEL PACTO DE RETRO

DGT V0700-11

A) REGLA GENERAL: NI TPO NI AJD

Cuando una persona transmite un inmueble reservándose el derecho de retracto, se entiende que lo que está transmitiendo equivale a 2/3 del valor del bien y el derecho que retiene equivale a 1/3 de dicho valor.

No hay, por tanto, ni desplazamiento patrimonial ni la constitución de un derecho real que deba tributar ni por TPO ni por AJD.

En este sentido, la DGT V0700-11:

"El derecho de retracto se constituye "por retención". Cuando se efectúa una compraventa de bienes con pacto de retro se entiende que lo que se transmite equivale a los dos tercios del valor del bien, mientras que el derecho que retiene el vendedor, que se valora en el tercio restante, no es objeto de transmisión, por lo que no se liquidará en ese momento".

B) EJERCICIO DEL DERECHO DE RETRACTO: TPO

Si el vendedor ejercita el derecho de retracto, deberá tributar por TPO siendo la base imponible igual a 2/3 del valor que tenga el inmueble en el momento que se ejercita.

C) EXTINCIÓN DEL DERECHO DE RETRACTO: TPO

Si por transcurso del plazo se extingue el derecho de retracto, se girará al comprador una liquidación complementaria por la diferencia.

"En la extinción del retracto, cuando finalmente se adquiere el resto del valor del bien, la liquidación que en dicho momento debe practicarse no es más que una complementaria de la primitiva por la que tributó el comprador, y se practicará sobre la "diferencia, si la hubiere, entre la base de la liquidación anteriormente practicada y el total valor comprobado de los bienes".

Lógicamente, la extinción del derecho de retracto no estará sujeta a AJD dada su incompatibilidad con TPO.

D) EXCEPCIÓN: NI TPO NI AJD

Si al transmitir el inmueble se practicó la liquidación por el valor total del bien, sin tener en cuenta el derecho de retracto, al extinguirse este derecho por no ejercicio, no habrá que tributar por nada.

En este sentido, la misma DGT V 0700-11 citada:

"Si la liquidación se practicó sobre una base constituida por el precio declarado, igual o mayor que el total valor comprobado del bien, sin retener o descontar el valor del retracto, no exista tal diferencia que sirva de base, por lo que no procederá liquidación complementaria alguna"

TRIBUTACIÓN DEL TANTEO Y RETRACTO CONVENCIONAL

El otro día se nos planteó en el despacho la constitución de un derecho de tanteo y retracto convencional a título oneroso y como contrato independiente.

El esquema de su tributación podría ser el siguiente:

A) CONSTITUCIÓN

La constitución de un derecho de tanteo y retracto convencional, a título oneroso, puede ser sujeta a IVA o a TPO.

Estará sujeta IVA, como prestación de servicios, si el constituyente es un sujeto pasivo de IVA y actúa en el ejercicio de su actividad.

Estará sujeta a TPO, si el constituyente es un particular.

B) BASE IMPONIBLE

La base imponible será una tercera parte del valor del inmueble, salvo que el valor declarado sea superior.

En este sentido el art. 46.6 del R ITPAJD:

"6. En todos los casos en que sea necesario valorar el derecho de retracto, se estimará en la tercera parte del valor total de los bienes o derechos a que afecte, salvo que el declarado sea mayor".

C) TRANSMISIÓN DEL DERECHO DE RETRACTO

La transmisión del derecho de retracto puede estar sujeta IVA o a TPO.

Estará sujeta IVA, si el transmitente del derecho es un sujeto pasivo de IVA y actúa en el ejercicio de su actividad.

Estará sujeta a TPO, si el transmitente del derecho es un particular.

Si la transmisión del derecho de retracto se produce de forma gratuita, sin contraprestación, estaría sujeta a ISD.

También en estos casos, y al igual que en la constitución, la base imponible será una tercera parte del valor del inmueble, salvo que el valor declarado sea superior.

En este sentido y en sede de TPO, el art. 46 del R ITPAJD:

"En la transmisión del derecho a retraer, (servirá de base) la tercera parte de dicho valor, salvo que el precio declarado fuese mayor".

D) EJERCICIO DEL DERECHO DE RETRACTO EN PLAZO

Si se ejercita el derecho de retracto dentro de plazo, centrándonos ya en TPO, la base imponible será dos terceras partes del valor comprobado, salvo que valor declarados fuera superior.

En ese sentido, el art. 46.1 del R ITPAJD:

"Cuando se ejercite el derecho de retracto servirá de base las dos terceras partes del valor comprobado de los bienes y derechos retraídos, siempre que sea igual o mayor al precio de la retrocesión"

E) EJERCICIO DE DERECHO DE RETRACTO EXPIRADO EL PLAZO

Si el derecho a retraer se ejercita expirado el plazo por el cual se constituyó, estaremos ante una nueva transmisión sujeta a tributación según las reglas generales.

En ese sentido, el art. 46.3 del R ITPAJD:

"Si el derecho de retraer se ejercita después de vencido el plazo estipulado y, en todo caso, pasados diez años desde la fecha del contrato, o del término máximo permitido por la legislación civil que sea aplicable al mismo, se estará a lo dispuesto en el párrafo segundo del artículo 1.508 del Código Civil, y se liquidará el impuesto en concepto de nueva transmisión".

F) PRÓRROGA DEL PLAZO

La prórroga del plazo no estaría sujeta a TPO, pero sí a AJD si concurren los requisitos del art. 31.2 del TR ITPAJD.

En ese sentido, el art. 46.4 del R ITPAJD:

"4. La prórroga del plazo durante el cual el retracto pueda ejercitarse no estará sujeta al impuesto por la modalidad de «transmisiones patrimoniales onerosas», sin perjuicio de su tributación, cuando proceda, por el gravamen gradual de «actos jurídicos documentados»".

1.7 OTROS

8 de febrero 2024

CESIÓN ONEROSA DE CRÉDITO NO HIPOTECARIO

En mi opinión:

A) IVA

Si el transmitente es sujeto pasivo de IVA en el ejercicio de su actividad, la cesión queda sujeta y exenta de IVA y no sujeta a TPO.

B) TPO

Si el transmitente es un particular, la cesión queda sujeta y exenta de TPO por aplicación del artículo 45.I.B.15 del TR ITPAJD.

AL NO SER UN CRÉDITO HIPOTECARIO, EN NINGÚN CASO, ESTARÁ SUJETO A AJD.

4 de febrero 2023

CESIÓN DE BIENES A CAMBIO DE ALIMENTOS

Siempre que tanto el cedente como la persona que recibe los alimentos sean personas físicas no sujetos pasivos de IVA, su tributación será la siguiente:

A) TESIS TRADICIONAL: DOS HECHOS IMPONIBLES

Estaríamos ante dos hechos imponibles distintos sujetos a tributación:

1. La transmisión onerosa del inmueble estaría sujeta a TPO.

El sujeto pasivo sería el adquirente del inmueble. La base imponible sería el valor de referencia catastral salvo que el valor declarado fuera superior. Y el tipo impositivo, en Cataluña, el 10%.

2. La obligación de prestar alimentos también estaría sujeta a TPO.

El sujeto pasivo sería la persona que recibe los alimentos. La base imponible (al no haber pensión) se obtendrá capitalizando el importe anual del salario mínimo interprofesional. Y el tipo impositivo será el 1%.

En este sentido, el art. 10.2.f del TR ITPAJD:

f) La base imponible de las pensiones se obtendrá capitalizándolas al interés básico del Banco de España y tomando del capital resultante aquella parte que, según las reglas establecidas para valorar los usufructos, corresponda a la edad del pensionista, si la pensión es vitalicia, o a la duración de la pensión si es temporal. Cuando el importe de la pensión no se cuantifique en unidades monetarias, la base imponible se obtendrá capitalizando el importe anual del salario mínimo interprofesional.

IMPORTANTE

1. La condición resolutoria pactada nunca estaría sujeta a TPO, puesto que no se establece en garantía de un precio aplazado (art. 7.3 TR ITPAJD). Estaría sujeta a AJD.

2. Peligro: Posible tributación adicional por donación si se da el supuesto de hecho previsto en el art. 14.6 del TR ITPAJD.

«Cuando en las cesiones de bienes a cambio de pensiones vitalicias o temporales, la base imponible a efectos de la cesión sea superior en más del 20 por 100 y en 2.000.000 de pesetas (12.020,24 euros) a la de la pensión, la liquidación a cargo del cesionario de los bienes se girará por el valor en que ambas bases coincidan y por la diferencia se le practicará otra por el concepto de donación».

B) TESIS MODERNA: UN HECHO IMPONIBLE. STS 11 de noviembre de 2020

Según esta posición, el contrato de cesión de bienes a cambio de alimentos es un contrato autónomo al que no se le puede aplicar la normativa relativa a la renta vitalicia.

En este sentido, resoluciones del TEAR Valencia de 27 de enero de 2010, de 15 de mayo de 2017 y de 28 de febrero de 2019, así como la STS de 11 de noviembre de 2020.

"Se trata de un contrato autónomo que se diferencia claramente del contrato de renta vitalicia ya que en el contrato de alimentos la prestación alimenticia es indeterminada en su cuantía, puesto que está en función de las necesidades del alimentista, mientras que en la renta vitalicia la pensión o renta consiste en una cantidad fija y determinada en dinero o en especie; y, además de otras diferencias, el contrato de alimentos tiene por objeto tanto prestaciones de dar como de hacer, mientras el objeto de la renta vitalicia es una prestación de dar".

Según esta posición, la prestación de alimentos no estaría sujeta a TPO.

En mi opinión, estamos todavía lejos de que la DGT asuma este último criterio.

29 de julio 2023

CALIFICADOR INMOBILIARIO

DGT V0149-23

La reciente consulta de la DGT V0149-23, que comentamos aquí a propósito del concepto de edificación terminada a efectos del IVA, nos informa de la existencia de un nuevo servicio creado por la AEAT de ayuda e información al contribuyente, que tiene por objeto resolver las dudas planteadas tanto en el ámbito del IVA como en TPO en las operaciones inmobiliarias.

El servicio se denomina CALIFICADOR INMOBILIARIO y se accede al mismo a través de la sede electrónica de la AEAT o a través de la dirección indicada en la consulta.

DGT V0149-23:

"Por otra parte, se informa de que, en relación con las dudas suscitadas sobre el régimen de tributación indirecta de las operaciones inmobiliarias, tanto en el ámbito del Impuesto sobre el Valor Añadido como del Impuesto sobre Transmisiones Patrimoniales Onerosas, la Agencia Estatal de Administración Tributaria ha incorporado en el portal del Impuesto sobre el Valor Añadido (IVA) dentro de sus servicios de asistencia virtual referentes al IVA, un nuevo servicio de ayuda e información al contribuyente denominado "Calificador Inmobiliario", creado para resolver las principales dudas planteadas en relación con la tributación indirecta relacionada con la transmisión, cesión y arrendamiento de bienes inmuebles, así como, la urbanización de terrenos.

El "Calificador inmobiliario" ofrece información sobre la tributación indirecta que afecta a las operaciones, distinguiendo entre diferentes supuestos, como la venta de edificaciones o terrenos, el arrendamiento sin opción de compra, arrendamiento con opción de compra, de inmuebles, así como las operaciones en las que intervienen las Juntas de compensación.

En concreto, indica si la operación de compraventa o arrendamiento del inmueble tributa por el Impuesto sobre Transmisiones Patrimoniales o por el Impuesto sobre el Valor Añadido, indicando en este último caso el tipo impositivo aplicable, a quién corresponde la declaración e ingreso del impuesto, y si en la factura que documente la operación se debe o no repercutir el Impuesto sobre el Valor Añadido.

A estos efectos, podrá contactar con la Agencia Estatal de Administración Tributaria a través de su sede electrónica: http://www.sedeagenciatributaria.gob.es/, o en la siguiente dirección:

https://www2.agenciatributaria.gob.es/avaeat/AVCalificadorInmo.nsf/Calificador?OpenForm"

Lo dicho, creo que puede ser interesante.

1 de marzo 2023

RECONOCIMIENTO DE DOMINIO

Este tema fue brillantemente tratado por nuestros compañeros Carmelo Agustín Torres y Jaime Agustín Justribó.

En mi opinión, y siguiendo a estos compañeros, el tema se puede sintetizar de la siguiente forma:

A) REGLA GENERAL: DOS TRANSMISIONES

El reconocimiento de dominio a favor de persona determinada se considera Transmisión Patrimonial Onerosa.

En este sentido, no solo el artículo 7.2 del TR, sino también el artículo 19 del R ITPAJD:

"Artículo 19. Reconocimientos de dominio.

La declaración o reconocimiento de propiedad u otro derecho, a título de haber obrado en concepto de mandatario o gestor de la persona a cuyo favor se hacen, al verificar la adquisición de los bienes a que dicha declaración o reconocimiento se refieran, se considerará como verdadera transmisión, si en el título o documento acreditativo de la que se supone realizada por poder o encargo, no constaran consignados en legal forma tal carácter y circunstancias y sin perjuicio de que la actuación en concepto de mandatario o gestor pueda acreditarse por otros medios de prueba".

Por tanto, estaríamos ante dos transmisiones sujetas ambas a TPO si la causa es onerosa.

Si no hay causa onerosa, la segunda transmisión tributaría como donación.

Por tanto, para evitar la tributación como donaciones es importante no configurar el reconocimiento de dominio como una renuncia a favor de otra persona. (art. 12.b R ISD)

B) EXCEPCIÓN: UNA TRANSMISIÓN

El reconocimiento de dominio no estaría sujeto a TPO si la actuación en concepto de mandatario o gestor puede acreditarse por otros medios de prueba.

En este caso, el reconocimiento de dominio quedaría sujeto AJD por reunir los requisitos del artículo 31 del TR.

Importante dejar constancia de que no estamos ante un negocio abstracto (no tienen acceso al Registro) sino que existe una «causa mandati» que justifica y legitima el reconocimiento de dominio.

TRIBUTACIÓN EN CASO DE DECLARACIÓN DE REPRESENTACIÓN IMPROPIA

CONSULTA ATC 9/22 DE 11 DE MAYO DE 2022.

Esta consulta no aporta mucho a lo que ya sabemos y es una demostración más de hasta dónde puede llegar Administración Tributaria en su ánimo recaudatorio.

A) SUPUESTO DE HECHO

El marido comparece ante Notario y, actuando en nombre propio y como apoderado de su mujer, compran por mitad una determinada finca.

B) ESCRITURA DE "DECLARACIÓN DE REPRESENTACIÓN IMPROPIA"

Unos días más tarde, el marido vuelve a comparecer ante el mismo Notario para otorgar una escritura de Declaración de representación impropia, haciendo constar lo siguiente:

"Don * reconoce que en la referida escritura de compraventa autorizada bajo mi fe el día 30 de marzo de 2021, actuaba solo en nombre y representación de su esposa, que era por lo tanto la única adquirente originaria de las referidas fincas, solicitando que se inscriba solo a su nombre, ya que el dinero empleado en su adquisición era solo de su propiedad, y en su caso que se interprete que su actuación era una representación impropia, actuación fiduciaria o se de a la presente escritura la consideración de una agnición de buena fe, sin que suponga una transmisión distinta de la originaria a favor de la señora *".

C) ARGUMENTACIÓN DE LA ATC

No está muy acertada la ATC en cuanto a la argumentación, puesto que intenta encuadrar el supuesto de hecho en la exención del art. 45. I. B. 13 del TR ITPAJD, es decir, en la existencia de un vicio que implique inexistencia o nulidad del negocio.

"Están exentas:

13. Las transmisiones y demás actos y contratos cuando tengan por exclusivo objeto salvar la ineficacia de otros actos anteriores por los que se

hubiera satisfecho el impuesto y estuvieran afectados de vicio que implique inexistencia o nulidad. (...)".

Cuando, en realidad, la tributación de este tipo de negocios viene recogida en el artículo 19 del R ITPAJD al que la ATC no hace ni mención.

"Artículo 19. Reconocimientos de dominio.

La declaración o reconocimiento de propiedad u otro derecho, a título de haber obrado en concepto de mandatario o gestor de la persona a cuyo favor se hacen, al verificar la adquisición de los bienes a que dicha declaración o reconocimiento se refieran, se considerará como verdadera transmisión, si en el título o documento acreditativo de la que se supone realizada por poder o encargo, no constaran consignados en legal forma tal carácter y circunstancias y sin perjuicio de que la actuación en concepto de mandatario o gestor pueda acreditarse por otros medios de prueba".

D) CONCLUSIÓN DE LA ATC

Salvo que el contribuyente acredite la existencia de un vicio que implique la inexistencia o nulidad del contrato y, en consecuencia, la aplicación de la exención del art. 45, la tributación de la operación sería la siguiente:

1. Escritura de compraventa inicial:

Como se afirma en la segunda escritura que el dinero era exclusivamente de la mujer, estaríamos ante dos hechos imponibles: compraventa (puesto que adquieren ambos) y donación (del 50% del dinero del precio de la mujer al marido)

2. Escritura de declaración de representación impropia.

Como implica una transmisión de la mitad indivisa del inmueble del marido a favor de la mujer, tributaría por TPO si la transmisión es onerosa o por donaciones, si la transmisión es gratuita.

2. ARRENDAMIENTO

14 de julio 2023

ARRENDAMIENTO VIVIENDA NUEVA CON O SIN OPCIÓN DE COMPRA

DGT V0409-20

1. ARRENDAMIENTO DE VIVIENDA

A) ARRENDADOR: SUJETO PASIVO DE IVA

El arrendador es, en todo caso, sujeto pasivo de IVA aunque realice esta actividad de forma ocasional.

En este sentido, el artículo 5.1 de la L IVA:

"En particular, tendrán dicha consideración (la de empresarios o profesionales) los arrendadores de bienes".

B) ARRENDAMIENTO: PRESTACIÓN DE SERVICIOS (art. 11.2 L IVA)

El arrendamiento de bienes es siempre una prestación de servicios.

En este sentido, el art. 11.2 de la L IVA:

"Se considerarán prestaciones de servicios:

2.° Los arrendamientos de bienes, industria o negocio, empresas o establecimientos mercantiles, con o sin opción de compra".

C) REGLA GENERAL: SUJECIÓN A IVA

Por tanto, todo arrendamiento está sujeto a IVA y, solo si está sujeto y exento de IVA, puede está sujeto a TPO.

D) EXCEPCIÓN: ARRENDAMIENTOS SUJETOS Y EXENTOS DE IVA. (art. 20.1.23 L IVA)

Están sujetos y exentos de IVA y, en consecuencia, sujetos a TPO, los arrendamientos de viviendas incluidos sus anexos.

"Están exentos:

23.º Los arrendamientos que tengan por objeto los siguientes bienes:

Los edificios o partes de los mismos destinados exclusivamente a viviendas"

E) EXCEPCIÓN DE LA EXCEPCIÓN: ARRENDAMIENTO DE VIVIENDA CON OPCIÓN DE COMPRA (art. 20.1.23 L IVA)

Este tipo de arrendamiento, aún recayendo sobre una vivienda, estará sujeto y no exento de IVA siempre que su entrega (su transmisión posterior, caso de producirse) estuviese sujeta y no exenta de IVA, es decir, estuviéramos ante una primera transmisión sujeta a IVA aplicando las reglas generales.

"La exención no comprenderá:

d') Los arrendamientos con opción de compra de terrenos o viviendas cuya entrega estuviese sujeta y no exenta al impuesto".

F) CONCLUSIÓN

De lo hasta aquí expuesto resulta que la tributación del arrendamiento de una vivienda nueva, sería la siguiente:

a) ARRENDAMIENTO SIN OPCIÓN DE COMPRA

Estaría sujeta y exenta de IVA y, por tanto, sujeta a TPO. (art. 7.5 TR ITPAJD)

No cabe, en este supuesto, la renuncia a la exención de IVA porque no estamos ante una entrega de bienes sino ante una prestación de servicios.

b) ARRENDAMIENTO CON OPCIÓN DE COMPRA

Estaría sujeta y no exenta de IVA.

Dada la compatibilidad entre IVA y AJD, el arrendamiento también estaría sujeto a AJD si se formaliza en escritura pública.

2. TRANSMISIÓN DE LA VIVIENDA NUEVA ARRENDADA

A) PRIMERA O SEGUNDA TRANSMISIÓN. (art. 20.22. A) L IVA)

Hay que recordar el art. 20.22 de la L IVA:

"Están exentas:

22.ºA) Las segundas y ulteriores entregas de edificaciones no tendrá la consideración de primera entrega la realizada por el promotor después de la utilización ininterrumpida del inmueble por un plazo igual o superior a dos años por su propietario o por titulares de derechos reales de goce o disfrute o en virtud de contratos de arrendamiento sin opción de compra, salvo que el adquirente sea quien utilizó la edificación durante el referido plazo".

Por tanto, estaríamos ante una segunda transmisión sujeta y exenta de IVA y sujeta a TPO:

1. Si el promotor ha utilizado el inmueble de forma ininterrumpida durante un periodo de tiempo superior a dos años y luego la transmite a un tercero.

2. Si la vivienda ha sido utilizada de una forma ininterrumpida durante un periodo de tiempo superior a dos años por un arrendatario sin opción de compra y luego el promotor la transmite a un tercero.

En ambos casos sería posible la renuncia a la exención de IVA.

Por el contrario, estaríamos ante una primera transmisión sujeta y no exenta de IVA en los siguientes casos:

1. Si es el arrendatario sin opción de compra quien finalmente adquiere la vivienda.

2. Si el arrendatario con opción de compra ejercita la opción.

3. Si la vivienda ha sido ocupada por un arrendatario con opción de compra que finalmente no ejercita la opción transcurridos los dos años, procediendo el promotor a continuación a efectuar la venta a favor de un tercero, puesto que el artículo citado se refiere exclusivamente a la ocupación por parte de un arrendatario sin opción de compra.

B) CONCLUSIÓN

De todo lo anterior, llegaríamos a la siguiente conclusión:

Si un promotor inmobiliario, después de la terminación de un edificio, procede a arrendar dos viviendas nuevas, una sin derecho de opción de compra y otra con tal derecho y, en ambos casos, transcurridos dos años, se resuelven los contratos de arrendamiento y se acaban transmitiendo las fincas a un tercero, el régimen fiscal sería el siguiente:

a) VIVIENDA TRANSMITIDA A UN TERCERO QUE FUE ARRENDADA SIN OPCIÓN DE COMPRA

Estaríamos ante una segunda transmisión, sujeta y exenta de IVA y, por tanto, sujeta a TPO.

Cabe renuncia a la exención de IVA.

b) VIVIENDA TRANSMITIDA A UN TERCERO QUE FUE ARRENDADA CON OPCIÓN DE COMPRA

Estaríamos ante una primera transmisión sujeta y no exenta de IVA.

También está sujeta a AJD.

La base imponible de AJD es el valor declarado y éste, tratándose de un contrato de arrendamiento, coincide con la cantidad total que deba satisfacer el arrendatario.

C) CRITERIO DE LA DGT

La DGT ha confirmado este criterio en su consulta V0409-20 haciendo una interpretación literal del art. 20.22.A de la L IVA.

"Como ha sido apuntado anteriormente por este Centro Directivo, del tenor literal del mencionado precepto, se deduce que el legislador ha querido que el uso de la vivienda durante un plazo prudencial —por lo menos, 2 años— agote la primera entrega".

E incluso intenta justificar el diferente trato fiscal del arrendamiento con o sin opción de compra, para considerar si estamos ante una primera o segunda transmisión.

"pero, a la vez, ha establecido la cautela de que dicho uso no se compute y, por tanto, no agote la primera entrega, cuando se realice por quién será su propietario en última instancia, con el objetivo claro de evitar posibles esquemas de minoración artificial de la base imponible aprovechando indebidamente la exención del arrendamiento"

La conclusión es clara: el arrendamiento con opción de compra no agota nunca la primera entrega.

"la entrega que realice el promotor de la edificación que ha sido destinada al arrendamiento en virtud de contratos de arrendamiento con opción de compra, siempre va a tener la consideración de primera entrega ya el adquirente sea el propio arrendatario optante ya un tercero distinto del anterior".

3. DONACIONES

3.1 DINERO

20 de febrero 2023

DONACIONES DE DINERO ENTRE RESIDENTES Y NO RESIDENTES

Cada vez son más frecuentes las donaciones de padres a hijos que residen en el extranjero y creo que puede ser de interés intentar esquematizar la tributación de este tipo de donaciones.

A) REGLA GENERAL: TRIBUTACIÓN POR OBLIGACIÓN PERSONAL. (Art. 6 de la L ISD)

El sujeto pasivo en las donaciones es siempre el donatario.

Si el donatario es residente en España, sea cual sea su nacionalidad, tributará siempre por obligación personal, sea cual sea el lugar del que proceda el dinero que reciba.

Por tanto, tributará en España tanto si el dinero procede de una cuenta situada en España como si el dinero procede de una cuenta situada en el extranjero (criterio de renta mundial).

La normativa aplicable será la correspondiente a la de la Comunidad Autónoma en la que resida el donatario.

B) EXCEPCIÓN: TRIBUTACIÓN POR OBLIGACIÓN REAL (art. 7 de la L ISD)

Solo tributarán por obligación real, los sujetos pasivos no residentes en España, cualquiera que sea su nacionalidad, y con relación exclusivamente a los bienes situados en España.

Por tanto, en aplicación de este criterio, si el donatario no residente recibe dos donaciones, una procedente de una cuenta española y otra procedente de una cuenta extranjera, únicamente tributará en España por la donación procedente de la cuenta española y no tributará en España por la donación procedente de la cuenta situada en el extranjero.

En resumen, si un residente fiscal en España realiza una donación de dinero a su hijo no residente mediante una transferencia desde una cuenta abierta en el extranjero, esa donación no estaría sujeta a tributación en España.

La administración competente será en todo caso la del Estado aunque, ahora ya sí, los no residentes tanto si son comunitarios como extracomunitarios podrán aplicar la normativa de la Comunidad Autónoma de la que proceda el dinero, en virtud de la actual redacción de la Disposición Adicional 2 e) de la LISD.

e) En el caso de la adquisición de bienes muebles situados en España por donación o cualquier otro negocio jurídico a título gratuito e ''inter vivos", los contribuyentes no residentes tendrán derecho a la aplicación de la normativa propia aprobada por la Comunidad Autónoma donde hayan estado situados los referidos bienes muebles un mayor número de días del período de los cinco años inmediatos anteriores, contados de fecha a fecha, que finalice el día anterior al de devengo del impuesto.

13 de agosto 2024

DONACIÓN EN METÁLICO PARA LA COMPRA DE VIVIENDA HABITUAL RESIDIENDO LA DONATARIA EN MADRID PERO ESTANDO EL INMUEBLE FUERA DE MADRID

A) SUPUESTO DE HECHO

Donación de dinero para comprar una vivienda situada fuera de la CCAA de Madrid que será destinada por la donataria a vivienda habitual, siendo actualmente la donataria residente en Madrid.

B) CUESTIÓN PLANTEADA

Se cuestiona si es aplicable a este supuesto de hecho las reducciones fiscales que para este tipo de operaciones establece la CCAA de Madrid.

C) OPINIÓN PERSONAL

En mi opinión, la solución será distinta según lo que se done sea el metálico destinado a adquirir lo que será una vivienda habitual o lo que se done sea el mismo inmueble.

Me explico:

1. DONACIÓN DE METÁLICO:

En este caso, en mi opinión, el punto de conexión será el de la residencia habitual del donatario.

Por tanto, la reducción de la base imponible del 100% sería aplicable siempre que el donatario tuviera su residencia fiscal en la comunidad de Madrid, aún cuando el inmueble que se vaya a adquirir se encuentre en otra comunidad.

2. DONACIÓN DEL INMUEBLE:

Cuestión distinta sería que lo donado fuera el inmueble y no el dinero para adquirirlo.

En este caso, el punto de conexión sería el inmueble y habría que aplicar la normativa de la comunidad en la que éste se encuentre.

Hay que recordar que en la comunidad de Madrid, la reducción del 100% de la base imponible en las donaciones de padres a hijos tiene un límite máximo de 250.000, siendo además necesario que se formalice en escritura pública y que el inmueble se adquiera en el plazo de un año a contar desde que se realice la donación.

No obstante, al exceso se le aplicaría la bonificación general de la cuota tributaria del 99% que existe para las donaciones de padres a hijos (una maravilla).

A todo esto se refiere el art. 22 bis del Texto Refundido de la Comunidad de Madrid 1/2010 de 21 de octubre:

"1. En las donaciones en metálico que cumplan los requisitos establecidos en el presente artículo, en las que el donatario esté incluido en los grupos I o II de parentesco de los previstos en el artículo 20.2.a) de la Ley 29/1987, de 18 de diciembre, del Impuesto sobre Sucesiones y Donaciones, o sea un colateral de segundo grado por consanguinidad del donante, se podrá aplicar una reducción del cien por ciento de la donación recibida, con el límite máximo de 250.000 euros.

2. La reducción prevista en el párrafo anterior se aplicará sobre las donaciones en metálico que se formalicen en documento público y en las que el importe donado se destine por el donatario, en el plazo de un año desde la donación, a uno de los siguientes fines:

– La adquisición de una vivienda que tenga la consideración de habitual".

3.2 INMUEBLE

DONACIÓN DE FINCA HIPOTECADA SUBROGÁNDOSE EL DONATARIO EN LA HIPOTECA

CONSULTA ATC 263/21

Aunque es una consulta emitida por la ATC catalana es, en mi opinión, perfectamente aplicable al resto de España.

Como es sabido, la donación de un bien hipotecado en la que el donatario se subroga en la hipoteca, estará sujeta en parte al ISD (por el valor del inmueble que excede de la carga hipotecaria) y en parte al ITP (por el importe de la carga hipotecaria que asume el donatario).

En el supuesto de hecho planteado en la consulta, al tratarse de una donación de padres a hijos de un inmueble que va a ser destinado por el donatario a su domicilio habitual, puede éste disfrutar de los beneficios fiscales previstos tanto en el ISD como en el TPO.

Por tanto, cumpliendo los requisitos objetivos y subjetivos de uno y otro impuesto, en Cataluña la parte gravada con el ISD gozará de una reducción del 95% y a la parte gravada con TPO se le aplicará el tipo reducido del 5%.

Insisto que este mismo criterio debe de ser aplicado, en mi opinión, en el resto de España aplicando los tipos y las reducciones que en cada CCAA estén previstos.

30 de junio 2023

DONACIÓN DE LA NUDA PROPIEDAD CON RESERVA DEL USUFRUCTO CON FACULTAD DE DISPONER

DGT V0366-17

Hubo un tiempo en que la donación de la nuda propiedad con reserva del usufructo con facultad de disposición, no estaba sujeta a tributación.

Hoy las cosas han cambiado.

A) TESIS TRADICIONAL

Tradicionalmente la DGT había mantenido que en los casos de donación de nuda propiedad con reserva por parte del usufructuario de la facultad de disposición, la base imponible del ISD para el donatario era cero, puesto que el donatario ni podía disfrutar del bien ni tenía facultades dispositivas sobre el mismo.

A esta tesis tradicional hace referencia, entre otras, la DGT en la V0366-17:.

"Tal y como se afirma en el escrito, esta Dirección General ha venido sosteniendo en diversas contestaciones —entre las que figura la mencionada V3172-14, de 26 de noviembre— que en los supuestos de donación de nuda propiedad con reserva por parte del usufructuario de la facultad de disposición, la base imponible para la liquidación de aquella en el Impuesto sobre Sucesiones y Donaciones era igual a cero".

Por tanto, la liquidación de la donación quedaba aplazada al fallecimiento de donante que era el que conservaba las facultades dispositivas.

B) TESIS ACTUAL

No es esta la tesis actual de la DGT.

La DGT, siguiendo el criterio de la R DGRN de 16 de diciembre de 2015, ha considerado que la titularidad del donatario es susceptible de valoración económica y que, salvo prohibición de disponer válida, puede disponer de su titularidad claudicante.

La misma V0366-17 destaca esta idea:

"Es claro, además de que la titularidad del donatario es susceptible de valoración económica, es un bien patrimonial del cual el donatario puede disponer, a diferencia del donante, cuya facultad reservada es personalísima e intransmisible. El donatario no tiene una titularidad personalísima y puede ejercer facultades dispositivas de la titularidad claudicante que ostenta, salvo prohibición de disponer válida, aunque siempre quedaría sujeta la transmisión que él realice a igual determinación, por la prioridad de la facultad reservada y que publica el registro".

CONCLUSIÓN

Actualmente, el hecho de que el donante se haya reservado la facultad de disponer no tiene ninguna incidencia desde el punto de vista fiscal.

La donación de la nuda propiedad con reserva del usufructo con facultad de disposición estará sujeta al ISD aplicando las reglas generales de la transmisión de la nuda propiedad siendo por tanto indiferente, a estos efectos, que el donante se haya reservado la facultad de disponer.

29 de junio 2023

DONACIÓN CON RESERVA DE LA FACULTAD DE DISPONER

DGT V1258-12

En mi opinión, el esquema de su tributación podría ser el siguiente:

A) POSICIÓN DE LA DGRN

La DGRN ha considerado la donación con reserva de la facultad de disposición como una donación sujeta a condición resolutoria.

En este sentido, R DGRN de 23 de octubre de 1980.

: "(…) la donación con reserva de la facultad de disponer aparece regulada en el artículo 639 del Código Civil y ha de ser tratada como una donación sujeta a condición resolutoria dado que su actual propietario puede verse privado del dominio del bien transmitido, si se ejercita por el donante la facultad que se reservó".

B) POSICIÓN DE LA DGT

La DGT ha seguido el criterio de la DGRN considerando también este tipo de donaciones como una donación sujeta a condición resolutoria.

En este sentido, entre otras, V1258-12

"La reserva de la facultad de disponer tiene la consideración de condición resolutoria, acontecimiento futuro e incierto del que depende la extinción del derecho, por lo que el derecho nace pero se resuelve si se cumple condición".

Por tanto, su tributación quedará sujeta la regla general del art. 8 del R ISD, relativo a los actos y contratos sujetos a condición.

En consecuencia, se exigirá el impuesto desde que se realiza la donación, sin perjuicio de la devolución que proceda en el caso de cumplirse la condición.

"Cuando el acto o contrato que sea causa de un incremento patrimonial sujeto al impuesto esté sometido al cumplimiento de una condición, su calificación se realizará con arreglo a las prescripciones de la legislación civil. Si se calificare como suspensiva no se liquidará el impuesto hasta que la condición se cumpla, pudiendo procederse a la inscripción de los bienes en los Registros públicos siempre que se haga constar al margen del asiento practicado el aplazamiento de la liquidación. Si se calificare como resolutoria, se exigirá el impuesto desde luego, sin perjuicio de la devolución que proceda en caso de cumplirse la condición".

Esta tributación, según las reglas generales, no se ve alterada por la existencia del pacto de reserva de la facultad de disposición.

C) RENUNCIA AL PACTO DE RESERVA DE LA FACULTAD DE DISPOSICIÓN

En mi opinión, la renuncia al pacto de reserva de la facultad de disposición no debería estar sujeta ni al ISD ni a AJD.

No está sujeta al ISD porque el donatario ya ha pagado el impuesto en su integridad, tal como hemos visto, por lo que la citada renuncia no supone para el donatario la adquisición de ningún nuevo derecho por el que tenga que tributar.

No está sujeta a AJD, porque el pacto de reserva de la facultad de disponer no tuvo cuantía valuable en el momento de su constitución y no tiene cuantía valuable en el momento de su extinción.

Así, al menos, lo veo yo.

5 de febrero 2023

DONACIONES ONEROSAS

DGT V1811-16

Quizás podríamos esquematizar este tema de la siguiente forma:

A) CONCEPTO

La donación será onerosa cuando se impone al donatario un gravamen inferior al valor de lo donado.

La donación será remuneratoria cuando se hace en recompensa de algún servicio prestado por el donatario, pero cuya contraprestación no es legalmente exigible.

Por el contrario, en el contrato de alimentos una de las partes se obliga a prestar alojamiento, manutención y todo tipo de asistencia y cuidado a una persona durante su vida a cambio de la transmisión de un capital en bienes o derechos (art. 624-8 CCC).

B) TRIBUTACIÓN

Son, por tanto, contratos distintos y sujetos a tributación distinta.

La donación onerosa es una donación y tributa como tal, mientras el contrato de alimentos es un contrato oneroso y aleatorio, cuya tributación es la que ya se ha comentado en este Chat.

La especialidad de la tributación de la donación onerosa consiste en que, para calcular su base imposible, si existen prestaciones recíprocas o si se impusiera algún gravamen al donatario, tributarán por donaciones solamente por la diferencia, sin perjuicio de la tributación que pueda proceder por las prestaciones concurrentes tal como se indica en el artículo 59 del R ISD.

Por tanto, si existen prestaciones concurrentes y éstas tienen contenido económico, podríamos estar ante un negocio mixto, en parte oneroso y en parte gratuito: oneroso hasta la concurrencia de la contraprestación establecida por el donante a donatario y gratuito por la diferencia.

C) DGT V1811/2016

Todo esto lo explica con bastante claridad la consulta de la DGT V1811 que, refiriéndose a las donaciones onerosas y a las remuneratorias, insiste en lo que ya sabemos:

"Las donaciones con causa onerosa y las remuneratorias tributarán por tal concepto y por su total importe. Si existieran recíprocas prestaciones o se impusiere algún gravamen al donatario, tributarán por el mismo concepto solamente por la diferencia, sin perjuicio de la tributación que pudiera proceder por las prestaciones concurrentes o por el establecimiento de los gravámenes".

Separando su tributación claramente de todos aquellos contratos en los que la contraprestación consiste en una prestación de servicios como ocurre, en mi opinión, en el contrato de alimentos, calificándolo como un contrato oneroso.

"En el caso de que las cantidades a recibir lo sean en contraprestación a alguna entrega de bienes o prestación de servicios, la operación en cuestión ya no tendrá carácter lucrativo, sino oneroso, resultando aplicable entonces el impuesto que grava las transmisiones onerosas, que será, en función de la naturaleza de la operación y de la persona que las realice, el Impuesto sobre el Valor Añadido (actividades empresariales o profesionales) o la modalidad de transmisiones patrimoniales onerosas del Impuesto sobre Transmisiones Patrimoniales y Actos Jurídicos Documentados (entregas o prestaciones de servicios al margen de actividades empresariales o profesionales)"

12 de mayo 2023

DONACIÓN DE UN INMUEBLE CON UNA REVERSIÓN CONDICIONAL A FAVOR DE UN TERCERO

A) SUPUESTO DE HECHO

Un padre dona un inmueble a sus tres hijos por partes iguales con la estipulación de que al fallecimiento de cualquiera de ellos sin descendencia, su parte acrecerá a los otros dos hermanos.

Se cuestiona cómo tributa esta operación.

B) OPINIÓN PERSONAL

En mi opinión, la tributación será distinta según los hijos tengan o no facultades dispositivas por acto inter vivos.

1. SI LOS HIJOS TIENEN FACULTADES DISPOSITIVAS:

La primera donación del padre a los hijos tributará según las reglas generales.

Fallecido uno de los hijos sin descendencia su parte acrecerá a sus hermanos.

La adquisición de los hijos a quienes acrece está sujeta a la condición suspensiva de que el hijo fallecido, fallezca sin hijos y sin haber dispuesto de su tercera parte por acto inter vivos.

Cumplida la condición, se producirá el devengo del impuesto para los hermanos que adquieran la porción de su hermano fallecido, liquidando ambas donaciones en pleno dominio.

En definitiva, aplicaríamos la regla general del art. 8 del R ISD.

"Cuando el acto o contrato que sea causa de un incremento patrimonial sujeto al Impuesto esté sometido al cumplimiento de una condición, su calificación se realizará con arreglo a las prescripciones de la legislación civil. Si se calificare como suspensiva no se liquidará el Impuesto hasta que la condición se cumpla, pudiendo procederse a la inscripción de los bienes en los Registros públicos siempre que se haga constar al margen del asiento practicado el aplazamiento de la liquidación. Si se calificare como resolutoria, se exigirá el Impuesto, desde luego, sin perjuicio de la devolución que proceda en el caso de cumplirse la condición".

2. SI LOS HIJOS NO TIENEN FACULTADES DISPOSITIVAS:

En mi opinión, cabe la posibilidad de aplicar analógicamente las normas de los fideicomisos en el caso de que se cumpla la condición.

Es decir, la primera donación de padres a hijos tributará por las reglas generales como adquisición en pleno dominio puesto que, en ese momento, no se sabe si se va a cumplir o no la condición.

Fallecido uno de los hijos con hijos, la condición no se cumple y adquirirán los bienes los herederos del hijo fallecido aplicando las reglas generales.

Fallecido uno de los hijos sin hijos, la condición se cumple y la porción del fallecido acrecerá a sus hermanos.

En este último supuesto sí que podríamos entender que estamos ante una reversión condicional a favor de tercero y aplicar analógicamente las normas de las sustituciones fideicomisarias, en concreto el art. 53.3 del R ISD, lo que implicaría lógicamente rectificar la liquidación de la donación inicial.

"En las sustituciones fideicomisarias se exigirá el Impuesto en la institución y en cada sustitución teniendo en cuenta el patrimonio preexistente del instituido o del sustituto y el grado de parentesco de cada uno con el causante, reputándose al fiduciario y a los fideicomisarios, con excepción del último, como meros usufructuarios, salvo que pudiesen disponer de los bienes por actos «ínter vivos» o «mortis causa», en cuyo caso se liquidará por el pleno dominio, haciéndose aplicación de lo dispuesto en el artículo 47.3 de este Reglamento".

En cuanto al grado de parentesco, en mi opinión, parece claro que tanto la donación inicial como la transmisión derivada del acrecimiento son donaciones de padres a hijos, entre otras consideraciones porque los únicos que tienen "animus donandi" son los padres.

3.3 CONDONACIÓN

3 de septiembre 2024

CONDONACIÓN DE PRÉSTAMO. CATALUÑA. ADQUISICIÓN VIVIENDA HABITUAL. NO LE SON APLICABLE LAS REDUCCIONES PREVISTAS PARA LAS DONACIONES

ATC V69/23.

Interesante consulta que no hace sino reproducir el criterio ya establecido por la misma ATC en Consulta nº. 275/19, de 23 de marzo de 2020 y en la Consulta nº. 381/20, de 21 de enero de 2021.

A) SUPUESTO DE HECHO GENERAL

Típico préstamo de ascendiente a descendiente para la adquisición de una vivienda habitual que posteriormente es condonado por el ascendiente.

B) CUESTIÓN PLANTEADA

Si a la condonación del préstamo le es aplicable la reducción del 95% prevista para las donaciones en los términos establecidos en los artículos 54 y 55 de la ley 19/2020.

C) ART. 54 Y 55 DE LA LEY 19/2020

Como sabemos, en Cataluña las donaciones de dinero a un descendiente para la adquisición de una vivienda habitual pueden verse beneficiadas por la reducción del 95% del importe donado, en los términos previstos en el art. 54 de la ley 19/2020, siempre que cumplan los requisitos del art. 55 de la misma ley:

Art. 54.1:

"En las donaciones a descendientes de una vivienda que debe constituir su primera vivienda habitual o de dinero destinado a la adquisición de esta primera vivienda habitual, se puede aplicar una reducción del 95% del valor de la vivienda o el importe donados, con una reducción máxima de 60.000 euros, límite que se fija en 120.000 euros para los donatarios que tengan un grado de discapacidad igual o superior al 65%.[...]"

Art. 55: Requisitos

1. Para poder disfrutar de la reducción establecida por la presente sección, es necesario que se cumplan los siguientes requisitos:

a) La donación debe formalizarse en escritura pública, en la que debe hacerse constar de manera expresa la finalidad, en cada caso, de la donación:

– Que la vivienda constituirá la primera vivienda habitual del donatario.

– Que el terreno se destinará a la construcción de esta primera vivienda habitual.

– Que el dinero recibido se destinará a la adquisición del terreno o de la primera vivienda habitual del donatario. En caso de donación dineraria, la escritura pública debe otorgarse en el plazo de un mes a contar desde la entrega del dinero.

b) El donatario no puede tener más de treinta y seis años, salvo que tenga un grado de discapacidad igual o superior al 65%.

c) La suma de las bases imponibles general y del ahorro de la última declaración del impuesto sobre la renta de las personas físicas presentada por el donatario no puede ser superior, restando los mínimos personal y familiar, a 36.000 euros.

d) En el caso de donaciones de dinero, el donatario debe adquirir la vivienda en el plazo de tres meses a contar desde la fecha de la donación o, en su caso sucesivas, a contar desde la fecha de la donación primera donación".

C) RESPUESTA DE LA ATC: NO ES APLICABLE LA REDUCCIÓN

A la condonación del préstamo no se le puede aplicar la reducción del 95% del importe condonado prevista para las donaciones, aun cuando el deudor reúna todos los requisitos previstos en el citado art. 55.

D) FUNDAMENTO

La condonación de deuda no es una donación.

La condonación de deuda es un negocio jurídico gratuito entre vivos sujeto al impuesto sobre sucesiones y donaciones (ISD), pero no es una donación.

La condonación de deuda está sujeta al ISD porque así lo establece el art. 3 de este impuesto que se completa con el art. 12.a) del R ISD:

"Artículo 3.º Hecho imponible.

1. Constituye el hecho imponible:

(...)

b) La adquisición de bienes y derechos por donación o cualquier otro negocio jurídico a título gratuito, "inter vivos".

(...)"

Artículo 12. Negocios jurídicos gratuitos e inter vivos.

Entre otros, tienen la consideración de negocios jurídicos gratuitos e "inter vivos" a efectos de este impuesto, además de la donación, los siguientes:

a) La condonación de deuda, total o parcial, realizada como ánimo de liberalidad.

E) CONCLUSIÓN

El art. 54 de la ley 19/2020 se refiere exclusivamente a las donaciones, no a otros negocios gratuitos inter vivos.

En este sentido, la ATC V69/23:

– "Aquesta reducció només s'aplica als supòsits de donació com a negoci jurídic regulat en els articles 531-7 i següents de la Llei 5/2006, de 10 de maig, del llibre cinquè del Codi civil de Catalunya, relatiu als drets reals".

Cuando la ley ha querido incluir otros negocios jurídicos equiparables a la donación para determinados beneficios fiscales lo ha hecho de forma expresa, como en el caso de la aplicación del tipo impositivo reducido del artículo 57.2 de la Ley 19/2010:

2. Para poder aplicar la tarifa establecida en el apartado 1, la donación entre vivos, o el negocio jurídico equiparable, debe haberse formalizado en escritura pública. Si la escritura no es requisito de validez, es necesario que el otorgante o otorgantes la eleven a público:

a) En el caso de la donación, en el plazo de un mes a contar desde la fecha de entrega del bien.

b) En el caso del negocio jurídico equiparable, en el plazo de un mes a contar desde la celebración del negocio.

F) CONCLUSIÓN DE LA CONCLUSIÓN

La referida reducción del 95% no resultará aplicable a la operación de condonación de la deuda efectuada por el ascendiente, al no tener cabida en el artículo 54.1 transcrito, sin perjuicio de que pueda gozar del tipo reducido establecido en el art. 57.2 de formalizarse la condonación de la deuda en escritura pública.

Recordemos que la reducción del 95% del art. 54.1 sólo está prevista para la donación de una vivienda que deba constituir la primera vivienda habitual o del dinero destinado a adquirir esa primera vivienda.

No parece que sea aplicable a una donación de un derecho de crédito.

4. SUCESIONES

4.1 DERECHO DE TRANSMISIÓN

30 de marzo 2023

DERECHO DE TRANSMISIÓN: NECESIDAD DE ACREDITAR LA ACEPTACIÓN TÁCITA

Sentencia del TSJ Madrid de 30 de septiembre de 2022.

A) SUPUESTO DE HECHO

Es el caso típico de derecho de transmisión:

"La cuestión a resolver con carácter principal en el presente recurso, como se hace constar en la resolución impugnada, es la relativa a si, al haber fallecido los padres del actor y, posteriormente su hermana, heredera de aquellos, sin que ésta hubiese aceptado ni repudiado la herencia de los padres, se ha producido una transmisión directa de los padres al hermano o si el hermano hereda de su hermana los bienes que ésta adquirió de sus padres".

B) TESIS MODERNA

La conocida por todos. Una sola transmisión.

"Partiendo de la doctrina sentada por el Tribunal Supremo en las antedichas sentencias, conforme a la cual fallecido el heredero sin aceptar la herencia de su causante y transmitido a los suyos el derecho a hacerlo, al aceptar estos últimos la herencia de su causante —que falleció sin aceptar la del suyo— se produce una sola transmisión y adquisición hereditaria y, por ende, un solo hecho imponible, no dos hechos imponibles ni dos devengos del impuesto"

C) CUESTIÓN A RESOLVER: POSIBLE ACEPTACIÓN TÁCITA

"La cuestión a dilucidar es si en el supuesto que nos ocupa se ha producido la aceptación de la herencia de los padres por parte de la hermana del actor, entendiendo la Administración que dicha aceptación ha tenido lugar de forma tácita".

D) POSICIÓN DEL TSJ MADRID

El simple transcurso de un dilatado periodo de tiempo desde el fallecimiento del causante no implica la aceptación tácita de su herencia.

Dicha aceptación tácita se producirá cuando los bienes sean objeto de administración y disfrute por el llamado a la herencia.

E) NO BASTA EL MERO TRANSCURSO DEL TIEMPO

En consecuencia, no pudiendo acreditar que se hubiera producido la aceptación tácita por parte de la hermana fallecida, deberá entenderse que se produce una sola transmisión de los bienes de los padres al hermano supérstite, un solo hecho imponible y un único devengo.

F) CONCLUSIÓN: UNA SOLA TRANSMISIÓN

"Por todo ello, no pudiendo considerarse probada la aceptación tácita de la herencia por parte de la hermana fallecida del recurrente, hemos de concluir, siguiendo la doctrina expuesta del Tribunal Supremo, que, en relación con la herencia de los padres, se ha producido una sola transmisión y adquisición hereditaria y un solo hecho imponible y, por tanto, un devengo del impuesto".

4 de septiembre 2023

DERECHO TRANSMISIÓN: LIQUIDACIÓN DE HERENCIA Y LEGADO

DGT V1620-23

DGT V1355-23

El último Flash Fiscal del CNC recoge una consulta vinculante de la DGT que confirma criterios ya conocidos relativos a la liquidación del derecho de transmisión pero que quizá convenga recordar:

A) SUPUESTO DE HECHO

"El padre del consultante falleció en septiembre de 2022, instituyendo herederos mediante testamento al consultante y a su hermano y legándoles, además, a ambos bienes concretos. Posteriormente, en diciembre de 2022, fallece el hermano del consultante sin haber aceptado ni repudiado la herencia de su padre. El consultante fue declarado heredero "ab intestato" de su hermano".

B) LIQUIDACIONES

a) CON RELACIÓN A LA HERENCIA: UNA TRANSMISIÓN. UNA LIQUIDACIÓN

No es más que la aplicación directa del derecho de transmisión en los términos conocidos.

El hermano que sobrevive (transmisario) hereda directamente del causante, tanto los bienes por el heredado directamente del mismo como los bienes dejados en concepto de heredero a su hermano (transmitente) fallecido sin aceptar ni repudiar la herencia.

Por tanto, habrá que hacer una sola liquidación en la que se incluyan todos estos bienes.

En este sentido, DGT V1620-23:

"el consultante deberá liquidar el Impuesto sobre Sucesiones y Donaciones por los bienes y derechos adquiridos de su padre (el primer causante), liquidación en la que se incluirán tanto los bienes adquiridos por herencia por ser instituido él mismo heredero, como los bienes adquiridos como heredero transmisario, al fallecer su hermano —también instituido heredero por su padre— sin haber aceptado esta herencia. Asimismo, en esta liquidación se incluirán los bienes concretos que el padre legó al consultante en el testamento".

b) CON RELACIÓN AL LEGADO: DOS TRANSMISIONES. DOS LIQUIDACIONES

Puesto que los bienes legados entran a formar parte del patrimonio del legatario sin necesidad de aceptación, el consultante, como heredero de su hermano fallecido, tendrá que hacer con relación a los bienes legados a su hermano, dos liquidaciones puesto que se producen dos transmisiones.

Una primera liquidación por la primera transmisión de los bienes legados por el causante a su hermano y una segunda liquidación por la segunda transmisión de estos mismos bienes a su favor.

En este sentido, la DGT V1355-23 que ya fue objeto de comentario en este Chat:

"respecto de los bienes legados por el padre del consultante al hermano fallecido, este último se convirtió en legatario desde el momento del fallecimiento de su padre, debiendo liquidar el Impuesto sobre Sucesiones y Donaciones por los legados que le hubiere otorgado como consecuencia del testamento, al producirse el hecho imponible previsto en el artículo 3.1 a) de la LISD el día del fallecimiento del causante. Por lo que, conforme a lo dispuesto en el artículo 881 del Código Civil, según el cual "el legatario adquiere derecho a los legados puros y simples desde la muerte del testador, y lo transmite a sus herederos", los bienes legados formarán parte del caudal relicto del legatario fallecido antes de recibir estos bienes, y en consecuencia, el consultante, como heredero de su hermano fallecido deberá liquidar el Impuesto sobre Sucesiones y Donaciones por la herencia que reciba de su hermano —en la que se incluirán estos bienes—, al producirse de nuevo el hecho imponible previsto en el artículo 3.1 a) de la LISD con la muerte de su hermano".

28 de junio 2023

LEGADOS Y DERECHO DE TRANSMISIÓN. DIFERENCIAS ENTRE DERECHO COMÚN Y DERECHO CATALÁN

DGT V1355-23

A) DERECHO COMÚN: DOS TRANSMISIONES

En derecho común, la conclusión está clara: el derecho de transmisión no opera con los legados puesto que su régimen de adquisición es distinto al de las herencias.

La adquisición de la herencia exige aceptación (sistema romano), mientras que la adquisición de los legados se produce de una forma automática desde el fallecimiento del causante (sistema germánico).

Por ello, el bien legado debe de incluirse en el patrimonio del transmitente, debiendo hacer los transmisarios dos liquidaciones con relación al legado: una del causante al transmitente y otra del transmitente al transmisario.

"De acuerdo con lo expuesto, el legatario deviene titular *ipso iure* del legado en el momento de la muerte del causante. Por lo tanto, es indiferente si el llamado a suceder fallece antes de aceptar el legado, pues adquiere la condición de legatario con el fallecimiento del causante.

Así pues, el hecho de que no sea necesaria la aceptación del legatario para que este adquiera la propiedad de la cosa legada, sino que bastaría con que sobreviviera al testador, trae como consecuencia que no se aplicará el derecho de transmisión previsto en el artículo 1006 del Código Civil, según el cual "por muerte del heredero sin aceptar ni repudiar la herencia pasará a los suyos el mismo derecho que él tenía". Es decir, no se transmitirá el llamado "ius delationis", pues en este caso, al tratarse de legados, el llamado a suceder se ha convertido en legatario del causante desde el momento de su fallecimiento, de manera que si el legatario falleciera antes de recibir el legado en su herencia deberá incluirse el bien legado como un bien más en su patrimonio".

B) DERECHO CATALÁN: UNA TRANSMISIÓN

En derecho catalán la solución sería, en mi opinión, distinta puesto que el legatario que fallece sin aceptar o repudiar el legado, transmite a sus herederos su misma facultad de aceptarlo o repudiarlo (sistema romano).

"Artículo 427-17. Transmisión del derecho al legado.

1 El legado deferido y no aceptado ni repudiado por muerte del legatario se transmite a sus herederos con la misma facultad de aceptarlo o repudiarlo, salvo que la voluntad del causante sea otra o salvo que se trate de legados de usufructo, renta, pensión vitalicia u otros de carácter personalísimo.

2 Si existen varios herederos transmisarios, cada uno puede repudiar o aceptar la parte que le corresponde".

Por tanto, en derecho catalán, a diferencia de lo que ocurre en derecho común, el derecho de transmisión se entiende a los legados.

25 de julio 2024

DERECHO DE TRANSMISIÓN: EL TRANSMISARIO ACEPTA LA HERENCIA DEL TRANSMITENTE Y RENUNCIA LA HERENCIA DEL CAUSANTE. DEVENGO DEL IMPUESTO PARA EL BENEFICIARIO DE LA RENUNCIA

DGT V2783-23

A) SUPUESTO DE HECHO

En el año 2021 fallece el causante nombrando herederos por partes iguales a su hijo y a su hija.

En el año 2022 fallece su hijo sin aceptar ni repudiar la herencia del causante.

En el año 2023 la esposa del hijo fallecido acepta la herencia de éste y renuncia a la herencia del causante.

B) CUESTIÓN PLANTEADA

La hija, por un lado heredera del causante y por otro lado beneficiaria de la renuncia, quiere saber cuándo se produce para ella el devengo del impuesto.

C) NORMAS A TENER EN CUENTA

1. DEVENGO DEL IMPUESTO

Podemos distinguir:

A) Regla general. Art. 24.1 ISD.

El devengo del impuesto se produce el día del fallecimiento del causante.

B) Excepción. Art. 24.3 ISD.

"Toda adquisición de bienes cuya efectividad se halle suspendida por la existencia de una condición, un término, un fideicomiso o cualquier otra limitación, se entenderá siempre realizada el día en que dichas limitaciones desaparezcan".

2. PARENTESCO CON EL CAUSANTE

Fácil de recordar: siempre a favor de Hacienda.

En este sentido el art. 28.1 ISD y 58 del R ISD:

"En cuanto al parentesco con el causante, se tendrá en cuenta el del renunciante o el del que repudia cuando tenga señalado un coeficiente superior al que correspondería al beneficiario".

Y este criterio, siempre favorable a Hacienda, también se aplicará en caso de que el beneficiario de la renuncia hubiera adquirido además otros bienes del causante, como parece ocurre en el supuesto de hecho planteado en la consulta.

"Si el beneficiario de la renuncia recibiese directamente otros bienes del causante, sólo se aplicará lo dispuesto en el párrafo anterior cuando la suma de las liquidaciones practicadas por la adquisición separada de ambos grupos de bienes fuese superior a la girada sobre el valor de todos, con aplicación a la cuota íntegra obtenida del coeficiente que corresponda al parentesco del beneficiario con el causante".

D) POSICIÓN DE LA ESPOSA DEL HIJO FALLECIDO: UNA LIQUIDACIÓN

La esposa del hijo fallecido, que aceptó su herencia y renunció a la herencia del causante, no tiene que practicar liquidación alguna con relación a la herencia del causante puesto que ni tan siquiera se produjo el hecho imponible.

Lógicamente, sí que tendrá que efectuar la liquidación que corresponda por la herencia de su esposo, el hijo fallecido, al haber aceptado su herencia.

E) POSICIÓN DE LA HIJA DEL CAUSANTE BENEFICIARIA DE LA RENUNCIA: DOS LIQUIDACIONES

La hija, por un lado coheredera del causante y por otro lado beneficiaria de la renuncia, tendrá que hacer dos liquidaciones.

Una liquidación como heredera de su padre, y otra liquidación como beneficiaria de la renuncia, aplicando en cada caso el coeficiente que corresponda al grado de parentesco según lo dispuesto en el art. 58 del R ISD.

Y en cuanto al devengo del impuesto, habrá que distinguir:

a) Como coheredera del causante, el devengo se producirá en el momento del fallecimiento de éste aplicando la regla general del art. 28.1 ISD.

b) Como beneficiaria de la renuncia, el devengo se producirá en la fecha de la escritura pública en la que se formaliza la renuncia.

Así lo expresa claramente la DGT.

"Conforme a lo anterior, la consultante deberá presentar los documentos o declaraciones relativas al Impuesto sobre Sucesiones y Donaciones por la parte de la herencia adquirida como consecuencia de esta renuncia en el plazo de seis meses previsto en el artículo 67 RISD, contado desde el devengo del impuesto, esto es, la fecha en la que se produce la renuncia por parte de la heredera transmisaria en instrumento público".

VARIANTE DEL SUPUESTO DE HECHO ANTERIOR:

Alteramos ligeramente el supuesto de hecho anterior para observar la importancia del parentesco.

El hijo fallecido, sin aceptar ni repudiar la herencia del causante, ha designado heredero a una ONG.

La ONG acepta la herencia del hijo fallecido y, en ejercicio del *ius delationis*, renuncia a la herencia del causante siendo beneficiaria de la renuncia la otra hija coheredera del causante.

A) GRUPO DISTINTO DEL RENUNCIANTE Y DEL BENEFICIARIO DE LA RENUNCIA

En este ejemplo, se ve claro que la ONG renunciante y la beneficiaria de la renuncia no pertenecen al mismo grupo de parentesco con relación al causante.

Esto será determinante tanto para aplicar las posibles reducciones por parentesco (que en el caso de la ONG no existirán) como para determinar los coeficientes multiplicadores para determinar la cuota tributaria.

La coheredera, hija del causante, pertenecerá con relación al mismo al grupo I o II según su edad, mientras que la ONG es una extraña con relación al causante y pertenecerá al grupo IV.

B) CÁLCULO DE LA LIQUIDACIÓN: art. 58 R ISD

Como la hija, la beneficiaria de la renuncia, es a su vez coheredera del causante, se aplicarán las reglas del art. 58 del R ISD.

Por tanto, para calcular su cuota tributaria habrá que realizar dos operaciones aritméticas, un doble cálculo, y aplicar el más gravoso para ella.

a) Primer cálculo: por separado.

A la mitad de la herencia, que adquiere como heredera del causante, se le aplicará el coeficiente correspondiente al grupo I o II, según su edad.

A la otra mitad de la herencia, que adquiere como beneficiaria de la renuncia, se le aplicará el coeficiente correspondiente a la renunciante, es decir, el del grupo IV.

b) Segundo cálculo: conjunto.

A la totalidad de lo recibido, tanto como heredera directa del causante como beneficiaria de la renuncia, se le aplicará correspondiente a su parentesco con el causante, es decir, grupo I o II, según su edad.

Hecho ambos cálculos, se aplicará a la hija el que le resulte más gravoso.

En nuestro supuesto de hecho, parece claro que resultará más gravoso el cálculo por separado y éste será el que habrá que aplicar.

7 de julio 2023

DERECHO DE TRANSMISIÓN: DERECHOS CÓNYUGE VIUDO DEL TRANSMITENTE

DGT V0482-23

La DGT vuelve a incidir en esta consulta en el aspecto fiscal del derecho de transmisión, esta vez desde la perspectiva del cónyuge viudo del transmitente.

Su posición es, en mi opinión, congruente con el criterio del TS.

A) POSICIÓN DEL TS: CONOCIDA

El transmisario hereda directamente del causante siempre que previamente acepte la herencia del transmitente y ejerza el *ius delationis* contenido en la misma.

"No hay, por tanto, una doble transmisión sucesoria o sucesión propiamente dicha en el ius delationis, sino un mero efecto transmisivo del derecho o del poder de configuración jurídica como presupuesto necesario para hacer efectiva la legitimación para aceptar o repudiar la herencia que ex lege ostentan los herederos transmisarios; todo ello, dentro de la unidad orgánica y funcional del fenómeno sucesorio del causante de la herencia, de forma que aceptando la herencia del heredero transmitente, y ejercitando el ius delationis integrado en la misma, los herederos transmisarios sucederán directamente al causante de la herencia y en otra distinta sucesión al fallecido heredero transmitente".

No es necesario insistir.

B) POSICIÓN DE LA DGT

Si el transmisario hereda directamente del causante, el cónyuge viudo del transmitente nada hereda del causante.

Por tanto, son dos herencias distintas (la del causante y la del transmitente) con dos liquidaciones distintas.

El cónyuge viudo del transmitente heredará exclusivamente de éste sin que deban computarse los bienes del causante que el transmitente no llegó a adquirir.

Por su parte, el transmisario heredará directamente del causante siguiendo, en este punto, la DGT el criterio del TS.

En este sentido, V0482-23:

"Sobre el tratamiento fiscal de los derechos del cónyuge viudo del transmitente en los supuestos en los que existe derecho de transmisión, el cónyuge viudo deberá liquidar el ISD por la adquisición individual de los bienes y derechos que le correspondan como causahabiente del transmitente, ya se trate de derechos legitimarios o de un usufructo universal, sin que estos puedan recaer sobre el patrimonio hereditario del primer causante, integrado por bienes que el transmitente no llegó a adquirir".

Como sabemos, la posición de nuestra DG en este punto es otra, puesto que para ella "el valor del ius delationis" debe computarse para el cálculo de las legítimas del transmitente.

En fin … todo muy divertido.

24 de marzo 2023

CÓMPUTO DE PLAZO. PRESCRIPCIÓN. CATALUÑA. POSICIÓN DE LA ATC

ATC 354/2017

Desde un punto de vista fiscal, el mayor inconveniente de la teoría moderna (para Hacienda) es, en mi opinión, que limita sus posibilidades de recaudación.

En muchos de los casos, la herencia del primer causante estará prescrita, lo que hará disminuir de una forma notable los ingresos de Hacienda.

Por intentar ordenar el caos.

A) POSICIÓN DE LA ATC

La ATC, para evitar el efecto apuntado ya en la consulta 354/2017, defendió que el inicio del cómputo de prescripción de la primera herencia se producía al fallecimiento del segundo causante, pues era en ese momento, y no antes, cuando los herederos del segundo causante podían ejercitar el *ius transmisionis* adquirido en relación al primer causante.

El argumento para defender esta postura era el artículo 24.3 de la Ley 29/1987, de 18 de diciembre, del impuesto sobre sucesiones y donaciones que señala que:

“3. Toda adquisición de bienes cuya efectividad se halle suspendida por la existencia de una condición, un término, un fideicomiso o cualquier otra limitación, se entenderá siempre realizada el día en que dichas limitaciones desaparezcan”.

No parece que el art. 24.3 encaje en el supuesto del derecho de transmisión.

Parece que se refiere, más bien, a condiciones, términos, fideicomisos o limitaciones impuestas por el propio causante, lo que no ocurre en el derecho de transmisión. Por lo que, en mi opinión, no sería aplicable.

B) POSICIÓN DE LA DGT

La DGT coincide con el criterio de la ATC.

C) POSICIÓN DEL TSJ CATALUÑA

El TSJ de Cataluña ha adoptado sorprendentemente en esta materia, la tesis de la DGT, apartándose del criterio establecido por el TS.

Así en sentencia de 28 de julio de 2022, señala que el devengo del impuesto en relación a la primera herencia se inicia al fallecimiento del transmitente, pues es en ese momento cuando puede dirigirse al transmisario para exigirle el impuesto por la primera herencia.

D) POSICIÓN DEL TRIBUNAL SUPREMO

El Tribunal Supremo, mediante providencia de 6 de noviembre de 2019, entre otras, estableció que fallecido el heredero sin aceptar ni repudiar, el heredero de éste que acepta la herencia del causante, hereda directamente del causante existiendo un solo hecho imponible del ISD.

Por ello, el plazo de prescripción debe contarse en función de la fecha del fallecimiento del causante, no de la del heredero premuerto, ni desde la fecha de aceptación de la herencia.

E) CRÍTICA

La herencia no puede estar prescrita para el transmitente y estar no prescrita para el transmisario.

Efectivamente. El impuesto se devenga en el momento del fallecimiento del causante. Desde ese instante, la Administración Tributaría puede exigir el pago.

Transcurrido el plazo de prescripción, la herencia habrá prescrito y, en mi opinión, no debería poder "reactivarse" la posibilidad de exigir el pago en los supuestos del 1006 del CC.

F) CONCLUSIÓN

Lo dicho. Total inseguridad jurídica.

CÓMPUTO PLAZO. PRESCRIPCIÓN. CATALUÑA. POSICIÓN DEL TSJ CATALUÑA

S TSJ de Cataluña de 28 de julio de 2022.

Lo curioso es que, en este tema, el TSJ de Cataluña mantiene exactamente lo contrario que el Tribunal Supremo.

A) POSICIÓN DEL TSJ DE CATALUÑA

El TSJ de Cataluña acoge el criterio de la Administración y señala que el devengo del impuesto en relación a la primera herencia, por lo que hace al transmisario, se inicia con el fallecimiento del transmitente, pues es en ese momento cuando puede dirigirse al transmisario para exigir el impuesto por la primera herencia.

B) POSICIÓN DEL TRIBUNAL SUPREMO

El TS lo tenía tan claro que ni tan siquiera admitió a trámite el recurso de casación que se le planteó sobre esta cuestión por entender que carecía de interés casacional

En definitiva, el Tribunal Supremo aplicaba el artículo 24.1 de LISD, consideraba que el impuesto se devengaba el día del fallecimiento del primer causante y, en consecuencia, desde ese instante empezaba a contarse la prescripción.

Desde el momento del fallecimiento del causante, la Administración Tributaría podrá exigir el impuesto a quien corresponda.

Si ha pasado el plazo de prescripción, la herencia está prescrita.

C) CRÍTICA

Por el contrario, el TSJC considera aplicable, en este caso, la excepción del artículo 24.3 de LISD, entendiendo que el devengo del impuesto para el transmisario se produce, no en el momento del fallecimiento del causante, sino en el momento del fallecimiento del transmitente, puesto que sólo a partir de ese instante puede exigir el impuesto al transmisario.

Esta interpretación es, en mi opinión, absolutamente forzada, puesto que la Administración Tributaria, como es evidente, puede exigir el pago del impuesto desde el momento del devengo y éste se produce en el momento del fallecimiento del causante.

No hay ni condición, ni término, ni fideicomiso y, por eso, se ampara en la expresión "cualquier otra limitación" del artículo 24.3 para mantener lo difícilmente defendible.

Resulta difícil de entender que una herencia que está prescrita para un heredero "renazca" para los herederos del mismo.

Solo recordar el art. 24 del ISD cuya interpretación es objeto de debate.

Artículo 24. Devengo.

"1. En las adquisiciones por causa de muerte y en los seguros sobre la vida, el impuesto se devengará el día del fallecimiento del causante.

3. Toda adquisición de bienes cuya efectividad se halle suspendida por la existencia de una condición, un término, un fideicomiso o cualquier otra limitación, se entenderá siempre realizada el día en que dichas limitaciones ".

3 de junio 2023

DERECHO DE TRANSMISIÓN: RENUNCIA Y PLAZO DE PRESCRIPCIÓN. POSICIÓN DE LA DGT

DGT V0889-23

La consulta que comentamos confirma la opinión de que la DGT no sigue el criterio del TS en aquellas cuestiones que no le interesa.

Me refiero al devengo del impuesto y al plazo de prescripción en las herencias con derecho de transmisión.

A) SUPUESTO DE HECHO

El señor A que fallece nombrando heredera a su madre, la señora B.

La señora B fallece sin aceptar ni renunciar a la herencia de A, por lo que deviene heredera su hija, la señora C.

La señora C renuncia a la herencia de la señora B de manera que serían herederos de la señora B el hijo de la señora C, el señor D.

El señor D acepta la herencia de la señora B y ejerce el *ius delationis* sobre la herencia de A.

B) POSICIÓN DEL TRIBUNAL SUPREMO

La posición del TS es conocida.

El transmisario hereda directamente del causante siempre que previamente acepte la herencia del transmitente y ejerza el *ius delationis* contenido en la misma.

"No hay, por tanto, una doble transmisión sucesoria o sucesión propiamente dicha en el ius delationis, sino un mero efecto transmisivo del derecho o del poder de configuración jurídica como presupuesto necesario para hacer efectiva la legitimación para aceptar o repudiar la herencia que ex lege ostentan los herederos transmisarios; todo ello, dentro de la unidad orgánica y funcional del fenómeno sucesorio del causante de la herencia, de forma que aceptando la herencia del heredero transmitente, y ejercitando el ius delationis integrado en la misma, los herederos transmisarios sucederán directamente al causante de la herencia y en otra distinta sucesión al fallecido heredero transmitente".

En cuanto al plazo de prescripción, el Tribunal Supremo mediante providencia de 6 de noviembre de 2019, estableció que el plazo de prescripción para el transmisario debe contarse desde la fecha del fallecimiento del causante, pues a dicha fecha se retrotraen los efectos de la aceptación, y no desde la fecha del fallecimiento del transmitente ni desde la fecha de aceptación de la herencia.

C) POSICIÓN DE LA DGT

Curiosamente, la DGT, en la resolución que comentamos, sigue el criterio del TS en cuanto a la existencia de un sólo llamamiento, admitiendo que el transmisario hereda directamente del causante, pero se aparta del criterio del TS en lo relativo al devengo del impuesto.

En efecto, la DGT considera que el devengo del impuesto para el transmisario se produce en el momento del fallecimiento del transmitente y, en consecuencia, es en ese momento cuando se inicia el plazo de prescripción para el transmisario.

"Por lo tanto, en este caso, el Impuesto sobre Sucesiones y Donaciones por los bienes y derechos adquiridos del primer causante se devengará el día del fallecimiento del segundo causante o heredero transmitente, ya que no es hasta ese momento en el que los causahabientes pueden aceptar la herencia y, por lo tanto, adquirir los bienes y derechos que integran el caudal relicto del primer causante, convirtiéndose en sujetos pasivos del impuesto"

El argumento de la DGT para mantener esta posición se encuentra en el art. 24.3 de LISD, como ya hemos visto en alguna ocasión.

"Toda adquisición de bienes cuya efectividad se halle suspendida por la existencia de una condición, un término, un fideicomiso o cualquier otra limitación, se entenderá siempre realizada el día en que dichas limitaciones desaparezcan".

Sigue diciendo la DGT:

"Así sucede en el presente caso, en el que los herederos transmisarios —sujetos pasivos del ISD— no pueden aceptar la herencia y, por lo tanto, adquirir los bienes del causante hasta que fallezca el segundo causante —heredero transmitente—, entendiéndose esta situación como una limitación para que la adquisición gravada por el impuesto sea efectiva".

No parece, como ya se ha comentado en este Chat, que el art. 24.3 encaje en el supuesto del derecho de transmisión.

Parece que se refiere, más bien, a condiciones, términos, fideicomisos o limitaciones impuestas por el propio causante, lo que no ocurre en el derecho de transmisión cuyos efectos se producen *ex lege* como ya comentamos en su día.

E) RENUNCIA DEL TRANSMISARIO

En el supuesto de hecho planteado en la consulta, se produce la renuncia del transmisario entrando en juego la sustitución vulgar prevista en el testamento a favor de su descendiente.

El heredero por sustitución vulgar del transmitente, acepta la herencia de éste y ejerce el *ius delationis* integrado en la misma, heredando de esta forma directamente al causante.

Por tanto, el heredero del transmitente tendrá que hacer, según la DGT, dos liquidaciones:

Una liquidación por lo que hereda directamente del causante atendiendo a su parentesco con el mismo, salvo que la renunciante tenga señalado un coeficiente superior.

Y otra liquidación por lo que hereda del transmitente atendiendo a su parentesco con éste, salvo que la renunciante tenga señalado un coeficiente superior.

Todo ello por aplicación del art. 58 del RISD:

"En la repudiación o renuncia pura, simple y gratuita de la herencia o legado, los beneficiarios de la misma tributarán por la adquisición de la parte repudiada o renunciada aplicando siempre el coeficiente que corresponda a la cuantía de su patrimonio preexistente. En cuanto al parentesco con el causante, se tendrá en cuenta el del renunciante o el del que repudia cuando tenga señalado un coeficiente superior al que correspondería al beneficiario".

F) CRÍTICA

Esta consulta ha sido criticada, en mi opinión con acierto, en TOTTRIBUTS en lo relativo a los efectos de la renuncia.

Y ello porque la renuncia del transmisario afectará, en su caso, a la herencia del transmitente pero en nada afectará a la herencia del primer causante.

En definitiva, el transmisario al renunciar a la herencia del transmitente, nunca ha ostentado derecho alguno en la herencia del primer causante.

En consecuencia, su renuncia en nada debe afectar fiscalmente a esta herencia no siendo, por tanto, aplicable a esta sucesión lo dispuesto en el art. 58.1 del RISD.

"A nuestro juicio, la renuncia de la señora C afectará, si acaso, a la herencia de la señora B por lo que hace a las previsiones de los artículos 28 de la LISD y 58.1 del RISD pero en ningún caso a la herencia del primer causante. Los hijos de la señora C son herederos transmisarios directos del primer causante y en dicha herencia no se ha producido renuncia alguna que obligue a matizar, desde un punto de vista fiscal, la adquisición con las reglas de los artículos 28 de la LISD y 58.1 del RISD. La señora C no ha llegado a ser titular de la delación del señor A para justificar una solución como la propugnada por la DGT". (TOTTRIBUTS)

CONCLUSIÓN

Una vez más, y ya son muchas, la DGT se aparta de criterio del TS y mantiene un criterio en cuanto al devengo y la prescripción del impuesto que casualmente perjudica al contribuyente.

24 de marzo 2023

CÓMPUTO DE PLAZO. PRESCRIPCIÓN. POSICIÓN DEL TRIBUNAL SUPREMO

Providencia TS de 6 de noviembre de 2019.

Este tema está perfectamente tratado en TOTTRIBUTS:

A) TRIBUNAL SUPREMO

"El TS dictó el pasado día 6 de noviembre de 2019 una nueva providencia en relación a la prescripción del ius transmisionis en el ISD.

Así, la sección primera de la Sala de lo Contencioso-Administrativo del TS acordó inadmitir a trámite un recurso de casación planteado por la Comunidad de Madrid en relación a la STSJ de Madrid de 19 de marzo de 2019, recurso 909/2017.

En dicho escrito, se planteaba como cuestión con interés casacional la aclaración del dies a quo en el cómputo del plazo de prescripción en los supuestos de ius transmisionis.

El TS argumenta que la cuestión planteada por la Comunidad de Madrid carece de interés casacional objetivo para la formación de jurisprudencia ya que dicha cuestión está embebida (y por tanto, aclarada) dentro de la ya resuelta por la sección segunda de la Sala Tercera del TS mediante sentencias de 5 de junio de 2018 y 29 de marzo de 2019.

Por tanto, el plazo de prescripción empieza a contar desde que se produce la defunción del primer causante, pues a dicha fecha se retrotraen los efectos de la aceptación.

Con esta ya son dos las providencias del TS que despachan la cuestión de la prescripción del ius transmisionis de manera sumaria, dando a entender que dicha cuestión no plantea dudas como pretende hacer entender la Agencia Tributaria de Cataluña".

B) TSJ CATALUÑA Y DGT

Mantienen la tesis contraria.

"El TSJ de Catalunya ha dictado con fecha 28 de julio de 2022 una sentencia, con número de resolución 3032/2022, que trata sobre el devengo en las herencias con derecho de transmisión.

En ella, el TSJ de Cataluña acoge el criterio de la Administración y señala que el devengo del impuesto en relación a la primera herencia, por lo que hace al transmisario, se inicia con el fallecimiento del transmitente, pues es en ese momento cuando puede dirigirse al transmisario para exigirle el impuesto por la primera herencia.

Antes, señala, el devengo queda limitado al hecho de que el transmitente acepte o rechace la herencia del primer causante.

Por nuestra parte señalar que el criterio establecido por el TSJ de Cataluña parece contrariar al establecido por el TS, que en sendas providencias inadmitió la sustanciación de recursos de casación sobre dicha cuestión al entender que carecía de interés casacional.

Asimismo, es contrario a la reciente sentencia del TSJ de Madrid de 22 de febrero de 2022, número de resolución 120/2022 y a la resolución del TEAR de Madrid de 26 de junio de 2022.

A nuestro juicio, no puede de hablarse de limitación en el devengo en estos supuestos, ya que la Administración puede dirigirse siempre contra aquel que ostenta la delación en cada momento, por lo que mal puede hablarse de limitación en la adquisición del alguien que no ostenta, en ese momento, la delación".

25 de mayo 2024

CÓMPUTO DE PLAZO. PRESCRIPCIÓN. CAMBIO RADICAL DE CRITERIO DEL TS

STS 23 de abril 2024.

Por resumir.

Lo curioso de este tema es el cambio tan radical de criterio que, en este punto, ha efectuado el TS.

A) *TESIS TRADICIONAL: FALLECIMIENTO DEL CAUSANTE*

El TS hasta ahora había mantenido que el plazo de prescripción en los supuestos de derecho de transmisión empezaba a contarse desde que se producía la defunción del primer causante, puesto que a dicha fecha se retrotraen los efectos de la aceptación.

El principal argumento para defender esta tesis era el art. 24.1 de la L ISD que fija el devengo del impuesto en el momento del fallecimiento del causante.

"En las adquisiciones por causa de muerte y en los seguros sobre la vida, el impuesto se devengará el día del fallecimiento del causante o del asegurado o cuando adquiera firmeza la declaración de fallecimiento del ausente, conforme al artículo 196 del Código Civil".

En este sentido, el TS dictó una providencia el 6 de noviembre de 2019 por la que ni tan siquiera admitió a trámite un recurso de casación planteado por la comunidad de Madrid por entender que este tema carecía de interés casacional, puesto que ya había sido resuelto por el propio TS en sentencias de 5 de junio de 2018 y 29 de marzo de 2019 en el sentido expuesto.

B) *TESIS ACTUAL: FALLECIMIENTO DEL TRANSMITENTE*

Con su sentencia de 23 de abril de 2024, el TS cambia radicalmente de criterio.

El TS ha pasado de ni tan siquiera admitir a trámite esta cuestión, a resolverla en sentido contrario.

Resumiendo la sentencia:

a) OBJETO DEL RECURSO

"El objeto de este recurso de casación, desde la perspectiva del interés casacional objetivo para formar jurisprudencia, consiste en determinar cuál es el dies a quo del plazo de prescripción del derecho de la Administración tributaria para liquidar el Impuesto sobre Sucesiones y Donaciones en aquellos supuestos de adquisiciones por causa de muerte en los que el heredero fallece sin aceptar ni repudiar la herencia y el derecho se transmite a sus herederos, que son quienes aceptan y adquieren la condición de sujetos pasivos del impuesto".

b) RESPUESTA DEL TS

"La respuesta a dicha cuestión, conforme a lo que hemos razonado, debe ser que el dies a quo del plazo de prescripción del derecho de la Administración a liquidar el Impuesto sobre Sucesiones y Donaciones en aquellos supuestos de adquisiciones por causa de muerte en los que el heredero fallece sin aceptar ni repudiar la herencia y el derecho se transmite a sus herederos, que son quienes aceptan y adquieren la condición de sujetos pasivos del impuesto, es el momento del fallecimiento del transmitente".

El principal argumento del TS para defender esta tesis consiste en considerar aplicable al cómputo del plazo para la prescripción del derecho de transmisión el art. 24.3 de la L ISD, y no el art. 24.1 del mismo texto legal, por entender que el transmisario sólo se convierte en sujeto pasivo del impuesto en el momento que el transmitente fallece sin haber ni aceptado ni repudiado la herencia del causante.

"Toda adquisición de bienes cuya efectividad se halle suspendida por la existencia de una condición, un término, un fideicomiso o cualquier otra limitación, se entenderá siempre realizada el día en que dichas limitaciones desaparezcan".

Para llegar a esta conclusión, el TS sin duda fuerza la interpretación del art. 24.3 de la L ISD y puesto que no puede afirmar que estemos ni ante una condición, ni ante un término, ni ante un fideicomiso, considera que el supuesto puede incluirse en la expresión "cualquier otra limitación" del citado artículo 24.3.

"Debemos considerar que, la regla general consiste en que el impuesto se devengue en las adquisiciones por causa de muerte el día del fallecimiento del causante —art. 24.1 de la Ley 29/1987—, pero también que el apartado 3 del citado artículo contiene una salvedad o excepción, la de que la efectividad de la adquisición de los bienes esté suspendida por las razones que indica (entre las que se encuentra la que se describe como" cualquier otra limitación"), que pueden ser por voluntad del testador o no, supuesto en el que la adquisición se entiende realizada el día en que esa limitación desaparezca".

Las consecuencias de esta interpretación son conocidas y ya han sido comentadas.

4.2 SEGUROS DE VIDA

13 de abril de 2024

HERENCIAS Y SEGUROS DE VIDA

DGT V3060-23

El último Boletín Fiscal del Consejo recoge la consulta DGT V3060-23 relativa a la tributación de las prestaciones derivadas de los seguros de vida.

Esto nos permite recordar el distinto régimen fiscal a que están sometidos estos seguros, según el contratante sea el propio asegurado o, por el contrario, el contratante del seguro sea una persona, el asegurado otra distinta y el beneficiario un tercero.

A) EL CONTRATANTE DEL SEGURO ES EL PROPIO ASEGURADO: IMPUESTO SUCESIONES

a) SUPUESTO TÍPICO

El causante asegura su propia vida designando como beneficiarios a sus herederos.

b) HECHO IMPONIBLE

Al fallecimiento del causante (tomador del seguro) se produce el hecho imponible del Impuesto de Sucesiones.

"Artículo 3. L ISD

1. Constituye el hecho imponible:

c) La percepción de cantidades por los beneficiarios de contratos de seguros sobre la vida, cuando el contratante sea persona distinta del beneficiario …"

c) SUJETO PASIVO

El sujeto pasivo será el beneficiario del seguro. En nuestro ejemplo, los herederos.

«Artículo 5. L ISD

Estarán obligados al pago del Impuesto a título de contribuyentes, cuando sean personas físicas:

c) En los seguros sobre la vida, los beneficiarios.».

d) BASE IMPONIBLE

La base imponible está constituida por las cantidades percibidas por razón del seguro que, en su caso, se acumularán a la porción hereditaria del beneficiario.

«Artículo 9. L ISD.

Constituye la base imponible del Impuesto:

c) En los seguros sobre la vida, las cantidades percibidas por el beneficiario. Las cantidades percibidas por razón de seguros sobre la vida se liquidarán acumulando su importe al del resto de los bienes y derechos que integran la porción hereditaria del beneficiario cuando el causante sea, a su vez, el contratante del seguro individual o el asegurado en el seguro colectivo.».

En este sentido, DGT V3060-23:

"En el caso planteado, el seguro de la causante cubría la contingencia de su fallecimiento, siendo los beneficiarios los herederos legales; por lo tanto, si la consultante recibe una cantidad por este concepto deberá tributar por el Impuesto sobre Sucesiones y Donaciones por la letra c) del apartado 1 del artículo 3 de la LISD a lo que deberá acumular el resto de los bienes que reciba de la causante, que tributarían por la letra a) del apartado 1 del artículo 3 de la LISD, sin que este Centro Directivo tenga competencias para establecer quiénes son las herederas que deban recibir la cantidad asegurada".

B) EL CONTRATANTE DEL SEGURO ES UNA PERSONA, EL ASEGURADO UNA DISTINTA Y EL BENEFICIARIO UN TERCERO: DONACIÓN

a) SUPUESTO DE HECHO

El tomador del seguro (pagador de las primas) asegura la vida de una persona de tal forma que, si ésta fallece, un tercero percibirá una determinada indemnización.

b) HECHO IMPONIBLE

Al fallecimiento del asegurado, el beneficiario percibirá la correspondiente indemnización por parte de la Compañía de Seguros, que fiscalmente es considerada como una donación del tomador del seguro a favor del beneficiario.

En este sentido, el art. 12.e del R ISD:

"Entre otros, tienen la consideración de negocios jurídicos gratuitos e «ínter vivos» a los efectos de este Impuesto, además de la donación, los siguientes:

e) El contrato de seguro sobre la vida, para caso de sobrevivencia del asegurado y el contrato individual de seguro para caso de fallecimiento del asegurado que sea persona distinta del contratante, cuando en uno y otro caso el beneficiario sea persona distinta del contratante".

c) SUJETO PASIVO

El tercero "donatario" que recibe la indemnización.

Artículo 5. L ISD:

"Estarán obligados al pago del Impuesto a título de contribuyentes, cuando sean personas físicas:

b) En las donaciones y demás transmisiones lucrativas «inter vivos» equiparables, el donatario o el favorecido por ellas".

d) BASE IMPONIBLE

La base imponible será la indemnización percibida por el beneficiario.

Artículo 9. L ISD:

"1. Constituye la base imponible del impuesto:

c) En los seguros sobre la vida, las cantidades percibidas por el beneficiario."

CONCLUSIÓN

Parece interesante no perder la vista esta distinción.

15 de octubre de 2024

IMPUESTO DE SUCESIONES: SEGUROS. OBLIGACIÓN PERSONAL Y OBLIGACIÓN REAL

DGT V1822-24

El último Flash Fiscal publicó una interesante consulta que nos permite recordar la diferencia de tributar en el ISD por obligación personal o por obligación real, según el heredero resida o no resida en España.

A) SUPUESTO DE HECHO

Un ciudadano italiano (residente en España) hereda de su madre (residente en Italia) unas pólizas de seguro de vida, por lo que recibirá la correspondiente liquidación a través de una transferencia bancaria desde Italia a su cuenta en España.

B) HECHO IMPONIBLE

La percepción de indemnizaciones por parte de los beneficiarios de los seguros de vida está sujeta al ISD.

En este sentido, el artículo 3 del ISD:

"Constituye el hecho imponible:

c) La percepción de cantidades por los beneficiarios de contratos de seguros sobre la vida, cuando el contratante sea persona distinta del beneficiario, salvo los supuestos expresamente regulados en el artículo 16.2, a), de la Ley del Impuesto sobre la Renta de las Personas Físicas y otras Normas Tributarias".

C) SUJETO PASIVO

El sujeto pasivo será, lógicamente, el beneficiario del seguro.

En este sentido, el artículo 5 del ISD:

"Estarán obligados al pago del Impuesto a título de contribuyentes, cuando sean personas físicas:

c) En los seguros sobre la vida, los beneficiarios".

D) BASE IMPONIBLE

La base imponible estará constituida por las cantidades percibidas por el beneficiario cuyo importe se acumulará al resto de los bienes que herede el beneficiario.

En este sentido, el art. 9 del ISD

"Artículo 9. Base imponible.

1. Constituye la base imponible del Impuesto:

c) En los seguros sobre la vida, las cantidades percibidas por el beneficiario. Las cantidades percibidas por razón de seguros sobre la vida se liquidarán acumulando su importe al del resto de los bienes y derechos que integran la porción hereditaria del beneficiario cuando el causante sea, a su vez, el contratante del seguro individual o el asegurado en el seguro colectivo".

E) RESIDENTES: OBLIGACIÓN PERSONAL

En el supuesto que nos ocupa, al ser el sujeto pasivo residente en España, tributará en España por el principio de obligación personal recogido en el artículo 6 del ISD cualquiera que sea el lugar donde se encuentren los bienes y derechos adquiridos y con independencia de su nacionalidad.

"1. A los contribuyentes que tengan su residencia habitual en España se les exigirá el Impuesto por obligación personal, con independencia de dónde se encuentren situados los bienes o derechos que integren el incremento de patrimonio gravado.

2. Para la determinación de la residencia habitual se estará a lo establecido en las normas del Impuesto sobre la Renta de las Personas Físicas".

F) NO RESIDENTES: OBLIGACIÓN REAL

La cuestión sería completamente distinta en el supuesto de que heredero no resida en España.

En este caso, sólo tributaría por obligación real por la adquisición de aquellos bienes y derechos situados en territorio español.

En ese sentido, el artículo 7 del ISD:

"A los contribuyentes no incluidos en el artículo inmediato anterior se les exigirá el Impuesto, por obligación real, por la adquisición de bienes y derechos, cualquiera que sea su naturaleza, que estuvieran situados, pudieran ejercitarse o hubieran de cumplirse en territorio español, así como por la percepción de cantidades derivadas de contratos de seguros sobre la vida cuando el contrato haya sido realizado con entidades aseguradoras españolas o se haya celebrado en España con entidades extranjeras que operen en ella".

G) DEDUCCIÓN POR DOBLE IMPOSICIÓN INTERNACIONAL

No conviene olvidar que la ley del ISD, en su art. 23, establece una deducción por doble imposición internacional para aquellos supuestos de tributación por obligación personal en los que se haya podido gravar el incremento patrimonial en otro Estado.

4.3 USUFRUCTO VIDUAL

26 de junio 2023

CONMUTACIÓN DEL USUFRUCTO VIDUAL: O DE CÓMO UNA HERENCIA PUEDE ACABAR TRIBUTANDO POR PERMUTA

DGT V0297-21

El otro día hubo un interesante debate en el Chat de SUCESIONES sobre la conmutación del usufructo vidual.

Conviene, a la hora de decidir sobre esta posibilidad, tener en cuenta su fiscalidad.

Un esquema general podría ser el siguiente.

A) REGLA GENERAL

La conmutación del usufructo vidual no prevista ni en el título sucesorio ni en la ley, dará lugar a un hecho imponible adicional a la sucesión.

B) SUCESIÓN INTESTADA: STS 10 JUNIO 2020

Supuesto de hecho:

Cuatro hijos son herederos por partes iguales. Al hacer la partición, se adjudican bienes en pleno dominio, en nuda propiedad, y en usufructo, sin que exista exceso de adjudicación. Es decir, el valor de lo adjudicado a cada uno es el mismo.

Liquidación:

Para los herederos, hay un sólo hecho imponible sujeto a I. Sucesiones puesto que no hay ningún exceso de adjudicación.

Para la Administración Tributaría, hay dos hechos imponibles (sucesiones y permuta) puesto que los bienes no se han adjudicado en pleno dominio.

Posición del TS:

Para el TS, la partición se ha ajustado al título sucesorio y, en consecuencia, la sucesión estará sujeta exclusivamente al I. Sucesiones. No hay ningún hecho imponible adicional a la sucesión.

Esto es así porque el acta de declaración de herederos determina exclusivamente el "ius delationis" (quienes son los herederos) y el "quantum" (cuál es su cuota de participación) sin que sea necesario que, para formar los lotes, se adjudiquen los bienes en pleno dominio.

Por tanto, siendo los lotes de igual valor, es indiferente que los bienes se adjudiquen entre los herederos en pleno dominio, usufructo o nuda propiedad.

C) SUCESIÓN TESTADA: STS 22 Y 23 JULIO Y 1 OCTUBRE 2020

Supuesto de hecho. (Cataluña)

Lego a mi esposa el usufructo universal y nombro herederos a mis hijos por partes iguales.

Al hacer la partición se conmuta el usufructo vidual y se adjudican, tanto a la viuda como a los hijos, bienes en pleno dominio sin que exista ningún exceso de adjudicación.

Liquidación

Para los herederos, hay un sólo hecho imponible sujeto a I. Sucesiones puesto que no hay ningún exceso de adjudicación.

Para la Administración Tributaría hay dos hechos imponibles sujetos a tributación puesto que la conmutación del usufructo, al no estar prevista en el testamento, deriva de una nueva convención entre la viuda y sus hijos y, como tal, quedará sujeta a tributación.

Posición del TS.

Para el TS, la partición no se ha ajustado al título sucesorio puesto que la conmutación del usufructo vidual no estaba prevista en el testamento.

En consecuencia, habrá un hecho imponible adicional a la sucesión por lo que ésta tributará, no solo por I. Sucesiones, sino también por permuta.

Para el TS, en el momento del fallecimiento del causante, la viuda adquiere el usufructo y los hijos la nuda propiedad. Esta adquisición queda sujeta al I. Sucesiones.

Posteriormente, al hacer la partición y conmutar el usufructo, el cónyuge viudo transmite a sus hijos parte de su usufructo y, en contraprestación, adquiere de los mismos parte de su nuda propiedad.

Por su parte, los hijos transmiten a la viuda parte de su nuda propiedad y, en contraprestación, reciben de la misma parte de su usufructo.

Para el TS, esta operación es una permuta y, como tal, debe tributar.

Por tanto, con esta premisa, la operación tributará, por un lado, por I. Sucesiones conforme al testamento y, además, por otro lado, como permuta.

Para el viudo, la adquisición de la nuda propiedad quedará sujeta a TPO.

Para los hijos, la adquisición del usufructo quedará sujeta, en los términos del art. 51.4 del R ISD, a la mayor de las liquidaciones entre la derivada de la consolidación del dominio (I. Sucesiones) y el negocio jurídico en cuya virtud se adquiere (TPO).

Art. 51.4 R ISD:

"4. Si la consolidación del dominio en la persona del primero o sucesivos nudo propietarios se produjese por una causa distinta al cumplimiento del plazo previsto o a la muerte del usufructuario, el adquirente sólo pagará la mayor de las liquidaciones entre la que se encuentre pendiente por la desmembración del dominio y la correspondiente al negocio jurídico en cuya virtud se extingue el usufructo".

D) APLICACIÓN A DERECHO COMÚN

Las tres sentencias del TS comentadas se refieren a derecho catalán pero son perfectamente aplicables a Derecho Común.

En concreto, la DGT en la V0297-21, se hace eco de las sentencias del TS citadas y aplica el mismo criterio a un supuesto de Derecho Común, y lo hace tanto a los supuestos en que la conmutación la haya autorizado el testador, como a los supuestos en los que el testador la haya impuesto:

CUESTIÓN

"1) Tributación de la conmutación de todo o parte del usufructo universal en una sucesión testada sujeta al Derecho común (Código Civil español) en los supuestos en los que el testador haya autorizado expresamente a los interesados (cónyuge y herederos) a, si lo desean, conmutar, todo o parte del usufructo universal, atribuyendo a uno y otros, el pleno dominio de ciertos bienes, siempre que su valor quepa dentro del tercio de libre disposición.

2) Tributación de la conmutación del usufructo universal en una sucesión testada sujeta al Derecho común (Código Civil español) en los supuestos en los que el testador haya impuesto y ordenado expresamente a los interesados (cónyuge y herederos) la conmutación del valor de todo el usufructo universal, atribuyendo a uno y otros, el pleno dominio de ciertos bienes, siempre que su valor quepa dentro del tercio de libre disposición".

CONTESTACIÓN

"En los supuestos planteados en el escrito de consulta, la conmutación del usufructo universal con bienes en pleno dominio se produce como consecuencia de la autorización o la imposición del propio testador, recogiéndose esta conmutación en el propio testamento.

Por lo tanto, la adjudicación de bienes en pleno dominio al cónyuge viudo y al resto de herederos se produce por voluntad del testador, no se efectúa como manifestación de la voluntad de las partes, los herederos, no produciéndose, en consecuencia, un negocio jurídico distinto al de la adquisición de la herencia".

E) ESPECIALIDADES DERECHO COMÚN

Sólo recordar, como especialidades en Derecho Común, que el art. 57 del R ISD considera neutro, desde el punto de vista fiscal, exclusivamente la conmutación de los derechos "ex lege" del cónyuge viudo siempre que se ajuste a lo dispuesto en los artículos 839 y 840 del CC.

Además, el art. 839 del CC no prevé al conmutar la atribución de bienes en pleno dominio, sino que sólo prevé la asignación de una renta vitalicia, los productos de determinados bienes, o un capital en efectivo.

No ocurre lo mismo con el art. 840 que, para el supuesto de hecho allí regulado (concurrencia de cónyuge viudo con hijos sólo del causante), sí que prevé la atribución de bienes en pleno dominio.

F) CONCLUSIÓN

Por tanto, en derecho común, toda conmutación del usufructo vidual no prevista en el título sucesorio o que, no estando prevista, no se ajuste a los términos de los art. 839 y 840 del CC dará lugar a un hecho imponible adicional a la sucesión y tributará en los términos expuestos.

G) CONCLUSIÓN DE LA CONCLUSIÓN

Parece interesante comentar la fiscalidad de esta figura con nuestros clientes e introducir, en su caso, la posibilidad de conmutar el usufructo vidual en nuestros testamentos.

4.4 DESHEREDACIÓN Y PRETERICIÓN

29 de diciembre 2022

DESHEREDACIÓN: ACUERDO EXTRAJUDICIAL ENTRE EL HEREDERO Y EL DESHEREDADO

DGT V0579-22

ATC 264/20

A) ACUERDO EXTRAJUDICIAL

Para la Administración Tributaría hay un principio básico:

Si la partición no se ajusta exactamente al título sucesorio, podrá producirse un hecho imponible adicional a la sucesión.

Es decir, que la sucesión, en función de cómo se realice la partición, podría estar sujeta, no solo al impuesto de sucesiones, sino también a otros impuestos como el impuesto de donaciones o TPO.

Un ejemplo de esto lo tenemos en la consulta de la ATC 264/20 de 15 de junio comentada en Tottributs:

"El testador había desheredado a una hija por falta de relación.

Ante la imposibilidad de acreditar dicho extremo, la heredera del difunto y la hija desheredada acuerdan el pago de la legítima mediante el otorgamiento de la correspondiente escritura pública de pago de legítima en la que se entrega a la hija desheredada lo que le correspondería según la legislación civil catalana.

La Agencia Tributaria de Cataluña señala que la escritura de pago de legítima es un acuerdo extrajudicial por el cual la heredera entrega lo que le hubiese correspondido a la hija desheredada, reconociendo la inexistencia de la causa que daba lugar al desheredamiento".

Precisamente por ser un acuerdo extrajudicial considera la ATC que el pago de la legítima a la hija desheredada no tiene su fundamento en el título sucesorio y debe de tributar por donación.

B) DECISIÓN JUDICIAL

Cuestión distinta sería si estuviéramos ante una decisión judicial como la propia ATC reconoce.

"Cuestión diferente hubiere sido, tal y como señala la Agencia Tributaria de Cataluña, que se hubiere instado un procedimiento judicial en el que se declarase la inexistencia de causa de desheredación.

En dicho caso, la adquisición de la legítima sí que tendría la consideración de adquisición mortis causa, con la posibilidad de aplicar los beneficios fiscales correspondientes".

En este mismo sentido, se manifiesta con carácter general la DGT en la consulta V0579-22 de 31 de marzo de 2022, ampliamente comentada por JM JUÁREZ en el Informe Fiscal de junio de 2022, y que sería aplicable tanto a los acuerdos extrajudiciales de reconocimiento de desheredación injusta, como a los supuestos de preterición.

CONCLUSIÓN

Los acuerdos extrajudiciales, tanto en los supuestos de reconocimiento de desheredación injusta como en los supuestos de preterición, tributarían como donación.

En ambos casos tributaría como donación.

PRETERICIÓN Y DESHEREDACIÓN INJUSTA: ACUERDOS EXTRAJUDICIALES

DGT V0579-22

A) REGLA GENERAL

Por regla general, toda partición que no se ajuste al título sucesorio puede dar lugar a un hecho imponible adicional a la sucesión.

Un ejemplo claro es la conmutación del usufructo vidual que, cuando no está previsto en el título sucesorio, puede acabar tributando por permuta, tal como se comentó el otro día.

Otro ejemplo lo tendríamos en los acuerdos extrajudiciales a los que puedan llegar los coherederos en los supuestos de preterición y desheredación injusta.

B) PRETERICIÓN Y DESHEREDACIÓN INJUSTA

Los acuerdos extrajudiciales a los que puedan llegar los herederos en los supuestos de preterición y desheredación injusta, tributarán como donación.

En este sentido, la DGT V0579-22:

"Pues bien, de acuerdo con la doctrina de este Centro Directivo, la adquisición de bienes derivada de dicho acuerdo será una adquisición lucrativa inter vivos, pues se deriva del acuerdo extrajudicial realizado entre las partes, no de la aplicación directa del Código Civil por carecer de validez la disposición testamentaria, como sí sucedería cuando la desheredación se realice sin expresión de la causa o por alguna de las causas no previstas en el Código Civil. Por, lo tanto, esta adquisición tributará conforme a lo previsto en el artículo 3.1.b) de la LISD".

Este tema fue ampliamente comentado por JM JUÁREZ en el boletín fiscal del mes de junio de 2022.

4.5 RENUNCIA

24 de agosto 2023

RENUNCIA ABDICATIVA

ATC 167/18, de 11 de octubre de 2018.

DGT Resolución 0172-04

A) PLANTEAMIENTO

El otro día se comentó en este Chat la tributación de la renuncia abdicativa de uno de los comuneros y los efectos que podría tener dicha renuncia con relación al ISD, al IRPF o al IIVTNU, tanto con relación al comunero renunciante como con relación a los otros comuneros a los que acrece la porción renunciada.

A pesar de las claras diferencias apuntadas en este Chat entre la donación y la renuncia abdicativa, lo bien cierto es que desde el punto de vista fiscal, tanto para la ATC en Cataluña como para la DGT, ambas figuras se equiparan.

B) IMPUESTO DE DONACIONES

La ATC equipara fiscalmente la renuncia abdicativa con la donación.

Es más, se refiere abiertamente al copropietario renunciante como “donante” y a los copropietarios a los que acrece la porción renunciada como “donatarios”.

En este sentido, la Consulta nº. 167/18, de 11 de octubre de 2018.

El supuesto de hecho que contempla esta consulta es exactamente el planteado en este Chat:

La tributación de la renuncia a la cuota de participación en una comunidad con acrecentamiento al resto de comuneros.

Lógicamente, la renuncia pura y simple de un comunero provoca el acrecimiento en la cuota de los demás, tal como establece el artículo 552-5 del CCC que, para los que no ejercen en Cataluña, conviene recordar:

"Artículo 552-5. Renuncia

1. Cada cotitular puede renunciar a su derecho en la comunidad.

2. La renuncia comporta el acrecentamiento de los demás cotitulares en proporción a sus derechos sin necesidad de aceptación expresa pero sin perjuicio de poder renunciar".

La cuestión, por tanto, será determinar qué repercusión fiscal tiene esta renuncia tanto para el comunero renunciante como para los comuneros a quienes acrece.

Para la ATC, los efectos de esta renuncia se equiparan a los de la donación porque considera que se ha producido el hecho imponible previsto en el artículo 3.1.b) del ISD.

"1. Constituye el hecho imponible:

b) La adquisición de bienes y derechos por donación o cualquier otro negocio jurídico a título gratuito, «intervivos»".

Los sujetos pasivos serán los supuestos donatarios, es decir, los comuneros beneficiarios del acrecimiento.

Por lo demás, al estar la operación sujeta al impuesto de donaciones, no estará sujeta a AJD por ser impuestos incompatibles.

No aclara nada esta consulta sobre la posible repercusión en renta para el renunciante, como sí hace la DGT en la consulta que vemos a continuación.

C) IRPF: ALTERACIÓN PATRIMONIAL PARA EL RENUNCIANTE

La DGT coincide con la ATC en que estamos ante un supuesto de donación.

Por ello, los copropietarios beneficiados por la renuncia abdicativa serán tratados como donatarios y serán los sujetos pasivos del Impuesto de Donaciones, tal como hemos visto.

En este sentido, vuelve a incidir la Resolución DGT 0172-04:

"De la cuestión planteada se deduce que en la renuncia al pro indiviso no existe contraprestación alguna, por lo que, de acuerdo con lo dispuesto en el artículo 3.1.b) de la Ley 29/1987, de 18 de diciembre, del Impuesto sobre Sucesiones y Donaciones, constituye el hecho imponible del impuesto la adquisición de bienes y derechos por donación o cualquier otro negocio jurídico a título gratuito. Por tanto, si se adquiere una finca por renuncia al pro indiviso o cualquier otro negocio jurídico, se devengará el citado tributo".

Consecuentemente con este criterio, el comunero renunciante será tratado en el IRPF como si hubiera realizado una auténtica donación pudiendo generarle la correspondiente alteración patrimonial.

"Por lo que respecta al donante, la renuncia al proindiviso generará una ganancia o pérdida patrimonial por producirse una variación en el valor del patrimonio del contribuyente que se pone de manifiesto con ocasión de una alteración en su composición (artículo 31.1 de la Ley 40/1998, de 9 de diciembre, del Impuesto sobre la Renta de las Personas Físicas y otras Normas Tributarias)".

Y al tratarse de una transmisión a título lucrativo, para calcular el valor de transmisión habrá que estar a lo dispuesto en el art. 36 de la ley IRPF.

"Cuando la adquisición o la transmisión hubiera sido a título lucrativo se aplicarán las reglas del artículo anterior, tomando por importe real de los valores respectivos aquéllos que resulten de la aplicación de las normas del Impuesto sobre Sucesiones y Donaciones, sin que puedan exceder del valor de mercado".

Y recordemos que el ISD, para calcular el valor de los bienes inmuebles se remite al Valor de Referencia Catastral, salvo que el valor declarado sea superior, lo que no será frecuente en el caso de las renuncias abdicativas.

D) IIVTNU

Nada dicen las consultas comentadas de la repercusión fiscal de esta renuncia en el IIVTNU.

Sin embargo, con estos precedentes, no parece muy aventurado mantener que su tratamiento en este impuesto sería semejante al de una donación.

Por tanto, si así fuera, tratándose de una finca urbana, el copropietario beneficiario por la renuncia sería sujeto pasivo en el IIVTNU.

Para calcular el posible incremento de valor habrá que estar al mayor de los siguientes valores: el que conste en el título (que en el caso de la renuncia abdicativa podría ser cero) y el comprobado por la Administración Tributaría.

En este sentido, el art. 104.5 LHL:

"Para constatar la inexistencia de incremento de valor, como valor de transmisión o de adquisición del terreno se tomará en cada caso el mayor de los siguientes valores: el que conste en el título que documente la operación o el comprobado, en su caso, por la Administración tributaria".

Además, tratándose de una transmisión lucrativa, el mismo artículo se remite al ISD.

"Si la adquisición o la transmisión hubiera sido a título lucrativo se aplicarán las reglas de los párrafos anteriores tomando, en su caso, por el primero de los dos valores a comparar señalados anteriormente, el declarado en el Impuesto sobre Sucesiones y Donaciones".

Y es conocido por todos, que en sede de ISD, el valor de los bienes inmuebles vendrá determinado por el Valor de Referencia Catastral salvo que el declarado por los interesados fuera superior.

Así las cosas, podemos concluir que en sede del IIVTNU, el copropietario beneficiario de la renuncia es considerado como donatario y, como tal, será sujeto pasivo del impuesto y que para calcular el valor de transmisión y, de esta forma, determinar si hay o no incremento de valor, habrá que acudir al Valor de Referencia Catastral a falta de un valor superior consignado en la escritura.

CONCLUSIÓN

A pesar de que son figuras jurídicas distintas, fiscalmente se equiparán "renuncia abdicativa" y "donación" tanto en el ISD, como en el IRPF, como en el IIVTNU, de tal forma que el copropietario renunciante es tratado como "donante" y los copropietarios beneficiados por el acrecimiento son tratados como "donatarios".

Parece que, una vez más, el derecho fiscal se separa del derecho civil.

17 de febrero 2024

RENUNCIA PURA Y SIMPLE DE HERENCIA PRESCRITA. INCIDENCIA ISD, IRPF E IP

DGT V 0094-21

En mi opinión, la sujeción de la renuncia pura y simple de una herencia prescrita al impuesto de donaciones no es más que una ficción fiscal (una más) que establece el legislador con la exclusiva finalidad de recaudar.

La ficción consiste en considerar al renunciante como donante (cuando nada adquiere y, por tanto, nada puede transmitir) y al beneficiario de la renuncia como donatario (cuando, en realidad, su adquisición debería de estar sujeta al impuesto de sucesiones y, en consecuencia, prescrita).

Pero si fiscalmente estamos (porque así lo decide el legislador) ante una donación, habrá que aplicar las reglas de las donaciones.

Por tanto, en mi opinión, el hecho imponible se produce en el momento de la renuncia, la valoración del usufructo deberá referirse a dicho instante y no al del fallecimiento del causante y el parentesco será el que exista entre el renunciante y el beneficiario de la renuncia.

Es de agradecer que el legislador no extienda esta ficción al IRPF y no haga tributar al renunciante (teórico donante) por este impuesto.

A esta materia se refiere la DGT V0094-21.

1. ISD: art. 28.3: FICCIÓN LEGAL: DONACIÓN

"La repudiación o renuncia hecha después de prescrito el impuesto correspondiente a la herencia o legado se reputará a efectos fiscales como donación".

A) EL RENUNCIANTE

No está sujeto a liquidación alguna por el ISD porque nada llega a adquirir.

"Y ello porque tanto la aceptación como la repudiación de la herencia tienen efectos "ex tunc", esto es, que se retrotraen al momento del fallecimiento del causante, lo que significa que tales bienes no pudieron pertenecer en ningún momento al repudiante".

B) EL BENEFICIARIO DE LA RENUNCIA

El beneficiario de la renuncia prescrita tributará por donación, como si el renunciante le hubiera donado los bienes "pero sin que ello signifique que se presuma que el repudiante haya adquirido previamente la porción hereditaria objeto de la repudiación".

Estamos, por tanto, ante una auténtica ficción legal como reconoce la propia DGT:

"una ficción jurídica o ficción legal, y, como tal, un procedimiento de la técnica jurídica mediante el cual, por ley, se toma por verdadero algo que no lo es o que no existe y se le otorga determinados efectos jurídicos, bien un derecho, bien una obligación".

Y todo ello con una finalidad clara que la DGT no se molesta en ocultar:

"la ficción legal tiene por finalidad evitar que la adquisición lucrativa del beneficiario de la repudiación quede sin tributar por haber prescrito el impuesto correspondiente a la sucesión del causante".

Queda claro que lo importante es tributar.

Al estar prescrita la herencia, el beneficiario de la renuncia tributará por donaciones, no por sucesiones, y esto es así:

"porque la adquisición de la porción hereditaria repudiada tiene su origen y causa en el acto de la repudiación, que la efectúa el repudiante y no el causante (por ese mismo motivo, el devengo se produce en el momento de la repudiación)".

2. IMPUESTO DE LA RENTA DE LAS PERSONAS FÍSICAS.

A) EL RENUNCIANTE: NINGUNA REPERCUSIÓN

El renunciante no debe declarar por la repudiación ninguna ganancia o pérdida patrimonial por la porción hereditaria repudiada, ya que, al no haberse integrado en su patrimonio, no se produce alteración patrimonial alguna.

"En consecuencia, jurídicamente, el heredero adquiere directamente del causante los bienes hereditarios, es decir, se convierte en su titular con efectos desde el momento del fallecimiento del causante, o, dicho de otra manera, tales bienes pasan, directamente y sin solución de continuidad, del patrimonio del causante al del heredero, sin que, en ningún momento, por lo tanto, se hayan incorporado al patrimonio del repudiante. Por consiguiente, cabe afirmar que no se produce en ningún momento ganancia o pérdida patrimonial alguna en el repudiante, pues su patrimonio no ha sufrido alteración alguna, ni por la muerte del causante ni por el acto de la repudiación de la herencia".

B) EL BENEFICIARIO DE LA RENUNCIA: NINGUNA REPERCUSIÓN

El beneficiario de la renuncia tampoco tendrá ninguna repercusión en IRPF en virtud de lo dispuesto en el art. 6.4:

"No estará sujeta a este impuesto la renta que se encuentre sujeta al Impuesto sobre Sucesiones y Donaciones".

Por tanto, la renuncia a una herencia prescrita, no tendrá ninguna repercusión en el IRPF, ni del renunciante ni beneficiario de la renuncia.

3. IMPUESTO PATRIMONIO

A) EL RENUNCIANTE: NINGUNA REPERCUSIÓN

La renuncia no tiene ninguna repercusión en el IP del renunciante puesto que en ningún momento los bienes entraron en su patrimonio.

B) EL BENEFICIARIO DE LA RENUNCIA: SUJECIÓN IP

Por el contrario, el beneficiario de la renuncia sí que estará sujeto al I. Patrimonio entendiéndose que los bienes ingresaron en su patrimonio desde el momento del fallecimiento del causante.

CONCLUSIÓN

"En el Impuesto sobre el Patrimonio, el repudiante no debe incluir los bienes correspondientes a la porción hereditaria repudiada, pues en ningún momento entraron en su patrimonio, sino que entraron directamente en el patrimonio del beneficiario de la repudiación con efectos desde la muerte del causante de la sucesión".

CONCLUSIÓN DE LA CONCLUSIÓN

Hacienda somos todos.

4.6 OTROS

6 de junio 2023

BIENES ADQUIRIDOS A TÍTULO SUCESORIO POR UNA SOCIEDAD

DGT V0012-23

Muy interesante la consulta aportada por Tomás que aclara alguno de los aspectos que estamos tratando.

A) SUJECIÓN IMPUESTO DE SOCIEDADES

Esto está claro.

La adquisición de bienes por herencia por parte de una sociedad está sujeta al impuesto de sociedades al tener la consideración de renta.

En ese sentido, el art. 1 de la LIS:

"El Impuesto sobre Sociedades es un tributo de carácter directo y naturaleza personal que grava la renta de las sociedades y demás entidades jurídicas de acuerdo con las normas de esta Ley".

B) HECHO IMPONIBLE

Cualquier renta obtenida por la sociedad estará sujeta tributación, según se desprende del artículo 4 de la LIS.

"Constituirá el hecho imponible la obtención de renta por el contribuyente, cualquiera que fuese su fuente u origen".

C) BASE IMPONIBLE

El importe de la renta obtenida (la herencia) se integrará en la base imponible del impuesto.

En este sentido, el art. 10 LIS:

"La base imponible estará constituida por el importe de la renta obtenida en el período impositivo minorada por la compensación de bases imponibles negativas de períodos impositivos anteriores".

D) VALORACIÓN DE LOS BIENES

Para valorar los bienes adquiridos por herencia habrá que estar a su valor de mercado.

En este sentido, art. 17.4 LIS:

"Se valorarán por su valor de mercado los siguientes elementos patrimoniales:

a) Los transmitidos o adquiridos a título lucrativo".

En consecuencia:

Los elementos adquiridos a título lucrativo se valoran a efectos fiscales por su valor de mercado. La entidad adquirente ha de integrar en su base imponible el valor de mercado del elemento patrimonial adquirido.

E) TIPO DE GRAVAMEN

El tipo de gravamen será el 25%, salvo que la cifra de negocio sea inferior a 1 millón de euros, en cuyo caso el tipo de gravamen será del 23%.

En este sentido, art. 29 LIS:

"El tipo general de gravamen para los contribuyentes de este Impuesto será el 25 por ciento, excepto para las entidades cuyo importe neto de la cifra de negocios del período impositivo inmediato anterior sea inferior a 1 millón de euros que será el 23 por ciento".

F) TRANSMISIÓN DEL BIEN HEREDADO

Si la sociedad, en un momento posterior, procede a la transmisión del inmueble heredado, el régimen fiscal de esta transmisión será el general de toda enajenación realizada por la sociedad, sin que esta transmisión tenga repercusión fiscal alguna en los socios de la sociedad.

G) DISOLUCIÓN DE LA SOCIEDAD

Tampoco hay especialidad fiscal por haberse adquirido los bienes por herencia.

El régimen fiscal será idéntico al que hacemos cada día en el despacho cuando disolvemos y liquidamos una sociedad adjudicando algún inmueble a un socio.

CONCLUSIÓN

En mi opinión, el planteamiento fiscal de organizar el proceso sucesorio nombrando heredero a una sociedad puede resultar inicialmente interesante por la reducción inmediata del coste fiscal de la adquisición en todos aquellos casos en que el tipo sucesorio supere el tipo de gravamen del impuesto de sociedades.

No obstante, se debe valorar el impacto que posteriormente puede tener en la renta de los del socios ya que, en cualquier disolución de sociedades, el socio persona física tributará por la diferencia entre el valor de mercado del bien adquirido y el valor de adquisición de las correspondientes participaciones.

5 de junio 2023

HERENCIA A FAVOR DE PERSONA JURÍDICA

DGT V0170-19

La herencia deferida a favor de una persona jurídica no está sujeta al ISD y tributará por Impuesto de Sociedades. Si contiene bienes inmuebles, también estará sujeta a AJD.

A) NO SUJETA A ISD

Y ello porque los sujetos pasivos del ISD son las personas físicas, no las personas jurídicas.

En este sentido, el art. 1 de la L ISD:

“El Impuesto sobre Sucesiones y Donaciones, de naturaleza directa y subjetiva, grava los incrementos patrimoniales obtenidos a título lucrativo por personas físicas, en los términos previstos en la presente Ley”,

B) SUJETA A IMPUESTO DE SOCIEDADES

En este sentido, el apartado segundo del art. 1 del R ISD:

"La obtención por las personas jurídicas de los incrementos de patrimonio a que se refiere este Impuesto no quedará sujeta al mismo y se someterá al Impuesto sobre Sociedades".

C) SUJECIÓN A AJD

Si la herencia contiene bienes inmuebles, quedaría sujeta además a AJD por reunir los requisitos del art. 31.2 del TR del ITPAJD conocido por todos, puesto que no estaría sujeta ni a TPO, ni a OS, ni a ISD como acabamos de ver.

Toda esta materia ha sido tratada por la DGT en V0170-19, llegando a la siguiente conclusión.

CONCLUSIÓN

"La herencia a favor de una fundación no está sujeta al impuesto de sucesiones que tan solo grava los incrementos patrimoniales obtenidos a título lucrativo por personas físicas, no jurídicas. Tampoco estará sujeta a la modalidad de transmisiones patrimoniales onerosas del ITP y AJD la adquisición de los bienes que integran la herencia por parte de la fundación, ya que dicho impuesto grava exclusivamente determinados transmisiones, siempre que se trate de actos inter vivos y se realicen a título oneroso. En consecuencia, la escritura pública de herencia reúne todos los requisitos establecidos en el artículo 31.2 del texto refundido del ITP y AJD para tributar por la cuota variable del documento notarial, de la modalidad de actos jurídicos documentados".

14 de marzo 2023

TRIBUTACIÓN DEL PACTO DE SOBREVIVENCIA EN CATALUÑA. RENUNCIA AL MISMO

DGT V0065-09

ATC RESOLUCIÓN 4/2009.

Para los que no ejercen en Cataluña.

A) CONCEPTO

"Los cónyuges o futuros contrayentes que adquieran bienes conjuntamente a título oneroso pueden pactar en el mismo título de adquisición que, cuando cualquiera de ellos muera, el superviviente devenga titular único de la totalidad". (art. 231-15 CCC).

B) NATURALEZA

Para la DGT, el pacto de sobrevivencia tiene naturaleza sucesoria y está sujeto al ISD.

En este sentido, la V0065-09:

"En el pacto de supervivencia la adquisición por el cónyuge supérstite se produce con la muerte del otro cónyuge con lo cual nos encontramos ante el hecho imponible que establece el artículo 3.1 de la Ley 29/1987, del Impuesto sobre Sucesiones y Donaciones.

Por lo tanto el cónyuge supérstite tributará en el Impuesto sobre Sucesiones y Donaciones por la adquisición de la mitad del inmueble".

C) CÁLCULO LEGÍTIMA

Los bienes adquiridos por pacto de sobrevivencia, hay que tenerlos en cuenta para calcular la legítima del premuerto.

En este sentido, el art. 231-15.3 CCC:

"3. En los bienes adquiridos con pacto de supervivencia, la adquisición de la participación del premuerto debe computarse en la herencia de éste por el valor que tenga la participación en el momento de producirse el fallecimiento, a los efectos del cálculo de la legítima y de la cuarta vidual, y debe imputarse a ésta por el mismo valor. En caso de renuncia, se entiende que el renunciante no ha adquirido nunca la participación del premuerto".

D) TRIBUTACIÓN

Dada su naturaleza sucesoria, estará sujeto a ISD.

Art. 3.1 ISD:

"1. Constituye el hecho imponible:

a) La adquisición de bienes y derechos por herencia, legado o cualquier otro título sucesorio".

El sujeto pasivo será el cónyuge sobreviviente que tributará por la adquisición de la mitad del bien.

Para calcular la base imponible del cónyuge viudo, a la mitad adquirida por el pacto de sobrevivencia, habrá que añadir el valor neto del resto de los bienes adquiridos por el cónyuge viudo aplicando las reglas generales.

Además, el cónyuge viudo podrá aplicar las deducciones que correspondan, por parentesco ...etc.

E) RENUNCIA

A la renuncia del sobreviviente se le aplica el régimen general de la renuncia de los derechos hereditarios y, en consecuencia, la renuncia a una herencia prescrita tributará como donación.

En este sentido, la Resolución de la ATC 4/2009:

"Finalment, i quant a la renúncia del conjuge supervivent —que constitueix un dels supòsits d'extinció del pacte— aquesta és demostrativa que l'adquisició per part del supervivent no és automatica, sino que requereix la seva acceptació, o, almenys, la manca de renúncia.

Arribats a aquest punt, i el fet que es tracta d'una adquisició per causa de mort sense contraprestació, fa possible l'aplicació del régim general de renúncia als drets de l'herència regulada en l'article 28 de la Lei de l'impost sobre successions i donacions.

En aquest sentit s'ha pronunciat aquesta Direcció General de Tributs en contestació a les consultes núm. 6/02, de 8 d'abril; 29E/A04, de 21 de febrer; i 115E/06, de 6 de juliol".

DONACIÓN MORTIS CAUSA CON TRANSMISIÓN INMEDIATA DE INMUEBLE

DGT V1648-24

A) ARTÍCULO 432-1.3 CCC

La transmisión inmediata de la cosa dada en las donaciones mortis causa está prevista en el art. 432-1.3 del CCC, siempre que se efectúe bajo la condición resolutoria de revocación o premoriencia del donatario.

"3. La transmisión de la propiedad de la cosa dada se supedita al hecho de que la donación sea definitivamente firme, salvo que la voluntad de las partes sea de transmisión inmediata, con o sin reserva de usufructo por el donante, bajo la condición resolutoria de revocación o premoriencia del donatario".

B) REPERCUSIÓN EN ISD

No cabe duda de que las donaciones mortis causa están sujetas al ISD.

En concreto, el art. 3.1a) del ISD al referirse al hecho imponible establece:

"Constituye el hecho imponible:

a) la adquisición de bienes y derechos por herencia, legado o cualquier otro título sucesorio".

Mientras que el artículo 11.a) del R ISD establece que:

"Entre otros, son títulos sucesorios a los efectos de este impuesto, además de la herencia y el legado, los siguientes:

a) La donación mortis causa".

Consecuencia de todo lo anterior, a las donaciones mortis causa se les aplican las normas del ISD, incluso aunque se produzca la transmisión inmediata del inmueble.

En este sentido, la DGT V1648-24:

"De acuerdo con los preceptos anteriores, la donación "mortis causa", si bien tiene la naturaleza jurídica de la donación, constituye una donación de características especiales a la que, en cuanto título sucesorio, se le aplicarán siempre las normas relativas a las adquisiciones por causa de muerte y no las relativas a adquisiciones a título gratuito e "inter vivos".

C) REPERCUSIÓN EN IRPF

Sentado lo anterior, la conclusión es clara.

Las donaciones mortis causa, aunque provoquen la transmisión inmediata del inmueble, son transmisiones mortis causa por lo que no provocarán alteración patrimonial alguna en el transmitente, en virtud de lo establecido en el art. 33.3.b) del IRPF:

"3. Se estimará que no existe ganancia o pérdida patrimonial en los siguientes supuestos:

b) Con ocasión de transmisiones lucrativas por causa de muerte del contribuyente".

D) CONCLUSIÓN

"Conforme con lo expuesto, la donación mortis causa objeto de consulta se encontraría amparada por el ámbito de lo establecido en el artículo 33.3.b) de la Ley 35/2006 siempre que la transmisión de presente de la vivienda familiar estuviera sujeta a alguna condición suspensiva o resolutoria en los términos indicados".

HEREDAMIENTO CUMULATIVO: CATALUÑA. CONSTITUCIÓN

A) CONCEPTO: art. 431-19.2

"El heredamiento es cumulativo si, además de conferir la calidad de heredero del heredante, atribuye a la persona instituida todos los bienes presentes del heredante y no pierde este carácter aunque el heredante excluya bienes concretos de la atribución de presente".

B) REPERCUSIONES FISCALES

Con ánimo de esquematizar, distingo entre las repercusiones fiscales para el causante y para el beneficiario y, con relación a este último, tanto en el momento de adquirir como en el momento de efectuar una futura transmisión.

1. PARA EL CAUSANTE. IRPF: NO SUJECIÓN

El heredamiento cumulativo no provoca alteración patrimonial en el IRPF del causante.

En este sentido, el art. 33.3 de la L IRPF estima que no existe ganancia o pérdida patrimonial en las transmisiones lucrativas por causa de muerte del contribuyente.

Es decir, no hay la llamada "plusvalía muerto", aunque aquí no hay ningún muerto.

2. PARA EL BENEFICIARIO EN EL MOMENTO DE ADQUIRIR

a) SUJECIÓN ISD:

El heredamiento cumulativo implica entrega de presente de los bienes y, en consecuencia, esta sujeto al impuesto de sucesiones.

El hecho imponible está constituido por la adquisición de bienes y derechos por herencia, legado o "cualquier otro título sucesorio" (art. 3.1 a)).

Entre los títulos sucesorios, el art. 11 del R ISD se refiere, en su apartado b), a "los contratos o pactos sucesorios".

El devengo del impuesto se producirá el día en que se celebre el contrato.

En este sentido, el art. 24.1 de L ISD:

"En las adquisiciones por causa de muerte y en los seguros sobre la vida, el impuesto se devengará el día del fallecimiento del causante o del asegurado o cuando adquiera firmeza la declaración de fallecimiento del ausente, conforme al artículo 196 del Código Civil. No obstante, en las adquisiciones producidas en vida del causante como consecuencia de contratos y pactos sucesorios, el impuesto se devengará el día en que se cause o celebre dicho acuerdo".

b) SUJECIÓN IIVTNU:

Si se transmiten fincas urbanas y aplicando las reglas generales, el heredamiento cumulativo estará sujeto a IIVTNU a cargo del beneficiario por tratarse de una adquisición gratuita.

3. PARA EL BENEFICIARIO EN EL MOMENTO DE TRANSMITIR: IRPF y IIVTNU

a) SUJECIÓN IRPF:

La transmisión posterior por parte del beneficiario, provocará una alteración patrimonial sujeta al IRPF.

La forma de calcular dicha alteración fue sustancialmente modificada por la ley 11/2021 que modificó el artículo 36 del IRPF, introduciendo un segundo párrafo con la siguiente redacción:

"No obstante, en las adquisiciones lucrativas por causa de muerte derivadas de contratos o pactos sucesorios con efectos de presente, el beneficiario de los mismos que transmitiera, antes del transcurso de cinco años desde la celebración del pacto sucesorio o del fallecimiento del causante, si fuera anterior, los bienes adquiridos, se subrogará en la posición de este, respecto al valor y fecha de adquisición de aquellos, cuando este valor fuera inferior al previsto en el párrafo anterior".

Resumiendo:

La finalidad de esta modificación es evitar que, aprovechando que no hay alteración patrimonial en el causante, el heredamiento cumulativo sea aprovechado por el beneficiario para actualizar valores y fechas de adquisición, lo que provocaría una menor tributación en renta, si el bien hubiera sido transmitido directamente a un tercero por el propio causante.

Por ello, el artículo citado establece una regla general y dos excepciones:

Regla general: Subrogación.

El beneficiario del heredamiento se subroga en la posición del causante en cuanto a valores y fecha de adquisición.

Excepción: No subrogación.

Solo hay dos excepciones en las que no hay subrogación y, en consecuencia, el beneficiario transmitente se podrá beneficiar de los valores de los bienes fijados en el heredamiento y de la fecha del mismo, a la hora de calcular su alteración patrimonial:

1. Si han transcurrido 5 años desde la fecha del heredamiento.

2. O si se ha producido el fallecimiento del causante antes de la transmisión.

b) IIVTNU: SUJECIÓN:

Si el beneficiario transmite una finca urbana, la transmisión estará sujeta a IIVTNU según las reglas generales.

Por tanto, en este caso, para calcular el incremento de valor habrá que estar a la fecha del heredamiento y al valor fijados en el mismo.

5. USUFRUCTO

5.1 CONSTITUCIÓN

CONSTITUCIÓN DE USUFRUCTO: IVA o TPO

A) REGLA GENERAL

La constitución a favor de un tercero a título oneroso de un derecho de usufructo puede estar sujeta a IVA o a TPO, según el transmitente sea un particular o un sujeto pasivo de IVA.

a) Particular:

Si el transmitente es un particular, la transmisión del usufructo estará sujeta a TPO.

b) Sujeto pasivo de IVA:

Si el transmitente es un sujeto pasivo de IVA, la transmisión del usufructo estará sujeta a IVA.

Hay que recordar que hay sujetos pasivos de IVA habituales (la sociedades mercantiles) y sujetos pasivos de IVA ocasionales como el arrendador, urbanizador, promotor, constructor o el rehabilitador.

B) EXCEPCIÓN

Si la operación está sujeta y exenta de IVA, quedará sujeta a TPO aún cuando el transmitente sea sujeto pasivo de IVA.

Esto ocurre cuando la transmisión del usufructo recae sobre una finca rústica, una vivienda o sus anexos.

CONSTITUCIÓN Y TRANSMISIÓN DE USUFRUCTO POR SUJETO PASIVO DE IVA: PRIMERA TRANSMISIÓN

A) PRINCIPIO BÁSICO: PRESTACIÓN DE SERVICIOS

La constitución y transmisión de un usufructo efectuada por un sujeto pasivo de IVA, habitual u ocasional, en el ejercicio de su actividad, tiene la consideración de prestación de servicios.

No es una entrega de bienes.

En este sentido, el art. 11. DOS. 3 de la Ley del IVA:

"Dos. En particular, se considerarán prestaciones de servicios:

3.º Las cesiones del uso o disfrute de bienes".

B) EXENCIÓN DE IVA. SUJECIÓN TPO

La constitución y transmisión de un usufructo que recaiga sobre fincas rústicas o viviendas y sus anexos, están sujetas y exentas de IVA, tal como establece el art. 20.UNO.23 de esta Ley.

En consecuencia, estarán sujetas a TPO según resulta del art. 7.5 del TR ITPAJD:

"No obstante, quedarán sujetos a dicho concepto impositivo las entregas o arrendamientos de bienes inmuebles, así como la constitución y transmisión de derechos reales de uso y disfrute que recaigan sobre los mismos, cuando gocen de exención en el Impuesto sobre el Valor Añadido".

C) PRIMERA TRANSMISIÓN

Aplicando las reglas anteriores, el esquema de la tributación de la primera transmisión de una vivienda o de un local, efectuada por un sujeto pasivo de IVA, habitual u ocasional, en el ejercicio de su actividad sería el siguiente:

1. VIVIENDA:

La transmisión del usufructo de una vivienda se considera una prestación de servicios, sujeta y exenta de IVA y, en consecuencia, sujeta a TPO.

La transmisión de la nuda propiedad de una vivienda se considera una entrega de bienes y, en consecuencia, está sujeta y no exenta de IVA y sujeta a AJD.

2. LOCAL:

La transmisión del usufructo de un local se considera una prestación de servicios, sujeta y no exenta de IVA y sujeta a AJD.

La transmisión de la nuda propiedad de un local se considera una entrega de bienes, sujeta y no exenta de IVA y sujeta a AJD.

CONSTITUCIÓN Y TRANSMISIÓN DE USUFRUCTO POR SUJETO PASIVO DE IVA: SEGUNDA TRANSMISIÓN

A) PRINCIPIO BÁSICO: PRESTACIÓN DE SERVICIOS

La constitución y transmisión de un usufructo efectuada por un sujeto pasivo de IVA en el ejercicio de su actividad, tiene la consideración de prestación de servicios.

No es una entrega de bienes.

En este sentido, el art. 11. DOS. 3 de la Ley del IVA:

"Dos. En particular, se considerarán prestaciones de servicios:

3.º Las cesiones del uso o disfrute de bienes".

B) EXENCIÓN DE IVA. SUJECIÓN TPO

La constitución y transmisión de un usufructo que recaiga sobre fincas rústicas o viviendas y sus anexos, están sujetas y exentas de IVA, tal como establece el art. 20.UNO.23 de esta Ley.

En consecuencia, estarán sujetas a TPO según resulta del art. 7.5 del TR ITPAJD:

"No obstante, quedarán sujetos a dicho concepto impositivo las entregas o arrendamientos de bienes inmuebles, así como la constitución y transmisión de derechos reales de uso y disfrute que recaigan sobre los mismos, cuando gocen de exención en el Impuesto sobre el Valor Añadido".

C) SEGUNDA TRANSMISIÓN

Aplicando las reglas anteriores, el esquema de la tributación de la segunda transmisión de una vivienda o de un local, efectuada por un sujeto pasivo de IVA en el ejercicio de su actividad sería el siguiente:

1. VIVIENDA:

La transmisión del usufructo de una vivienda se considera una prestación de servicios, sujeta y exenta de IVA y, en consecuencia, sujeta a TPO.

La transmisión de la nuda propiedad de una vivienda se considera una entrega de bienes y, en consecuencia, está sujeta y exenta de IVA y sujeta a TPO.

Cabe renuncia a la exención.

2. LOCAL:

La transmisión del usufructo de un local se considera una prestación de servicios, sujeta y no exenta de IVA y sujeta a AJD.

La transmisión de la nuda propiedad de un local se considera una entrega de bienes, sujeta y exenta de IVA y sujeta a TPO.

Cabe renuncia a la exención.

5.2 TRANSMISIÓN

19 de enero 2024

TRANSMISIÓN SIMULTÁNEA DE USUFRUCTO Y NUDA PROPIEDAD DE UN LOCAL COMERCIAL ARRENDADO

DGT V1522-02

Un ejemplo más de cómo una transmisión puede estar sujeta a dos impuestos distintos.

A) SUPUESTO DE HECHO

El usufructuario y el nudo propietario de un local comercial arrendado lo transmiten simultáneamente a un tercero.

B) LIQUIDACIÓN

a) TRANSMISIÓN DE LA NUDA PROPIEDAD: TPO

El transmitente no tiene la condición de sujeto pasivo de IVA y, en consecuencia, la transmisión de la nuda propiedad estará sujeta a TPO.

"La transmisión de la nuda propiedad del inmueble estaría no sujeta al Impuesto sobre el Valor Añadido si, efectivamente, es realizada por quien no tiene la condición de sujeto pasivo a efectos de dicho impuesto por no realizar actividades empresariales o profesionales, en los términos del citado artículo 5 de la Ley 37/1992.

Por ello, estaría sujeto al Impuesto sobre Transmisiones Patrimoniales y Actos Jurídicos Documentados, modalidad de Transmisiones Patrimoniales Onerosas".

b) TRANSMISIÓN USUFRUCTO: IVA y AJD

El usufructuario arrendador es sujeto pasivo de IVA en base a lo dispuesto en el artículo 5.1 de la ley del IVA.

"A los efectos de lo dispuesto en esta Ley, se reputarán empresarios o profesionales:

c) Quienes realicen una o varias entregas de bienes o prestaciones de servicios que supongan la explotación de un bien corporal o incorporal con el fin de obtener ingresos continuados en el tiempo.

En particular, tendrán dicha consideración los arrendadores de bienes."

Al ser el usufructuario sujeto pasivo de IVA, la transmisión del usufructo estará sujeta y no exenta de IVA.

a) Sujeta a IVA:

"Sin embargo, la transmisión del derecho de usufructo por quien sí es sujeto pasivo del impuesto, determinaría la sujeción al Impuesto sobre el Valor Añadido, al realizarse su hecho imponible en los términos del apartado Uno del artículo 4 de la Ley del impuesto: "estarán sujetas al Impuesto las entregas de bienes y prestaciones de servicios realizadas en el ámbito espacial del Impuesto por empresarios o profesionales a título oneroso, con carácter habitual u ocasional, en el desarrollo de su actividad empresarial o profesional, incluso si se efectúan en favor de los propios socios, asociados, miembros o partícipes de las entidades que las realicen".

b) Y no exenta de IVA:

Puesto que en virtud de lo dispuesto en el art. 20. Uno. 23 sólo están exentos de IVA la constitución y transmisión de derechos reales de goce y disfrute que tengan por objeto:

"Los edificios o partes de los mismos destinados exclusivamente a viviendas, incluidos los garajes y anexos accesorios a estas últimas y los muebles, arrendados conjuntamente con aquéllos".

Por lo que, al tratarse de un local comercial, no es nuestro caso.

CONCLUSIÓN

La transmisión simultánea del usufructo y de la nuda propiedad de un local comercial arrendado estará sujeta a TPO, en cuanto a la transmisión de la nuda propiedad, y sujeta y no exenta de IVA, en cuanto a la transmisión del usufructo, al tener el usufructuario la condición de sujeto pasivo de IVA.

5.3 CONSOLIDACIÓN

CONSOLIDACIÓN ORDINARIA DEL USUFRUCTO EN EL NUDO PROPIETARIO

DGT V2335-22

DGT V0827-06

A) REGLA GENERAL

Como es sabido, la consolidación ordinaria del usufructo en el nudo propietario, por muerte del usufructuario o transcurso del plazo, está sujeta al mismo impuesto por el que se desmembró.

Por tanto, si la desmembración del usufructo estuvo sujeta a TPO, también lo estará la consolidación ordinaria.

De la misma forma, si la desmembración del usufructo estuvo sujeta a ISD, también lo estará la consolidación ordinaria en el nudo propietario al fallecimiento del usufructuario o cuando haya transcurrido el plazo.

La excepción a esta regla general se produce cuando la desmembración del usufructo estuvo sujeta a IVA.

La DGT, en la V2335-22, consideró que la consolidación ordinaria en el nudo propietario, al no poder estar sujeta a IVA puesto que no es ni una entrega de bienes ni una prestación de servicios, estaba sujeta a TPO por tener un origen oneroso.

Cosas de la DGT.

B) EXCEPCIÓN

Pues bien, la excepción a esta regla general se da cuando la consolidación ordinaria se produce en el nudo propietario que previamente había transmitido el usufructo.

Es decir, la recuperación del usufructo por quien previamente lo había ostentado, si se produce por muerte del usufructuario o por transcurso del plazo, no estará sujeta a tributación.

En este sentido, la DGT V0827-06:

"si el propietario del pleno dominio ya tenía tal condición al tiempo de su desmembración, la nueva consolidación del dominio en él no supone una nueva adquisición que deba tributar en este impuesto ya que dicha consolidación no supone una nueva adquisición mediante la que completa el pleno dominio que nunca tuvo, sino la recuperación del derecho real pleno del que ya disponía cuando constituyó el usufructo".

C) CONCLUSIÓN

La recuperación del usufructo por quien previamente lo había ostentado, si se produce por muerte del usufructuario o por transcurso del plazo, no estará sujeta a tributación.

11 de febrero 2024

CONSOLIDACIÓN ORDINARIA DE DOMINIO POR MUERTE DEL USUFRUCTUARIO CUANDO LA DESMEMBRACIÓN ESTUVO SUJETA A IVA

DGT V2335-22

A) SUPUESTO DE HECHO

Primera transmisión de una vivienda por sujeto pasivo de IVA adquiriendo una persona el usufructo y otra la nuda propiedad.

Como es sabido:

La transmisión de la nuda propiedad está sujeta y no exenta de IVA, por lo que tributará por IVA + AJD.

La transmisión del usufructo se considera una prestación de servicios, sujeta y exenta de IVA (art. 20.UNO. 23 L IVA) y, por lo tanto, sujeta a TPO.

B) CUESTIÓN

¿Cómo tributará la consolidación del dominio al fallecimiento de usufructuario si la adquisición de la nuda propiedad estuvo sujeta a IVA y AJD.?

C) REGLA GENERAL

La consolidación ordinaria del dominio (por transcurso del plazo o fallecimiento del usufructuario) tributará por el mismo impuesto por el que estuvo gravada la desmembración.

Por tanto, si la desmembración estuvo gravada por TPO, la consolidación ordinaria también estará gravada por este impuesto, mientras que si la desmembración estuvo gravada por ISD, la consolidación ordinaria también estará sujeta a ISD.

En este sentido, en sede del ISD el art. 26.c):

"c) En la extinción del usufructo se exigirá el impuesto según el título de constitución".

Y en sede del ITPADJ, el art. 14 del TR:

"1. Al consolidarse el dominio, el nudo propietario tributará por este impuesto atendiendo al valor del derecho que ingrese en su patrimonio".

D) APLICACIÓN DE LA REGLA GENERAL A NUESTRO CASO

Si aplicamos la regla general a nuestro caso concreto, tendríamos que la consolidación ordinaria del dominio no debería de estar sujeta a IVA, puesto que no es ni una entrega de bienes ni una prestación de servicios, como reconoce la propia consulta que comentamos.

Tampoco debería de estar sujeta a TPO puesto que la desmembración estuvo sujeta a IVA, no a TPO.

Y sería muy discutible su sujeción a AJD por no tratarse de un acto o contrato, por lo que no encajaría en el art. 31.2 del TR.

Sin embargo, no es esta la posición que sigue la DGT.

E) POSICIÓN DE LA DGT: TPO

La DGT, en este punto, se aparta de la regla general (ironía: siempre a favor del contribuyente) y considera que, como la desmembración tuvo carácter oneroso, la consolidación ordinaria del dominio debe de tributar por TPO.

"Asimismo, cabe señalar que la consolidación del dominio en el nudo propietario debe tributar como adquisición onerosa por la modalidad de transmisiones patrimoniales onerosas del ITP y AJD con independencia de que la adquisición de la nuda propiedad quedara sujeta y no exenta al IVA, puesto que la consolidación del dominio en el nudo propietario por extinción del usufructo por el fallecimiento del usufructuario no constituye una entrega de bienes o prestación de servicios sujeta al IVA que dé lugar a la exclusión de la sujeción a la modalidad de transmisiones patrimoniales onerosas del ITP y AJD, en virtud de lo establecido en el artículo 7.5 del TRLITPYAJD".

Lo dicho... la DGT siempre a favor del contribuyente.

27 de enero 2023

CONSOLIDACIÓN DEL DOMINIO POR FALLECIMIENTO DEL USUFRUCTUARIO CUANDO EL USUFRUCTO FUE CONSTITUIDO EN UNA PRIMERA TRANSMISIÓN DE UNA VIVIENDA SUJETA A IVA

DGT V2335-22

PLANTEAMIENTO

En su día, se comentó en este Chat la tributación de una primera transmisión de vivienda en la que una persona adquiría la nuda propiedad y otra el usufructo de una vivienda.

Esta consulta se refiere a la tributación de la consolidación del dominio al fallecimiento del usufructuario, por lo que creo puede ser de interés.

Lo curioso es que el adquirente de la vivienda acabará tributando, como veremos, por IVA, AJD y TPO al finalizar su adquisición.

El esquema podría ser el siguiente:

1. TRIBUTACIÓN PRIMERA TRANSMISIÓN DE UNA VIVIENDA

A) TRANSMISIÓN DE LA NUDA PROPIEDAD

Se considera "entrega de bienes", sujeta a IVA y a AJD según las reglas generales.

B) TRANSMISIÓN DEL USUFRUCTO

Se considera una "prestación de servicios", sujeta y exenta de IVA y sujeta a TPO.

1. Prestación de servicios: art. 11. Dos.3 L IVA

"En particular, se considerarán prestaciones de servicios:

3.º Las cesiones del uso o disfrute de bienes".

2. Sujeta y exenta de IVA: art. 20.23 b) L IVA

"Estarán exentos:

23.º ...la constitución y transmisión de derechos reales de goce y disfrute, que tengan por objeto los siguientes bienes:

b) Los edificios o partes de los mismos destinados exclusivamente a viviendas..."

3. Sujeta a TPO

La regla general es que IVA y TPO son tributos incompatibles, por lo que si una operación está sujeta a IVA, aunque esté exenta, no debería estar sujeta a TPO.

En este sentido el art. 4.4 de la L IVA:

"Las operaciones sujetas a este impuesto no estarán sujetas al concepto «transmisiones patrimoniales onerosas» del Impuesto sobre Transmisiones Patrimoniales y Actos Jurídicos Documentados".

Sin embargo, la constitución o transmisión de derechos reales de goce, suponen una importante EXCEPCIÓN.

En este sentido el mismo art. 4.4 L IVA:

"Se exceptúan de lo dispuesto en el párrafo anterior... la constitución o transmisión de derechos reales de goce o disfrute que recaigan sobre los mismos, cuando estén exentos del impuesto, salvo en los casos en que el sujeto pasivo renuncie a la exención en las circunstancias y con las condiciones recogidas en el artículo 20.Dos"

IMPORTANTE

En las prestaciones de servicios no es posible la renuncia a la exención del IVA que solo está prevista para la entrega de bienes.

En esta misma idea insiste el art. 7.5 del TR ITPAJD:

"5. No estarán sujetas al concepto «transmisiones patrimoniales onerosas» regulado en el presente Título las operaciones enumeradas anteriormente cuando, con independencia de la condición del adquirente, los transmitentes sean empresarios o profesionales en el ejercicio de su actividad económica y, en cualquier caso, cuando constituyan entregas de bienes o prestaciones de servicios sujetas al Impuesto sobre el Valor Añadido. No obstante, quedarán sujetos a dicho concepto impositivo las entregas o arrendamientos de bienes inmuebles, así como la constitución y transmisión de derechos reales de uso y disfrute que recaigan sobre los mismos, cuando gocen de exención en el Impuesto sobre el Valor Añadido".

CONCLUSIÓN

La transmisión del usufructo se considera una prestación de servicios que estará sujeta y exenta de IVA, y sujeta a TPO.

2. TRIBUTACIÓN DE LA CONSOLIDACIÓN DEL DOMINIO AL FALLECIMIENTO DEL USUFRUCTUARIO: DGT V2335-22

La consulta que comentamos considera que, como la constitución del usufructo tuvo carácter oneroso, la consolidación del dominio en el nudo propietario al fallecimiento del usufructuario debe de tributar por TPO.

Nunca podría tributar por IVA, porque no hay ni entrega de bienes ni prestación de servicios.

Y, en realidad, tampoco debería de tributar por TPO puesto que la extinción de un derecho real de goce o disfrute no constituye hecho imponible en este impuesto.

Sin embargo, en la medida que implica una adquisición patrimonial para el nudo propietario, queda sujeta a tributación por TPO.

Para practicar la liquidación por TPO habrá que tener en cuenta el valor del inmueble en el momento del fallecimiento del usufructuario y el porcentaje que representaba el usufructo en el momento de la constitución.

Sobre la base imponible así determinada, se aplicará el tipo impositivo vigente en el momento de la consolidación.

Todo esto resulta del art. 42 del R ITPAJD.

Como vemos, por tanto, al final de todo el proceso, el adquirente de la vivienda habrá acabado tributando por IVA, AJD y TPO.

Esta consulta ha sido comentada más ampliamente en TOTTRIBUTS.

CONSOLIDACIÓN DEL DOMINIO POR FALLECIMIENTO DEL USUFRUCTUARIO SUJETO A OS

DGT V1596-22

Curioso supuesto en el que la consolidación del dominio por fallecimiento del usufructuario acaba tributando por OS.

A) SUPUESTO DE HECHO

El padre vende la nuda propiedad de un inmueble a una sociedad de la que son socios sus hijos, reservándose el usufructo.

Posteriormente, la sociedad se disuelve y se liquida adjudicándose los hijos la nuda propiedad del inmueble.

Al fallecimiento del padre, los hijos consolidan el pleno dominio.

B) CUESTIÓN

Se cuestiona cómo tributará esa extinción de condominio.

C) POSICIÓN DE LA DGT

La regla general es que la consolidación ordinaria del dominio por fallecimiento del usufructuario, tributará por el mismo impuesto por el que los nudo propietarios adquirieron la nuda propiedad.

En nuestro supuesto de hecho, la adquisición de la nuda propiedad quedó sujeta a operación societaria (los nudos propietarios adquieren la nuda propiedad como consecuencia de la liquidación y disolución de sociedad) y, en consecuencia, la posterior consolidación del dominio como consecuencia del fallecimiento del usufructuario, queda igualmente sujeta a OS.

"Vista la normativa expuesta, en primer lugar, es preciso aclarar que el consultante y sus hermanos no consolidan el dominio de la vivienda por vía hereditaria, sino por extinción del derecho real de goce sobre cosa ajena que pesaba sobre aquella, que se desdobló por la venta de la nuda propiedad a una sociedad anónima, operación que realizaron sus padres, y que ellos adquirieron por la disolución posterior de la sociedad.

Consecuencia de lo anterior es que no resulta aplicable la Ley 29/1987, del Impuesto sobre Sucesiones y Donaciones que regula la fiscalidad de las transmisiones lucrativas, sino el texto refundido del Impuesto sobre Transmisiones Patrimoniales y Actos Jurídicos Documentados que regula las transmisiones onerosas.

Teniendo en cuenta lo establecido en el artículo 42.2 del RITPAJD, el consultante y sus hermanos deberán tributar por la modalidad de operaciones societarias, ya que es por ese concepto y título por el que adquirieron la nuda propiedad".

5.4 USUFRUCTO SIMULTÁNEO Y SUCESIVO

USUFRUCTO VITALICIO CONJUNTO A FAVOR DE DOS PERSONAS CON ACRECIMIENTO AL SOBREVIVIENTE

Esta figura se podría esquematizar de la siguiente forma:

A) CONSTITUCIÓN DEL USUFRUCTO

El usufructo vitalicio constituido conjuntamente a favor de dos personas se valora atendiendo a la edad del usufructuario más joven.

Lógicamente, la nuda propiedad se valora por la diferencia.

Esta es una norma básica que se aplica tanto a los usufructos conjuntos como a los usufructos sucesivos.

B) FALLECIMIENTO DEL PRIMER USUFRUCTUARIO

Al fallecer un usufructuario, se produce el crecimiento al sobreviviente.

Este acrecimiento no está sujeto a tributación.

C) FALLECIMIENTO DEL ÚLTIMO USUFRUCTUARIO

Al fallecimiento del último usufructuario, se liquida la consolidación al nudo propietario.

En este sentido, el art. 42.1 del Reglamento del ITPAJD:

1. Al consolidarse el dominio, el nudo propietario tributará por este impuesto atendiendo al valor del derecho que ingrese en su patrimonio.

USUFRUCTO SUCESIVO

El esquema de esta figura podría ser el siguiente:

A) USUFRUCTOS SUCESIVOS A FAVOR DE PERSONAS QUE NO SEAN CÓNYUGES

1. CONSTITUCIÓN DE USUFRUCTO

El usufructo sucesivo constituido a favor de personas que no sean cónyuges, se valorará atendiendo a la edad del usufructuario más joven.

Lógicamente, la nuda propiedad se valorará por la diferencia.

En este sentido, el art. 41.4 del Reglamento del ITPAJD:

"4. El valor del derecho de nuda propiedad se computará por la diferencia entre el valor del usufructo y el valor total de los bienes"

2. FALLECIMIENTO DEL PRIMER USUFRUCTUARIO

La adquisición por el segundo usufructuario se liquidará atendiendo a su edad.

Si el valor del segundo usufructo es inferior al valor del primer usufructo, se practica una liquidación complementaria al nudo propietario.

En este sentido, el art. 41.5 del Reglamento del ITPAJD:

"5. En los usufructos sucesivos el valor de la nuda propiedad se calculará teniendo en cuenta el usufructo de mayor porcentaje y a la extinción de este usufructo pagará el nudo propietario por el aumento de valor que la nuda propiedad experimente y así sucesivamente al extinguirse los demás usufructos"

3. FALLECIMIENTO DEL ÚLTIMO USUFRUCTUARIO

Al fallecimiento del último usufructuario, se practica la liquidación que corresponda al nudo propietario.

En este sentido, el art. 42.1 del Reglamento del ITPAJD:

"1. Al consolidarse el dominio, el nudo propietario tributará por este impuesto atendiendo al valor del derecho que ingrese en su patrimonio"

B) USUFRUCTOS SUCESIVOS A FAVOR DE CÓNYUGES

Se le aplican las mismas normas que a los usufructos conjuntos.

1. CONSTITUCIÓN DEL USUFRUCTO

El usufructo sucesivo a favor de cónyuges se valora atendiendo a la edad del usufructuario más joven.

Lógicamente, la nuda propiedad se valora por la diferencia.

2. FALLECIMIENTO DEL PRIMER USUFRUCTUARIO

Al fallecer un usufructuario, se produce el crecimiento al sobreviviente.

Este acrecimiento no está sujeto a tributación.

En este sentido, el art. 41.5 del Reglamento del ITPAJD:

"La misma norma se aplicará al usufructo constituido en favor de los dos cónyuges simultáneamente, pero sólo se practicará liquidación por consolidación del dominio cuando fallezca el último"

3. FALLECIMIENTO DEL ÚLTIMO USUFRUCTUARIO

Al fallecimiento del último usufructuario, se liquida la consolidación al nudo propietario.

En este sentido, el art. 42.1 del Reglamento del ITPAJD:

"1. Al consolidarse el dominio, el nudo propietario tributará por este impuesto atendiendo al valor del derecho que ingrese en su patrimonio"

6. EXTINCIÓN DE CONDOMINIO

6.1 CUESTIONES GENERALES

4 julio 2024

EXTINCIÓN DE CONDOMINIO: ESQUEMA GENERAL

TOTTRIBUTS, en su comentario a la importante sentencia del TS de 26 de abril de 2024, realiza un esquema general de la situación actual de la tributación de la extinción de condominio que, creo, merece la pena reproducir.

A) IDEA PREVIA

La pluralidad de titulares sobre un mismo bien o derecho da lugar a una situación de comunidad.

B) REGLA GENERAL

Existen tantas comunidades de bienes como bienes muebles o inmuebles existan.

A este respecto, el título de adquisición de los inmuebles es irrelevante.

C) EXCEPCIÓN

Comunidades de bienes con origen o destino común; sociedad de gananciales, comunidad hereditaria (entendida ésta como aquella que existe entre la aceptación de la herencia y la adjudicación de esta) y comunidades de bienes que desarrollan actividades económicas, entre otras.

D) PLURALIDAD DE COMUNIDADES

En los supuestos de pluralidad de comunidades de bienes (tantos bienes como inmuebles), estas pueden disolverse:

– Una a una, de manera individualizada.

– Formando lotes equivalentes.

E) SUJECIÓN A AJD

Al disolverse las comunidades de bienes, para entender que estamos ante un supuesto de especificación de derechos, y por tanto, se produzca la sujeción únicamente por AJD, deben darse los siguientes requisitos:

– Bienes inmuebles indivisibles o que desmerecen con su división.

– Adjudicación a un solo comunero.

– Compensación en metálico.

Se equipara a metálico la asunción de deuda en un préstamo hipotecario y la entrega de un bien que equilibre los lotes o la equivalencia de las prestaciones que ha de presidir la disolución de cualquier tipo de comunidad.

F) POSIBLE TRIBUTACIÓN ADICIONAL POR TPO

Si el bien que se usa para equilibrar las prestaciones es privativo, seguirá existiendo disolución de comunidad sobre los bienes comunes (preeminencia de la causa negocial) sin perjuicio de la tributación por TPO de la entrega del bien privativo.

Por el contrario, si el bien que se usa para obtener la equivalencia en las prestaciones o el equilibrio en los lotes es común, dicha adjudicación tributa solo por AJD, precisamente por ser un bien en común el utilizado para equilibrar los lotes u obtener la equivalencia en las prestaciones.

G) BASE IMPONIBLE

La base imponible será la parte del inmueble que se adquiere *ex novo.*

H) TIPO IMPOSITIVO

El gravamen será el de AJD al tipo impositivo aprobado por la CCAA correspondiente.

I) SUJETO PASIVO

El sujeto pasivo es el adjudicatario.

18 de septiembre 2024

EXTINCIÓN DE CONDOMINIO: POSIBLE SIMULACIÓN CONTRACTUAL

S TSJ ANDALUCÍA 26 ENERO 2023.

PRINCIPIO DE ECONOMÍA DE OPCIÓN.

En TOTTRIBUTS se analiza esta importante sentencia que quizás merezca la pena comentar.

A) SUPUESTO DE HECHO

En 1991, los padres compran el 95% de un inmueble y un hijo el 5% restante.

Veinte años después, extinguen el condominio adjudicándose el hijo la totalidad del inmueble compensando a sus padres en metálico.

B) POSICIÓN DE LA ATA

La Agencia Tributaria Andaluza entendió que estábamos ante un negocio simulado que encubría, en realidad, la adquisición del inmueble, por lo que debía tributar por TPO.

Su argumento, el art. 16 de la LGT:

"1. En los actos o negocios en los que exista simulación, el hecho imponible gravado será el efectivamente realizado por las partes.

2. La existencia de simulación será declarada por la Administración tributaria en el correspondiente acto de liquidación, sin que dicha calificación produzca otros efectos que los exclusivamente tributarios.

3. En la regularización que proceda como consecuencia de la existencia de simulación se exigirán los intereses de demora y, en su caso, la sanción pertinente".

C) *POSICIÓN DEL TEARA Y DEL TSJ ANDALUCÍA*

Tanto el TEAR como el TSJA dan la razón al contribuyente.

No hay indicios de simulación ni en la compra de 1991, en la que padres e hijo adquirieron a un tercero y por la que tributaron por TPO, ni tampoco en la extinción de condominio realizada más de 20 años después.

Esta extinción de condominio se realiza, según esta sentencia, no para disimular una compraventa, sino como alternativa admisible a la misma en base al principio de economía de opción.

D) *PRINCIPIO DE ECONOMÍA DE OPCIÓN*

"Debemos recordar en este punto, el criterio sostenido por el Tribunal Supremo sobre la corrección jurídica de la economía de la opción, según la cual resulta legítimo que los contribuyentes organicen sus operaciones, de manera que puedan aplicar la fiscalidad más ventajosa posible.

Esta legitimidad se sustenta en que la economía de opción representa el ejercicio de libertades fundamentales, de forma que los contribuyentes puedan organizar sus operaciones de la forma más ventajosa fiscalmente posible.

Habiéndose rechazado también por el Alto Tribunal, lo que vino a denominarse economía de opción inversa, esto es la consideración de que solo es legítima aquella opción entre las posibles, que se decanta por la mayor carga fiscal de suerte que cabe identificar el fraude cuando no se favorece la mayor recaudación "

Por lo que parece la ATA, y tantas otras, siguen instaladas en el principio de economía de opción inversa.

20 de marzo 2024

EXTINCIÓN DE CONDOMINIO: UNA O VARIAS COMUNIDADES

DGT V2889-21

A) *SUPUESTO DE HECHO*

Dos hermanos son copropietarios de dos inmuebles adquiridos por herencia del padre. Extinguen el condominio sobre los dos inmuebles que se adjudican a uno de los hermanos que compensa al otro en metálico.

Se cuestiona sobre la tributación de esta operación.

B) UNA O VARIAS COMUNIDADES

Uno de los aspectos que hace cada vez más interesante esta materia es el continuo cambio de criterio de la DGT.

Lo podemos ver en nuestro supuesto de hecho.

a) TESIS TRADICIONAL: UNA COMUNIDAD: TPO

Para esta tesis, estaríamos ante una sola comunidad que recae sobre un patrimonio colectivo constituido por dos inmuebles que pertenecen a los dos copropietarios por partes iguales.

Al extinguir el condominio, se adjudican ambos inmuebles a un solo de los copropietarios que compensa al otro en metálico.

Estaríamos ante un claro exceso de adjudicación declarado, compensado en metálico pero evitable, puesto que la adjudicación entre los copropietarios podría haberse hecho de una forma más proporcional.

En consecuencia, el exceso de adjudicación tributará por TPO.

B) TESIS MODERNA: DOS COMUNIDADES: AJD

Esta tesis fue iniciada por la sentencia del Tribunal Supremo 1502/2019, de 30 de octubre de 2019 y seguida, entre otras, por la DGT V2889-21 ambas ya comentadas en este Chat.

En esta última consulta, la DGT delimita la existencia de una sola comunidad en función de su origen o destino:

“Sin embargo, aunque dos o más bienes, muebles o inmuebles, sean propiedad de dos o más titulares, ello no determina automáticamente la existencia de una única comunidad de bienes, sino que podrá haber una o más comunidades en función del origen o destino de la referida comunidad”.

En concreto, reduce los supuestos de una sola comunidad a la sociedad de gananciales, a las comunidades de bienes que realicen actividades económicas y a la comunidad hereditaria.

“Cabe considerar la existencia de una única comunidad sobre una universalidad de bienes, como es el caso de la sociedad de gananciales o de una comunidad de bienes que realice actividades económicas, ya se haya constituido por actos "inter vivos" o se haya originado por actos "mortis causa"; a ellas se refiere el artículo 22 del TRLITPAJD. También es una única comunidad de bienes, en origen, la llamada comunidad hereditaria en general —aunque no realice actividades económicas—, es decir, la constituida por los herederos del causante mientras no se haya adjudicado el caudal relicto, esto es, desde que los llamados a suceder aceptan la herencia hasta su adjudicación.

Fuera de estos casos, estaremos ante varios condominios, uno por inmueble, que deberán ser tratados, independientemente.

"En el supuesto de que se trate de varios condominios, su disolución supondrá la existencia de tantos negocios jurídicos diferentes como comunidades haya, que, como tales, deben ser tratados, no solo separada, sino, lo que es más sustancial, independientemente".

En este punto, la DGT sigue el criterio de la sentencia del Tribunal Supremo 1502/2019, de 30 de octubre de 2019, cuyo supuesto de hecho se asemeja al nuestro:

"La extinción de dos condominios, formalizada en escritura pública, cuando se adjudican los dos bienes inmuebles indivisibles sobre los que recaen a uno de los condóminos, que compensa el exceso de adjudicación parte en metálico y parte por la entrega de varios bienes muebles y de un bien inmueble de su propiedad del que era exclusivo titular dominical, constituye para el expresado adjudicatario un supuesto de no sujeción a la modalidad de transmisiones patrimoniales onerosas (TPO), debiendo tributar por la cuota gradual de la modalidad de actos jurídicos documentados (AJD) del ITPAJD, con independencia de que los copropietarios ostentasen participaciones distintas en cada uno de los referidos condominios".

CONCLUSIÓN

Por prudencia, siempre hago dos escrituras en casos como el planteado pero, por las razones apuntadas, me parece perfectamente defendible la sujeción a AJD aunque la extinción de condominio se formalice en una sola escritura.

No tiene ningún sentido que la tributación sea distinta, según se formalice la extinción de condominio en una o dos escrituras.

18 de junio 2023

EXTINCIÓN DE CONDOMINIO: UNA O VARIAS COMUNIDADES. ¿CAMBIO DE CRITERIO DE LA DGT?

DGT V1702-16

DGT V1569-21

DGT V0135-23

Me planteo si la DGT ha cambiado de criterio en la forma de determinar cuándo estamos ante una o ante varias comunidades, con las consecuencias fiscales que ello conlleva.

Veamos.

A) TESIS TRADICIONAL: TÍTULO DE ADQUISICIÓN

En general, la DGT consideraba que estábamos ante una sola comunidad cuando todos los bienes que integran el patrimonio colectivo pertenecen a los mismos copropietarios y habían sido adquiridos por el mismo título.

En este caso, la extinción de condominio se regirá por las reglas generales.

Por el contrario, estaríamos ante varias comunidades cuando los bienes que integran el patrimonio colectivo o bien no pertenecen a los mismos copropietarios o bien no les pertenecen por el mismo título.

En este caso, la DGT considera que habrá tantas extinciones de condominio como comunidades puesto que, en otro caso, si se extinguen conjuntamente, considera que estamos ante un supuesto de transmisión de cuotas o de permuta que deberá de tributar por TPO.

En este sentido podemos citar la consulta DGT V1702-16:

"Las futuras disoluciones del condominio sobre las dos comunidades constituyen negocios jurídicos diferentes, y como tales, deben ser tratados separadamente. Cada comunidad de bienes se debería disolver sin excesos de adjudicación y si estos son inevitables, las compensaciones deben ser en metálico sin compensar con bienes que forman parte de otra comunidad; en caso contrario nos encontraríamos ante una permuta y, como tal, tributaría como transmisión patrimonial onerosa".

Por tanto, siguiendo este criterio, estaríamos ante dos comunidades que deben ser liquidadas separadamente en el caso de que unos bienes se hayan adquirido por herencia y otros por donación, o unos por compra y otros por herencia, o unos por herencia del padre y otros por herencia de la madre.

En todos estos casos, y según la tesis tradicional, si se realiza una sola extinción de condominio mezclando bienes de una y otra comunidad, estaríamos ante una permuta de cuotas sujeta a TPO.

B) TESIS MODERNA: TANTAS COMUNIDADES COMO BIENES

Para lo que llamamos Tesis Moderna, la regla general será la existencia de tantas comunidades como inmuebles con independencia del título de adquisición y la excepción, la existencia de una sola comunidad.

1. EXCEPCIÓN: UNA COMUNIDAD

No cabe duda de que la tesis tradicional ha sido abandonada por la propia DGT al menos en su consulta V1569-21 y en la consulta DGT V0135-23 aportada por Tomás.

Ambas consultas reducen los supuestos de existencia de una sola comunidad a tres: sociedad de gananciales, comunidad hereditaria y comunidad de bienes que realiza actividades económicas calificándolas, además, como los supuestos de excepción.

En este sentido, DGT V1569-21:

"Cabe considerar la existencia de una única comunidad sobre una universalidad de bienes, como es el caso de la sociedad de gananciales o de una comunidad de bienes que realice actividades económicas, ya se haya constituido por actos "inter vivos" o se haya originado por actos "mortis causa"; a ellas se refiere el artículo 22 del TRLITPAJD. También es una única comunidad de bienes, en origen, la llamada comunidad hereditaria en general —aunque no realice actividades económicas—, es decir, la constituida por los herederos del causante mientras no se haya adjudicado el caudal relicto, es decir, desde que los llamados a suceder aceptan la herencia hasta su adjudicación".

2. REGLA GENERAL: TANTAS COMUNIDADES COMO INMUEBLES

Fuera de estos casos, estaríamos ante tantas comunidades como inmuebles con independencia del título adquisitivo de los mismos.

En este sentido, DGT V0135-23:

"Como antes se ha señalado, fuera de los supuestos de excepción vistos en los que se puede admitir la existencia de una comunidad de bienes sobre una universalidad, en función de la unidad que les confiere un destino económico común o su común origen hereditario, en caso de que no haya habido adjudicación de bienes, la cotitularidad sobre varios bienes implica la existencia de tantas comunidades como bienes haya".

Recordemos que en el supuesto de hecho de la V0135-23, ya comentada, los 10 inmuebles procedían de títulos adquisitivos distintos (herencia de la madre y herencia del padre) y que la DGT no tuvo en cuenta para nada este criterio a la hora de establecer la tributación.

CONCLUSIÓN

Habrá que estar atento a las próximas resoluciones de la DGT en esta materia, puesto que las consecuencias fiscales de seguir uno u otro criterio creo que a nadie se le escapan.

23 de mayo 2024

EXTINCIÓN DE CONDOMINIO: DISTINTOS TÍTULOS DE ADQUISICIÓN: POSICIÓN DEL TS

Sentencia TS núm. 731/2024

Fecha de sentencia: 30/04/2024.

Importante sentencia del TS que modifica el criterio mantenido hasta ahora por la DGT.

A) OBJETO DEL RECURSO

"En el presente recurso de casación la cuestión planteada tiene su origen en la extinción total de un condominio, que queda resuelta con la adjudicación de los bienes procedentes de títulos de adquisición diversos sin necesidad de completar mediante otros pagos los excesos de adjudicación en la disolución de cada condominio".

B) CRITERIO DEL TS

"Dicho lo anterior cabe responder a la cuestión de interés casacional objetivo en el sentido de que está sujeta a la modalidad de actos jurídicos documentados la operación por la que se extinguen los condominios en los que participan los mismos titulares mediante la adjudicación de los bienes a cada uno de ellos sin que medie compensación por exceso de adjudicación, sin que tenga relevancia a efectos fiscales que los bienes adjudicados hubieran sido adquiridos e incorporados a los condominios en virtud de distintos títulos de adquisición".

C) CONCLUSIÓN

La extinción de condominio sin compensación por exceso de adjudicación está sujeta a AJD, independientemente de los títulos de adquisición de los bienes que integran el condominio.

14 de febrero 2024

EXTINCIÓN DE CONDOMINIO SOBRE UN INMUEBLE: DISTINTOS TÍTULOS DE ADQUISICIÓN: CATALUÑA. POSICIÓN DE LA ATC

ATC 168/19

A) SUPUESTO DE HECHO

Tres hermanos son copropietarios de un inmueble. Adquirieron, por partes iguales, una mitad indivisa por herencia del padre y la otra mitad indivisa por donación de la madre. Extinguen el condominio y adjudican el inmueble a uno de los hermanos que compensa a los otros dos en metálico.

Se cuestiona cómo tributará esta operación al ser distintos los títulos de adquisición.

B) POSICIÓN DE LA ATC

Hay que recordar que toda la problemática relativa a la existencia de una o varias comunidades se plantea única y exclusivamente cuando estamos ante un patrimonio colectivo, es decir, ante una comunidad que recae sobre varios bienes inmuebles.

Si la comunidad afecta exclusivamente a un inmueble estaremos, en todo caso, ante una sola comunidad y ello aunque los títulos de adquisición de los copropietarios sean distintos.

En este sentido, la consulta ATC 168/19:

"encara que cada comuner hagi adquirit la seva quota de participació per diferent títol, això no exclou que ens trobem davant d'un única comunitat, ja que cadascun d'ells és titular únic de la seva quota de participació".

C) POSICIÓN DEL TS

Pues bien, hay que recordar que toda esta discusión sobre la existencia de una o varias comunidades en función de que sean uno o más los títulos de adquisición no ha sido acogida por el TS.

El TS realiza un tratamiento unitario de la comunidad de bienes, sin tener en cuenta el criterio que mantiene la DGT, en función de que sean uno o más los títulos de adquisición, para determinar si estamos ante una o varias comunidades.

En nuestro caso, al extinguirse el condominio adjudicando el inmueble a uno de los copropietarios habrá un exceso de adjudicación declarado, inevitable y compensado económicamente que estará sujeto a AJD, siendo la base imponible dos terceras partes del valor del inmueble.

Por el contrario, si un exceso de adjudicación declarado no hubiera sido compensado económicamente, estaría sujeto a I. Donaciones, siendo la base imponible lo adquirido "ex novo", es decir, en nuestro supuesto de hecho, dos terceras partes del valor del inmueble.

15 de mayo 2023

EXTINCIÓN DE CONDOMINIO SOBRE UN INMUEBLE ADQUIRIDO POR DISTINTOS TÍTULOS CONSISTIENDO LA CONTRAPRESTACIÓN EN PARTE EN UNA SUBROGACIÓN DE HIPOTECA Y EN PARTE EN UNA ADJUDICACIÓN EN PAGO DE DEUDA

ATC 168/19.

STS 1502/2019 de 30 de octubre.

DGT: V2889-21

A) EXTINCIÓN DE CONDOMINIO SOBRE UN INMUEBLE ADQUIRIDO POR DISTINTOS TÍTULOS: AJD

El inmueble pertenece a tres propietarios que han adquirido sus porciones por distintos títulos. Se adjudica el inmueble a uno de ellos que compensa a los otros en metálico.

En mi opinión, como ya se ha dicho, esta extinción de condominio tributa claramente por AJD por cumplir los requisitos generales de indivisibilidad, adjudicación a uno y compensación en metálico y ello aunque las porciones de los distintos condominos se hayan adquirido por títulos distintos.

Hay que recordar que toda la problemática relativa a la existencia de una o varias comunidades, que ya se ha comentado en este Chat, se plantea única y exclusivamente cuando estamos ante un patrimonio colectivo, es decir, ante una comunidad que recae sobre varios bienes inmuebles.

Si la comunidad afecta exclusivamente a un inmueble, como es nuestro caso, estaremos siempre ante una sola comunidad y ello aunque los títulos de adquisición de los copropietarios sean distintos.

En este sentido se ha manifestado la consulta ATC 168/19

"encara que cada comuner hagi adquirit la seva quota de participació per diferent títol, això no exclou que ens trobem davant d'un única comunitat, ja que cadascun d'ells és titular únic de la seva quota de participació".

B) EXTINCIÓN DE CONDOMINIO SOBRE UN INMUEBLE CONSISTIENDO LA CONTRAPRESTACIÓN EN PARTE EN UNA SUBROGACIÓN DE HIPOTECA Y EN PARTE EN UNA ADJUDICACIÓN EN PAGO DE DEUDA: AJD

En este supuesto de hecho, se extingue el condominio sobre un inmueble que pertenece a dos copropietarios, consistiendo la contraprestación en parte en una subrogación de hipoteca y en parte en la adjudicación de una porción del mismo inmueble en pago de una deuda previamente existente entre los copropietarios, debidamente documentada. La entidad financiera no comparece en la escritura para aceptar la subrogación por lo que no se produce la liberación del copropietario saliente que también estaría sujeta a tributación.

En mi opinión, en este caso, la extinción de condominio también estaría sujeta exclusivamente a AJD y ello aunque una parte de la compensación consista en una adjudicación en pago de deuda.

En este sentido:

A) TRIBUNAL SUPREMO: STS 1502/2019 de 30 de octubre: AJD

Como ya vimos al analizar esta sentencia, para el Tribunal Supremo la compensación en metálico a qué se refiere el artículo 1062 del CC puede realizarse no solo en metálico, sino también mediante la asunción de la deuda de un préstamo hipotecario o la dación en pago de un bien propiedad del condominio del que, como en este caso, ambos son ya copropietarios.

Por tanto, en mi opinión, esta operación estaría sujeta a AJD según el criterio establecido en esta sentencia que ya ha sido acogido por la DGT.

B) DGT: V2889-21: AJD

La DGT ha seguido el criterio de esta sentencia sujetando la operación a AJD aunque la compensación se produzca mediante la dación en pago de otros bienes que los copropietarios tengan en común.

"En definitiva, el Tribunal Supremo considera que, cumpliéndose los requisitos de indivisibilidad, equivalencia y proporcionalidad, la disolución simultánea de varias comunidades de bienes sobre inmuebles de los mismos condóminos con adjudicación de los bienes comunes a uno de los comuneros que compensa a los demás o mediante la formación de lotes equivalentes y proporcionales, deberá tributar por la cuota gradual de actos jurídicos documentados, documentos notariales, por resultar aplicable el supuesto de no sujeción regulado en el referido artículo 7.2.B); y ello, con independencia de que la compensación sea en metálico, mediante la asunción de deudas del otro comunero o mediante la dación en pago de otros bienes".

Solo en el supuesto de que se transmitan en pago de deudas bienes privativos de uno de los copropietarios, esa transmisión estaría sujeta a TPO.

"En este último caso, en opinión del Tribunal Supremo, solo tributaría por la modalidad de transmisiones patrimoniales onerosas la transmisión de bienes privativos de un comunero al otro, pero no la de bienes que ya estaban en condominio, pues en tal caso no se produce transmisión alguna, sino disolución de una comunidad de bienes con especificación de un derecho que ya tenía el condómino que se queda con el bien".

CONCLUSIÓN

En mi opinión, ambos casos quedarían sujetos exclusivamente a AJD por la razones expuestas.

29 de abril 2023

EXTINCIÓN DE CONDOMINIO SIMULTÁNEA DE VARIAS COMUNIDADES. CAMBIO DE CRITERIO DE LA DGT

DGT V1702-16

STS 1502/2019

DGT V2889-21

DGT V2739-21

ATC 321/21

El último Flash Fiscal del CNC incluye una importante consulta de la ATC publicada el 14 de abril de 2023 relativa al sugerente tema de la tributación de la extinción de condominio de inmuebles pertenecientes a distintas comunidades.

Puede ser interesante recordar cómo ha evolucionado este tema.

A groso modo.

A) TESIS TRADICIONAL: DGT.TPO

Tradicionalmente la DGT ha considerado que la extinción de condominio simultanea de varias comunidades que se realiza compensando bienes de una comunidad con bienes de la otra, tributará por TPO como permuta.

Estaremos ante varias comunidades, según la DGT, cuando el título de adquisición sea distinto y ello aunque los copropietarios sean los mismos y lo sean en el mismo porcentaje.

Para la DGT, en el caso de que estemos ante varias comunidades, habrá que hacer tantas extinciones de condominio como comunidades puesto que, en otro caso, si se extinguen conjuntamente mezclando bienes de una y otra, considera que estamos ante un supuesto de transmisión de cuotas o de permuta que deberá de tributar por TPO.

En este sentido, entre otras muchas, DGT V1702-16

"Las futuras disoluciones del condominio sobre las dos comunidades constituyen negocios jurídicos diferentes, y como tales, deben ser tratados separadamente. Cada comunidad de bienes se debería disolver sin excesos de adjudicación y si estos son inevitables, las compensaciones deben ser en metálico sin compensar con bienes que forman parte de otra comunidad; en caso contrario nos encontraríamos ante una permuta y, como tal, tributaría como transmisión patrimonial onerosa".

B) TESIS MODERNA: STS 1502/2019. AJD

El TS nunca ha mantenido el criterio de la DGT de distinguir entre una o varias comunidades en función del título adquisitivo.

Es más, considera que es indiferente para determinar su tributación que estemos ante una o ante varias comunidades.

"Que exista uno o varios condominios que se extinguen por completo como consecuencia de la adjudicación de los inmuebles a uno solo de los copropietarios, no debe ser obstáculo per se para la aplicación del supuesto de no sujeción previsto en el artículo 7.2 B TRITPyAJD".

Por tanto, para el TS lo único importante es que se cumplan los requisitos de indivisibilidad, equivalencia y proporcionalidad siendo indiferente, como hemos visto, si estamos ante una o ante varias comunidades.

Cumplidos los requisitos de indivisibilidad, equivalencia y proporcionalidad, aunque se mezclen bienes de distintas comunidades, la operación tributará por AJD.

"La disolución simultánea de varias comunidades de bienes sobre inmuebles de los mismos condóminos con adjudicación de los bienes comunes a uno de los comuneros que compensa a los demás, deberá tributar por la cuota gradual de actos jurídicos documentados, documentos notariales, por resultar aplicable el supuesto de no sujeción regulado en el referido artículo 7.2.B); y ello, con independencia de que la compensación sea en metálico, mediante la asunción de deudas del otro comunero o mediante la dación en pago de otros bienes".

C) CAMBIO DE CRITERIO DE LA DGT. AJD

La DGT, en sus consultas V2889-21 y V2739-21, abandona su criterio tradicional y adopta la tesis del TS.

"Conforme a la doctrina del Tribunal Supremo, plasmada en su sentencia 1502/2019, de 30 de octubre de 2019, en la disolución de comunidades de bienes sobre bienes indivisibles, si las prestaciones de todos los comuneros son equivalentes y proporcionales a las respectivas cuotas de participación, resultará aplicable el supuesto de no sujeción a la modalidad de transmisiones patrimoniales onerosas regulado en el artículo 7.2.B) del TRLITPAJD y, consecuentemente, procederá la tributación de la operación por la cuota gradual de la modalidad de actos jurídicos documentados, documentos notariales.

A este respecto, también cabe la formación de lotes equivalentes y proporcionales a adjudicar a cada comunero en proporción a sus cuotas de participación, en cuyo caso es indiferente que los bienes sean o no indivisibles, pues lo principal es que los lotes sean equivalentes y proporcionales a las cuotas de participación de los comuneros".

D) LA ATC SIGUE EL CRITERIO DE LA DGT: AJD

La ATC, en su consulta 321/21, ante un supuesto de extinción de condominio sobre diferentes bienes inmuebles adquiridos por dos herencias donde el exceso de adjudicación se compensa mediante la transmisión de la cuota de participación sobre otros bienes inmuebles, que los mismos copropietarios poseen en común, asume el cambio de criterio de la DGT "por imperativo legal" por tratarse de un órgano de gestión.

Artículo 89. LGT:

1. "La contestación a las consultas tributarias escritas tendrá efectos vinculantes, en los términos previstos en este artículo, para los órganos y entidades de la Administración tributaria encargados de la aplicación de los tributos en su relación con el consultante".

En consecuencia, la ATC asume los criterios del TS y siempre que se cumplan los requisitos de indivisibilidad, equivalencia y proporcionalidad, sujeta la operación a AJD.

– "D'altra banda, us informem que si la compensació de l'excés no és amb diners, sinó amb l'adjudicació d'altres immobles que els mateixos consultants tenen en comú, se segueix la doctrina establerta pel Tribunal Suprem en la Sentència 1502/2019 que determina la no subjecció a tributació en la modalitat de transmissions patrimonials oneroses (TPO) de l'ITPAJD. Per tant, la dissolució de cada comunitat tributarà únicament per la modalitat impositiva d'AJD de l'ITPAJD".

CONCLUSIÓN

La distancia procedencia de los bienes no es criterio para determinar la tributación de la extinción de condominio. Lo realmente importante es que se cumplan los requisitos de indivisibilidad, equivalencia y proporcionalidad para que la operación que sujeta a AJD.

15 de septiembre 2023

EXTINCIÓN DE CONDOMINIO: PAGO EN ESPECIE

DGT V0724-23

Cuando parecía que en esta materia se había dado un importante paso en la dirección adecuada con la STS 1502/2019 de 30 de octubre, la DGT vuelve a las andadas en su consulta V0724-23 dando un claro paso atrás.

Veamos.

A) STS 1502/2019 DE 30 DE OCTUBRE

En resumen, esta sentencia establecía el criterio de que estábamos ante una auténtica extinción de condominio, sujeta por tanto a AJD, cualquiera que fuera la forma de la contraprestación.

Lo decisivo para sujetar la operación a AJD era que se cumplieran los requisitos de indivisibilidad, equivalencia y proporcionalidad.

Con esta premisa, era indiferente que la contraprestación fuera en metálico o mediante la asunción de deudas del otro comunero o, y esto es aquí lo realmente importante, mediante la dación en pago de otros bienes.

Decía el Tribunal Supremo que:

"cumpliéndose los requisitos de indivisibilidad, equivalencia y proporcionalidad, la disolución simultánea de varias comunidades de bienes sobre inmuebles de los mismos condóminos con adjudicación de los bienes comunes a uno de los comuneros que compensa a los demás, deberá tributar por la cuota gradual de actos jurídicos documentados, documentos notariales, por resultar aplicable el supuesto de no sujeción regulado en el referido artículo 7.2.B); y ello, con independencia de que la compensación sea en metálico, mediante la asunción de deudas del otro comunero o mediante la dación en pago de otros bienes".

Lógicamente, si la contraprestación se realiza mediante la dación en pago de otros bienes, esta transmisión estaría sujeta a TPO según las reglas generales.

"solo tributaría por la modalidad de transmisiones patrimoniales onerosas la transmisión de bienes privativos de un comunero al otro, pero no la de bienes que ya estaban en condominio, pues en tal caso no se produce transmisión alguna, sino disolución de una comunidad de bienes con especificación de un derecho que ya tenía el condómino que se queda con el bien".

B) POSICIÓN DE LA DGT

Pues bien, en esta consulta, la DGT se aparta del criterio mantenido por el TS y considera que si la contraprestación se realiza en especie, estaremos ante un supuesto de permuta sujeto a TPO.

Veamos.

SUPUESTO DE HECHO

"El consultante y su hermano son titulares de una vivienda en Madrid por partes iguales, es decir, cada uno tiene el 50 por ciento de la propiedad de la misma. Su intención es extinguir el condominio mediante la adquisición, por parte del hermano, de la parte de que es titular el consultante. Dado que el hermano del consultante no dispone de suficiente dinero, su intención es compensar ese exceso de adjudicación con una vivienda privativa de la que dispone del 100 por ciento de la titularidad".

Para la DGT, apartándose del criterio del TS, estamos ante un supuesto de permuta y como tal debe tributar.

"En el supuesto planteado, en el que se extingue el condominio mediante la adquisición, por parte del hermano de la consultante, de la parte de que es titular esta última, compensando ese exceso de adjudicación con una vivienda privativa de la que el hermano de la consultante dispone del 100 por ciento de la titularidad, la operación planteada constituye una permuta en los términos establecidos en el artículo 1.538 del Código Civil".

CONCLUSIÓN

Ante un mismo supuesto de hecho, la tributación será distinta según decida la DGT o el Tribunal Supremo.

Para el TS, en el supuesto de hecho planteado, la extinción de condominio estaría sujeta a AJD y la contraprestación en especie estaría sujeta a TPO.

Mientras que para la DGT, estaríamos ante una permuta sujetando ambas transmisiones a TPO.

CONCLUSIÓN DE LA CONCLUSIÓN

Claro paso atrás de la DGT que no hace más que aumentar la confusión y, en consecuencia, la inseguridad jurídica en toda esta materia.

P.S Esta consulta vinculante fue comentada y criticada por JM JUÁREZ en el boletín fiscal de junio de 2023.

16 de febrero 2023

EXTINCIÓN DE CONDOMINIO CON COMPENSACIÓN ECONÓMICA APLAZADA

DGT V2399-22

A) SUPUESTO DE HECHO

El consultante y su madre poseen una vivienda en proindiviso. La madre posee el 95% y el consultante el 5% que le donó la madre hace unos años.

Actualmente quieren disolver el condominio y adjudicarse el consultante el inmueble.

El consultante va a compensar a su madre con un pago en efectivo en el momento de la realización de la escritura y el resto mediante unos pagos aplazados.

B) CUESTIÓN PLANTEADA

Cómo tributa esta operación.

C) ARGUMENTACIÓN: SENTENCIA TRIBUNAL SUPREMO 1502/2019, de 30 de octubre de 2019

Esta sentencia fue en su día muy novedosa. Tuvo mucha importancia y últimamente se cita en todas las consultas relativas a la extinción de condominio venga o no venga a cuento.

En síntesis, podríamos decir que esta sentencia amplió los supuestos en los que las extinciones de condominio tributarían por AJD y no por TPO, haciendo una interpretación mucho más amplia de la que hasta la fecha había hecho la DGT.

En concreto, esta sentencia considera que:

1. La compensación en metálico, a qué se refiere el artículo 1062 del CC puede realizarse no solo en metálico, sino también mediante la asunción de la deuda de un préstamo hipotecario o la dación en pago de un bien propiedad del condominio.

2. Que lo determinante es que se extinga el condominio, con independencia de que existan una o varias comunidades.

3.-Que lo determinante es que el comunero que transmite sus participaciones reciba del otro comunero una parte equivalente sustitutiva de sus cuotas ideales en los condominios y que los condóminos no hayan obtenido beneficio ni ganancia patrimonial, es decir, que las recíprocas prestaciones sean equivalentes.

4. Y por último, que todo lo anterior no varía, atendida la circunstancia de que el condómino al que se adjudican los inmuebles tras la extinción del condominio, tuviera inicialmente una participación pequeña (en nuestro caso el 5%) en el inmueble en condominio que finalmente le fue adjudicado.

CONCLUSIÓN

La operación tributará por AJD con independencia de que el pago se realice al contado o a plazos no siendo trascendente, a estos efectos, que el comunero al que se le acaba adjudicando el inmueble tuviera inicialmente una participación del 5%.

19 de junio 2024

TRATAMIENTO FISCAL DE LA COMPENSACIÓN DE CRÉDITOS

DGT V1084-20

A) SUPUESTO DE HECHO

Dos hermanos otorgan una escritura de compensación de créditos por la que extinguen las obligaciones que surgieron de dos escrituras previas de partición de herencia y extinción de condominio de las que resultaron ser recíprocamente acreedores y deudores y en las que quedó aplazado el pago de la compensación económica.

B) CUESTIÓN PLANTEADA

Se cuestiona cómo tributa esta operación.

C) PARTICIÓN DE HERENCIA: IS

Si la partición de herencia se ajusta al título sucesorio, no habrá ningún tipo de hecho imponible adicional a la sucesión y los herederos tributarán exclusivamente por impuesto de sucesiones conforme al título sucesorio.

Si el exceso de adjudicación contenido en la partición es un exceso de adjudicación declarado, inevitable y compensado económicamente, no estará sujeto a tributación adicional.

El hecho de que el pago de la compensación quede aplazado no desvirtúa en nada lo anterior.

D) EXTINCIÓN DE CONDOMINIO: AJD

Si la extinción de condominio recae sobre un inmueble indivisible que se adjudica a uno de los comuneros que compensa al otro en metálico, estaremos ante un exceso de adjudicación declarado, inevitable y compensado económicamente por lo que no estará sujeto a TPO.

El hecho de que el pago de la compensación quede aplazado no desvirtúa en nada lo anterior.

La extinción de condominio estará sujeta exclusivamente a AJD.

E) POSTERIOR COMPENSACIÓN DE CRÉDITOS: NI TPO NI AJD

La escritura posterior de compensación de créditos no estará sujeta ni a TPO ni a AJD.

En este sentido, la V1084-20:

"El pago del importe que la esposa adeuda por alimentos y que se descuentan del importe que le corresponde como pago de su haber de gananciales, no constituye una adjudicación en pago o para pago de deudas (artículo 7.2.a) del Texto refundido del ITP y AJD) sino un supuesto de compensación de deudas que, como uno de los medios de extinción de las obligaciones, regula el artículo 1.195 del Código Civil, que no constituye hecho imponible por ninguna de las modalidades del ITP y AJD".

Nuestro supuesto hecho reúne todos los requisitos del artículo 1196 del CC puesto que los herederos son recíprocamente acreedores y deudores; la deuda consiste en una cantidad de dinero y las dos deudas están vencidas, son líquidas y exigibles.

CONCLUSIÓN

Para la DGT, la compensación de créditos es sencillamente una forma de extinguir las obligaciones que no estará sujeta ni a TPO ni a AJD.

EXTINCIÓN DE CONDOMINIO: EXCESO DE ADJUDICACIÓN INEVITABLE, DECLARADO Y NO COMPENSADO ECONÓMICAMENTE. NO SUJETO A IMPUESTO DE DONACIONES

Sentencia Tribunal Supremo de 12 de julio de 2022.

A) SUPUESTO DE HECHO

El supuesto de hecho era una extinción de condominio (al parecer cónyuges casados en separación de bienes, copropietarios), provocada por la disolución del matrimonio.

El exceso de adjudicación declarado derivaba de la adjudicación íntegra de la vivienda habitual a uno de los cónyuges, que no era compensado económicamente.

B) CRITERIO DEL TRIBUNAL SUPREMO

El Tribunal Supremo, en esta sentencia, considera que el exceso de adjudicación inevitable, declarado y no compensado económicamente, no está sujeto al impuesto de donaciones dada la incompatibilidad entre ITPAJD y ISD.

El Tribunal Supremo utiliza para mantener su postura el siguiente argumento:

"(...) Desde la perspectiva fiscal, los excesos de adjudicación están específicamente regulados, con carácter general, esto es, al margen de que provengan de una disolución matrimonial o de otras causas de división, en el artículo 7.2.B) del TRLITPyAJD, excluyéndolo por tanto del ámbito del ISD".

El problema es que este criterio todavía no ha sido asumido por la DGT que sigue considerando que los excesos de adjudicación inevitables, declarados y no compensados económicamente, están sujetos al impuesto de donaciones.

Esto es muy frecuente, desgraciadamente, en el ámbito fiscal.

JM JUÁREZ ya se planteaba esta cuestión en el boletín fiscal de agosto de 2022 en Notarios y Registradores.

Si el criterio mantenido por el TS en esta sentencia se consolidara y fuera de aplicación general estaríamos, sin duda, ante el fin de la tributación como donaciones de los excesos de adjudicación inevitables, declarados y no compensados económicamente.

Pero creo que, hasta llegar a este punto, todavía falta desgraciadamente un buen trecho.

EXTINCIÓN DE CONDOMINIO: VALOR DE REFERENCIA SUPERIOR AL VALOR DECLARADO. DONACIÓN

DGT V0143-22

Da la importancia de esta consulta, transcribimos literalmente el supuesto de hecho:

A) SUPUESTO DE HECHO

«La consultante y su hermano son dueños proindiviso de dos inmuebles adquiridos por herencia de su padre en 1985. En este momento pretenden disolver el condominio adjudicándose cada hermano uno de los inmuebles que consideran de valor equivalente, por lo que entienden que no se produce exceso alguno que deba ser compensado. No obstante, si se valoran los inmuebles con los valores de referencia del catastro, aprobados el 1 de enero de 2022, existe entre ambos una diferencia de 20.000 euros».

B) CRITERIO DE LA DGT

Para la DGT esta operación tributará:

a) AJD

Por un lado, por AJD siendo la base imponible el valor declarado por los comunero, salvo que el valor de referencia catastral fuera superior.

"En la liquidación a practicar por la modalidad de Actos Jurídicos Documentados, la base imponible será el valor declarado del documento notarial que, si se determinase en función del valor de bienes inmuebles, no podrá ser inferior al valor de referencia previsto en la normativa reguladora del catastro inmobiliario".

b) DONACIONES

Si en función de los valores de referencia catastral de los inmuebles sobre los que se extingue el condominio, se produce un exceso de adjudicación no compensado económicamente, ese exceso de adjudicación tributará por donaciones.

"Si conforme a dichos valores se produjese un exceso de adjudicación, si este no fuera objeto de compensación deberá tributar como donación conforme al Impuesto sobre Sucesiones y Donaciones, sin perjuicio de que los interesados, de no estar conformes con el valor de referencia, soliciten la rectificación de la autoliquidación en los términos expuestos en el artículo 10 del Texto Refundido ISD".

C) CRÍTICA

Un auténtico disparate.

6.2 EXTINCIÓN PARCIAL

16 de mayo 2023

EXTINCIÓN PARCIAL DE CONDOMINIO: DGT VERSUS TS

DGT V2997-18

DGT V1911-20

STS 774/19, de 6 de junio.

STS 735/19, de 30 de mayo.

A) SUPUESTO DE HECHO

Dos matrimonios casados en régimen de separación de bienes son copropietarios de un edificio compuesto de un local comercial y dos viviendas.

Dividen horizontalmente el edificio y adjudican cada una de las viviendas a un matrimonio y el local comercial se adjudica por partes iguales ambos matrimonios.

No hay excesos de adjudicación, puesto que las dos viviendas tienen idéntico valor.

En mi opinión, como en demasiadas ocasiones, la solución será distinta según resuelva la DGT o el TS.

Me explico.

B) POSICIÓN DE LA DGT: TPO

Para la DGT no hay extinción de condominio.

No se cumplen los requisitos de la extinción de condominio puesto que el inmueble no se adjudica a "uno solo" de los copropietarios, por lo que el supuesto no encaja en el art. 1062 de CC y, en consecuencia, debe de tributar por TPO.

En este sentido, DGT V2997-18:

"(…) la operación planteada no constituye una extinción de condominio pues el proindiviso se mantiene… Por tanto, deberá tributar como permuta en la que el consultante transmite la cuota parte que le corresponde en los bienes que permanecen en la indivisión a cambio de la cuota parte que les corresponde a sus hermanos en la vivienda que a él se adjudica".

Y esto sería así aunque los adjudicatarios fueran un matrimonio casado en régimen de gananciales. Luego, con más razón si los adjudicatarios son un matrimonio casados en régimen de separación de bienes como en el supuesto planteado.

En este sentido, la consulta de la DGT V1911-20:

"Aunque los matrimonios estén bajo el régimen de sociedad de gananciales, al no tener la sociedad de gananciales personalidad jurídica ni consideración de sujeto pasivo del Impuesto sobre Transmisiones Patrimoniales y Actos Jurídicos Documentados, no se puede entender que existe una disolución de condominio y los inmuebles quedan en poder de la comunidad de gananciales, sino que quedan en poder de las dos personas que componen el matrimonio.

Precisamente el hecho de que los comuneros sigan participando en la propiedad de los inmuebles con sus cónyuges es lo que impide calificar a la operación descrita como disolución de la comunidad de bienes sobre los inmuebles.

La comunidad de bienes no se extingue, sino que persiste, lo que ocurre es que se reduce el número de copropietarios, que pasa de cuatro a dos y se reduce el número de inmuebles.

En realidad, nos encontramos ante una permuta".

CONCLUSIÓN DE LA DGT

Para la DGT no hay extinción de condominio. La división horizontal estará sujeta a AJD y las adjudicaciones a los copropietarios estarán sujetas a TPO como permuta.

La terrorífica consecuencia lógica sería que esta operación también estaría sujeta a IIVTNU y a IRPF como alteración patrimonial.

C) POSICIÓN DEL TRIBUNAL SUPREMO: AJD

Para el TS hay extinción de condominio.

El TS ha mantenido una posición completamente distinta a la DGT.

Para el TS la operación sólo tributará por TPO si hay un exceso de adjudicación "verdadero" y éste sólo se dará si la "cuota ideal" de cada copropietario se ve alterada en la operación.

En otras palabras, si esta "cuota ideal" de participación no se ve alterada como consecuencia de la operación, como ocurre en nuestro supuesto, no habrá exceso de adjudicación, y, en consecuencia, la operación no tributará por TPO sino que estará sujeta a AJD.

En este sentido, STS 774/19, de 6 de junio o en la STS 735/19, de 30 de mayo:

"En nuestro caso existe una división parcial en cada una de las tres fincas, llevándose a cabo la misma de manera que ninguno de los comuneros experimenta un exceso de adjudicación, ya que recibían la cantidad exacta correspondiente a su cuota de participación, siendo indiferente que lo hagan en metálico o, como en el caso de autos, con una mayor participación en otro inmueble. Lo esencial es que con ello no obtienen beneficio alguno ni ganancia patrimonial de ningún tipo, pues pierden en una comunidad lo que ganan en la otra".

"De ello se deduce que para que se dé la sujeción al ITP por exceso en la adjudicación es presupuesto ineludible la existencia de ese exceso, esto es que alguno de los adjudicatarios en la extinción de la comunidad haya obtenido una ventaja o exceso de adjudicación sobre la que en principio le correspondía con arreglo a su título.

Y este presupuesto en el presente caso no se da".

Que es exactamente lo mismo que ocurre en nuestro supuesto de hecho.

CONCLUSIÓN TRIBUNAL SUPREMO

Para el TS, al no haber variado la "cuota ideal" de cada uno de los copropietarios antes y después de la operación, no existía tal exceso de adjudicación y la operación quedaría sujeta a AJD.

Desde esta perspectiva, si no hay transmisión de cuotas, la operación tampoco debería estar sujeta ni a IIVTNU ni a IRPF.

CONCLUSIÓN DE LA CONCLUSIÓN: ABSOLUTA INSEGURIDAD JURÍDICA

8 de noviembre 2023

EXTINCIÓN PARCIAL SUBJETIVA DE CONDOMINIO

DGT V3007-19

DGT V1911-20

Pocas materias más confusas.

A) DENOMINACIÓN

La primera dificultad radica en su misma denominación puesto que al referirse a esta figura no siempre se está hablando de lo mismo.

Tanto es así que JM JUÁREZ distingue, con buen criterio, entre AUTÉNTICAS extinciones parciales subjetivas de condominio (EPSC) y FALSAS (EPSC).

B) AUTÉNTICAS EPSC: SUJETAS AJD

Un ejemplo de auténtica extinción parcial subjetiva de condominio lo encontramos en la consulta DGT V3007-19.

SUPUESTO DE HECHO SIMPLIFICADO

"El consultante, junto con sus tres hermanos, es copropietario de dos viviendas y dos fincas rústicas, adquiridas por herencia de su padre.

En este momento uno de los hermanos quiere abandonar la comunidad mediante la adjudicación de una de las viviendas quedando los tres hermanos restantes como copropietarios por terceras partes de las otras tres fincas".

Por tanto, uno solo de los copropietarios sale del proindiviso y se le adjudica una finca en pago de su cuota. Los otros tres copropietarios permanecen en la proindivisión y ven como acrece su participación en los otros tres inmuebles.

"En el supuesto que se examina se produce la adjudicación de una de las fincas titularidad de cuatro hermanos en proindiviso, a uno solo de ellos, manteniéndose la comunidad en cuanto a los otros tres hermanos y las otras tres fincas".

Esa auténtica extinción parcial subjetiva de condominio derivada de la adjudicación de un inmueble al comunero que se separa no es una transmisión de cuota sujeta a TPO, sino la transformación de su derecho en la propiedad exclusiva sobre el bien que se la adjudica, sujeta a AJD.

"Ahora bien, el hecho de que a uno de los hermanos se le adjudique una de las fincas en pago de su cuota en la comunidad, implica que ésta, aun manteniéndose, se modifica subjetivamente al reducirse el número de copropietarios, que pasa de cuatro a tres, lo que constituye un supuesto de separación de un comunero. Dicha separación no es una transmisión, sino la transformación del derecho del comunero, reflejado en su cuota de condominio, en la propiedad exclusiva sobre la parte que se le adjudica".

CONCLUSIÓN

Mientras se den los requisitos de proporcionalidad, adjudicación a uno solo, y acrecimiento de las cuotas de los que permanecen en la indivisión, estaremos ante una auténtica extinción parcial subjetiva de condominio sujeta a AJD en la que el sujeto pasivo será el comunero que se separa y la base imponible el valor del bien que se le adjudica.

C) FALSA EPSC: SUJETA A TPO

Si no se dan los requisitos anteriores, estaremos ante una FALSA extinción parcial subjetiva de condominio sujeta a TPO.

Un ejemplo de FALSA (EPSC) lo encontramos en la DGT V1911-20.

SUPUESTO DE HECHO

"Desde 1983, dos matrimonios casados en régimen de gananciales, comenzaron a adquirir inmuebles en copropiedad, siempre a partes iguales para cada matrimonio. Actualmente, han decidido poner fin a la situación de condominio existente, adjudicando a cada una de las sociedades de gananciales la propiedad de varios inmuebles".

Para la DGT no hay extinción de condominio puesto que la comunidad subsiste.

"Para determinar la tributación correspondiente al supuesto planteado, debe analizarse en primer lugar la naturaleza jurídica de la operación que se pretende realizar.

De la aplicación de los anteriores preceptos a los hechos expuestos se deriva claramente que la operación que se pretende llevar acabo no supone una disolución de las comunidades de bienes, que claramente se mantiene en todos inmuebles, que van a continuar en común".

Por tanto, lo que existe para la DGT es una redistribución de cuotas.

"La operación que van a realizar consiste en una redistribución de las participaciones de los cuatro comuneros que antes ostentaban el 25 por 100 de la participación sobre casi todos los inmuebles y distinta proporción en dos de ellos y ahora van a pasar a tener un 50 por 100 sobre parte de ellos".

Y esta situación no varía por el hecho de que los cónyuges estén casados en régimen de gananciales.

"Aunque los matrimonios estén bajo el régimen de sociedad de gananciales, al no tener la sociedad de gananciales personalidad jurídica ni consideración de sujeto pasivo del Impuesto sobre Transmisiones Patrimoniales y Actos Jurídicos Documentados, no se puede entender que existe una disolución de condominio y los inmuebles quedan en poder de la comunidad de gananciales, sino que quedan en poder de las dos personas que componen el matrimonio".

CONCLUSIÓN

La conclusión es obvia. Si no hay extinción de condominio la operación tributará por permuta.

"La comunidad de bienes no se extingue, sino que persiste, lo que ocurre es que se reduce el número de copropietarios, que pasa de cuatro a dos y se reduce el número de inmuebles. En realidad, nos encontramos ante una permuta".

D) IIVTNU e IRPF

Por último, conviene no perder de vista la repercusión de esta figura tanto en el IIVTNU y como en el IRPF.

En general, si la operación se considera una auténtica extinción de condominio estará no sujeta IIVTNU mientras que si la operación se califica de transmisión de cuotas estará sujeta a IIVTNU siempre que lógicamente afecte a una finca urbana.

Por lo que se refiere al IRPF conviene recordar que su art. 33 estima que no hay alteración patrimonial ni en los supuestos de división de la cosa común, ni en la disolución de la sociedad de gananciales, ni en la disolución de comunidades de bienes ni en los casos de separación de comuneros.

Tampoco se puede perder de vista que esta materia se vio afectada por la sentencia del TS de 10 de octubre de 2022 que ya fue comentada en otro epígrafe.

20 de octubre 2023

EXTINCIÓN PARCIAL OBJETIVA DE CONDOMINIO

DGT V1569-21

STS 17 de diciembre de 2020.

A) SUPUESTO DE HECHO GENERAL

Dos hermanos son copropietarios de varios inmuebles. Extinguen el condominio sobre dos de ellos, adjuntando un inmueble a cada hermano, y mantienen el condominio sobre el resto de inmuebles.

Como en tantos otros temas, la posición de la DGT no coincide en este punto con la del TS.

B) POSICIÓN DE LA DGT: PERMUTA

La DGT no admite la extinción parcial objetiva de condominio y considera que estamos ante una permuta de cuotas sujeta a TPO.

En este sentido, entre otras, DGT V1569-21:

"El consultante estaría transmitiendo a sus hermanas su cuota sobre los inmuebles que no se adjudique a cambio de adquirir la cuota que a aquellas les corresponde en los inmuebles que se adjudique. Por tanto, no estaríamos ante un supuesto de exceso de adjudicación no sujeto y la operación debería tributar por el concepto de permuta, en los términos que resultan del artículo 23 del Reglamento del Impuesto, es decir, cada permutante tributará por el valor de las cuotas partes de los bienes que adquiera, ya sea el valor comprobado o el declarado si fuere mayor, aplicando el tipo de gravamen correspondiente a las transmisiones patrimoniales onerosas de bienes inmuebles".

La derivada de esta posición es que, para la DGT, esta extinción parcial objetiva de condominio también estará sujeta a IIVTNU.

C) POSICIÓN DEL TS: AJD

El TS sí que ha admitido la extinción parcial objetiva de condominio.

En concreto, en la sentencia fecha 17 de diciembre de 2020, número de Resolución 1786/2020 que fue comentada, en su día, en TOTTRIBUTS.

Para el TS estaríamos ante una auténtica extinción de condominio sujeta a AJD.

SUPUESTO DE HECHO

Dos hermanos, copropietarios de varios inmuebles, deciden extinguir el condominio sobre un piso y una plaza de aparcamiento que se adjudican a uno de ellos, que compensa al otro en metálico, manteniendo el proindiviso sobre los restantes bienes.

CUESTIÓN INTERÉS CASACIONAL

"Determinar si la extinción parcial del condominio existente sobre determinado bien inmueble tributa por la modalidad transmisiones patrimoniales onerosas o por la modalidad actos jurídicos documentados del Impuesto sobre Transmisiones Patrimoniales y Actos Jurídicos Documentados".

RESOLUCIÓN

"Por tanto, sí se produce aquí la "adjudicación a uno" que es la previsión contenida en el artículo 1062.1 del Código Civil y a la que se remite el citado artículo 7.2 B del Real Decreto Legislativo 1/1993, de 24 de septiembre; existe la adjudicación a un comunero con finalidad extintiva del condominio: el negocio jurídico realizado no es meramente traslativo de dominio, sino extintivo de una situación de condominio".

La derivada de esta posición es que, para el TS, esta extinción parcial objetiva de condominio tampoco estará sujeta a IIVTNU.

D) CONCLUSIÓN

La de siempre.

Al no seguir la DGT el criterio del TS, la inseguridad jurídica campa a sus anchas en toda esta materia.

30 de marzo 2023

EXTINCIÓN PARCIAL DE CONDOMINIO: CALIFICACIÓN REGISTRAL

https://www.boe.es/diario_boe/txt.php?id=BOE-A-2018-15939

BOE-A-2018-15939 Resolución de 2 de noviembre de 2018, de la Dirección General de los Registros y del Notariado, en el recurso interpuesto contra la calificación del registrador de la Propiedad de Jerez de la Frontera n.º 1, por la que se suspende la inscripción de una escritura de extinción parcial de condominio y adjudicación.

En mi opinión, esta resolución trata la extinción parcial de condominio desde el punto de vista civil e hipotecario, no desde el punto de vista fiscal.

Solo resuelve si la escritura que contiene lo que se califica de extinción parcial de condominio es o no inscribible en el Registro, pero no determina si la operación debe de tributar por TPO o AJD.

Centrándonos en la resolución:

A) CUESTIÓN OBJETO DEL RECURSO

"La única cuestión objeto de este expediente es si puede inscribirse un negocio jurídico, identificado en el documento presentado como de extinción parcial de comunidad, en el que los titulares de diversas partes indivisas de una finca adquieren la parte indivisa de otro cotitular por iguales partes siendo la contraprestación pactada por tal transmisión cierta suma de dinero".

B) POSICIÓN DEL REGISTRADOR

El Registrador califica negativamente con el siguiente argumento:

"En nuestro Derecho no existe la extinción parcial de condominio. Se trata, en puridad, de la enajenación de la cuota de un comunero a los demás, una compraventa que debe articularse como tal. La extinción de comunidad requiere como presupuesto básico que se actúe sobre la totalidad del objeto al que la comunidad se refiere. Los adjudicatarios no son cotitulares de la participación indivisa adjudicada por lo que resulta incongruente que adquieran dicha participación por extinción de condominio".

C) POSICIÓN DEL NOTARIO

El notario recurre alegando que estamos ante una auténtica extinción de condominio aunque sea parcial puesto que, al disminuir el número de copropietarios, la operación va encaminada a la extinción del condominio.

"La notaria recurrente alega que todo acto que implique reducción de los miembros de la comunidad, por propia naturaleza, puede entenderse encaminado al cese final de la situación de comunidad y, aunque no se logre dicho efecto totalmente, si el acto tiende naturalmente a dicho resultado, podrá ser calificado de disolución".

D) POSICIÓN DE LA DIRECCIÓN GENERAL

La Dirección General revoca la calificación registral asumiendo el argumento del Notario, considerando que la escritura, tal como está redactada, es perfectamente inscribible.

"Los copropietarios acuerdan adjudicarlo pro indiviso a varios de ellos, que compensan en metálico al no adjudicatario, por lo que se reduce el número de comuneros y las actuaciones favorecen la disolución de la comunidad. Consecuentemente, puede entenderse que el negocio jurídico celebrado va encaminado a provocar la extinción de la comunidad".

9 de abril 2024

EXTINCIÓN PARCIAL OBJETIVA DE CONDOMINIO. POSIBLE CAMBIO DE CRITERIO DE LA DGT

DGT V 3035-23

Hasta ahora la DGT, a diferencia del TS, no había admitido la extinción parcial objetiva de condominio.

En la consulta que comentamos, la DGT parece haber cambiado de criterio.

A) SUPUESTO DE HECHO

Hablamos de extinción parcial objetiva de condominio en todos aquellos supuestos en que varias personas son copropietarias de varias fincas, extinguen el condominio sobre alguna de ellas, permaneciendo las otras fincas en la indivisión.

B) POSICIÓN TRADICIONAL DE LA DGT: TPO

Para la DGT, no hay una auténtica extinción de condominio puesto que uno de los inmuebles que integran el patrimonio colectivo sigue perteneciendo a los copropietarios en proindiviso.

En este sentido, entre otras, la DGT V1732-20:

"La comunidad de bienes originada por el fallecimiento de la madre, no se va a disolver, ya que uno de los inmuebles se va a transmitir a uno de los comuneros a cambio de compensar a los otros en dinero, pero el otro inmueble que forma parte de la comunidad va a permanecer en proindiviso entre los tres hermanos".

Al no existir una auténtica extinción de condominio, lo que hay es una transmisión de cuota sujeta a TPO.

"Lo que se está produciendo es la compraventa de la cuota parte sobre el inmueble de uno de los comuneros a sus hermanos, que, como tal compraventa, quedará sujeta al ITPAJD como transmisión patrimonial onerosa al tipo de gravamen establecido para los bienes inmuebles y será sujeto pasivo el consultante adquirente".

La derivada de este criterio es que la operación también estará sujeta a IIVTNU.

"Al tratarse de una compraventa, la operación quedará sujeta al IIVTNU y serán sujetos pasivos del impuesto los consultantes transmitentes".

C) POSICIÓN DEL TS: AJD

El TS, a diferencia de la DGT, sí que ha admitido la extinción parcial objetiva de condominio, como ya se comentó en su día en este Chat.

En concreto, en la sentencia fecha 17 de diciembre de 2020.

Recuerdo lo que en su día comentamos.

Para el TS estaríamos ante una auténtica extinción de condominio sujeta a AJD.

SUPUESTO DE HECHO

Dos hermanos, copropietarios de varios inmuebles, deciden extinguir el condominio sobre un piso y una plaza de aparcamiento que se adjudican a uno de ellos, que compensa al otro en metálico, manteniendo el proindiviso sobre los restantes bienes.

CUESTIÓN INTERÉS CASACIONAL

"Determinar si la extinción parcial del condominio existente sobre determinado bien inmueble tributa por la modalidad transmisiones patrimoniales onerosas o por la modalidad actos jurídicos documentados del Impuesto sobre Transmisiones Patrimoniales y Actos Jurídicos Documentados".

RESOLUCIÓN

"Por tanto, sí se produce aquí la "adjudicación a uno" que es la previsión contenida en el artículo 1062.1 del Código Civil y a la que se remite el citado artículo 7.2 B del Real Decreto Legislativo 1/1993, de 24 de septiembre; existe la adjudicación a un comunero con finalidad extintiva del condominio: el negocio jurídico realizado no es meramente traslativo de dominio, sino extintivo de una situación de condominio".

La derivada de esta posición es que, para el TS, esta extinción parcial objetiva de condominio tampoco estará sujeta a IIVTNU.

D) POSICIÓN ACTUAL DE LA DGT: V 3035-23: AJD

El supuesto de hecho de esta consulta coincide con el supuesto de extinción parcial objetiva de condominio que estamos analizando.

"En el supuesto planteado, parece que existen diversas comunidades de bienes en las que participan tres hermanos —entre ellos, el consultante—. Se plantean llevar a cabo la extinción del condominio sobre estas comunidades de bienes, aunque una de ellas —resultante de una segregación de una finca— permanecerá en proindiviso entre los hermanos".

Pues bien, en esta consulta, la DGT se aparta de doctrina tradicional y adopta el criterio del TS considerando que la operación queda sujeta a AJD, a pesar de que uno de los inmuebles que constituyen el patrimonio colectivo permanece en la indivisión.

"Conforme a la doctrina expuesta, se produce una extinción simultánea de varias comunidades de bienes sobre inmuebles de los mismos condóminos mediante la formación de lotes equivalentes y proporcionales, por lo que deberá tributar por la cuota gradual de actos jurídicos documentados, documentos notariales por resultar aplicable el supuesto de no sujeción regulado en el referido artículo 7.2.B) del TRLITPAJD".

E) CONCLUSIÓN

Parece, por tanto, que la DGT ha cambiado de criterio con relación a la extinción parcial objetiva de condominio y ha decidido seguir, en este punto, el criterio del TS lo que evidentemente es un paso en la buena dirección.

6.3 SOCIEDAD DE GANANCIALES

18 de enero 2024

EXTINCIÓN DE CONDOMINIO: ADJUDICACIÓN DEL INMUEBLE A UN MATRIMONIO CASADO EN RÉGIMEN DE GANANCIALES

DGT V1911-20

DGT V0178-20

A) SUPUESTO DE HECHO

Dos matrimonios casados en régimen de gananciales, son propietarios por mitad y proindiviso de dos inmuebles de igual valor.

Extinguen el condominio adjudicándose cada uno de los matrimonios, un inmueble con carácter ganancial.

B) CUESTIÓN

Se cuestiona sobre la tributación de la operación.

C) CRITERIO DE LA DGT: PERMUTA

Para la DGT no estamos ante un supuesto de extinción de condominio sino ante un supuesto de transmisión de cuota sujeto a TPO puesto que no hay adjudicación a "uno solo".

En este sentido, la consulta de la DGT V1911-20:

"Aunque los matrimonios estén bajo el régimen de sociedad de gananciales, al no tener la sociedad de gananciales personalidad jurídica ni consideración de sujeto pasivo del Impuesto sobre Transmisiones Patrimoniales y Actos Jurídicos Documentados, no se puede entender que existe una disolución de condominio y los inmuebles quedan en poder de la comunidad de gananciales, sino que quedan en poder de las dos personas que componen el matrimonio.

Precisamente el hecho de que los comuneros sigan participando en la propiedad de los inmuebles con sus cónyuges es lo que impide calificar a la operación descrita como disolución de la comunidad de bienes sobre los inmuebles.

La comunidad de bienes no se extingue, sino que persiste, lo que ocurre es que se reduce el número de copropietarios, que pasa de cuatro a dos y se reduce el número de inmuebles.

En realidad, nos encontramos ante una permuta".

Y en el mismo sentido, la consulta de la DGT V0178-20:

"1. Se trata de una comunidad de tres comuneros, el consultante, su esposa y su hermano, dado que, en nuestro sistema jurídico, la sociedad de gananciales carece de personalidad jurídica independiente de los cónyuges. Por tanto, la adjudicación de la totalidad del bien común a ambos cónyuges no supone la extinción de la comunidad pues la propiedad de la cosa sigue perteneciendo proindiviso a varias personas, constituyendo un supuesto de separación de comunero o disolución parcial.

2. La adjudicación a ambos cónyuges origina un exceso de adjudicación al que debe aplicarse la regla general del artículo 7.2.B) del Texto Refundido, conforme a la cual los excesos de adjudicación se consideran transmisiones patrimoniales a efectos de liquidación y pago del impuesto,

sin que resulte de aplicación la excepción contemplada en dicho precepto por aplicación del artículo 1.062 del Código Civil cuya literalidad exige que la disolución de la comunidad sea total al contemplar exclusivamente el supuesto de que, cuando una cosa sea indivisible o desmerezca mucho por su división, se adjudique "a uno" a calidad de abonar a los otros el exceso en dinero".

CONCLUSIÓN

En definitiva, estamos ante un supuesto más en que la DGT no parece ni ser un órgano de la administración del Estado, ni está sometida a los criterios del TS.

Pura inseguridad jurídica.

6.4 OTROS

19 de febrero 2024

EXTINCIÓN DE CONDOMINIO. DOS COMUNIDADES: USUFRUCTO Y NUDA PROPIEDAD

DGT V3037-23

He de reconocer que esta consulta me ha descolocado.

A) SUPUESTO DE HECHO

Un inmueble pertenece a la madre el 50% en pleno dominio y el restante 50% pertenece, en cuanto a la nuda propiedad a los 6 hermanos por partes iguales y en cuanto al usufructo de esa mitad, pertenece 1/3 a la madre y los 2/3 restantes a los 6 hijos por partes iguales.

Pretenden extinguir el condominio adjudicando todo el inmueble a uno de los hijos que compensará en metálico a su madre y al resto de sus hermanos.

B) PREMISA

Reconozco que si me hubieran planteado este supuesto de hecho antes de conocer esta consulta, hubiera dicho con pocas dudas que estamos un supuesto claro de extinción de condominio que debería de tributar exclusivamente por AJD según las reglas generales que todos conocemos.

No opina esto la DGT.

C) POSICIÓN DE LA DGT

La DGT sostiene que estamos ante dos comunidades distintas: una sobre el usufructo y otra sobre la nuda propiedad puesto que, aún siendo los mismos copropietarios en una y otra comunidad, su participación en las mismas es distinta.

La comunidad del usufructo estará integrada por la madre (4/6) y por las 6 hijos (2/6 restantes).

La comunidad sobre la nuda propiedad estará integrada por la madre (3/6 partes) y por los 6 hijos (3/6 partes restantes).

Para llegar a esta conclusión, la DGT hace una interpretación literal del artículo 392 del código civil:

"este Centro Directivo considera que la interpretación que debe darse al artículo 392 del Código Civil es la que se desprende de su tenor literal, es decir, que la comunidad de bienes exige como requisito imprescindible que la propiedad de la cosa o del derecho pertenezca pro indiviso a varias personas, lo cual, en el caso planteado, puede predicarse tanto en el derecho de nuda propiedad como el del usufructo que pertenecen a los mismos comuneros pero con distintos porcentajes".

Por tanto, para la DGT, al ostentar los comuneros una distinta participación en el usufructo y en la nuda propiedad, estaremos ante dos comunidades distintas:

"Por lo tanto, en el caso planteado, en el inmueble habrá dos comunidades de bienes, una sobre la nuda propiedad y otra sobre el usufructo, aunque los comuneros sean los mismos la participación que tienen en una y otra comunidad es diferente".

D) CONCLUSIÓN

La disolución de la comunidad sobre la nuda propiedad tributará por la modalidad de actos jurídicos documentados.

Pero a la disolución de la comunidad sobre el usufructo, la DGT le aplica las normas de la consolidación del dominio por causa distinta a la consolidación ordinaria (fallecimiento del causante o del transcurso del plazo).

En consecuencia, el adjudicatario deberá tributar por la mayor de las liquidaciones entre la que se encuentre pendiente por la desmembración del dominio (al parecer, sucesiones) y la correspondiente al negocio jurídico en cuya virtud se extingue el usufructo, (extinción de condominio) tal y como establece el artículo 51.4 del RISD.

"Si la consolidación del dominio en la persona del primero o sucesivos nudo propietarios se produjese por una causa distinta al cumplimiento del plazo previsto o a la muerte del usufructuario, el adquirente sólo pagará la mayor de las liquidaciones entre la que se encuentre pendiente por la desmembración del dominio y la correspondiente al negocio jurídico en cuya virtud se extingue el usufructo".

Lo dicho ...sorprendente.

12 de abril 2023

EXTINCIÓN DE CONDOMINIO: USUFRUCTO Y NUDA PROPIEDAD

DGT V1901-20

A) SUPUESTO DE HECHO

Una madre y sus tres hijos son copropietarios de un inmueble.

A la madre le pertenece una mitad indivisa en pleno dominio y la otra mitad en usufructo.

A los hijos les pertenece la nuda propiedad de la otra mitad.

Extinguen el condominio y se adjudica la nuda propiedad del inmueble a uno de los hijos que compensan metálico a su madre y a sus hermanos, conservando la madre el usufructo de la totalidad del inmueble.

B) POSICIÓN DE LA DGT: AJD

Para la DGT estamos ante una auténtica extinción de condominio.

En ese sentido, la DGT V1901-20:

"La adjudicación a uno de los hermanos de la nuda propiedad del inmueble, conservando la madre el usufructo del mismo, compensando a la madre y a los otros dos hermanos con dinero, tributará como disolución de comunidad de la nuda propiedad por el concepto de actos jurídicos documentados. Será sujeto pasivo el hermano que se adjudique el inmueble y la base imponible será el valor de la parte de la nuda propiedad del inmueble que no tuviera con anterioridad y que adquiere en el momento de la disolución".

Por tanto, el hecho de que el inmueble esté gravado con un usufructo no impide que estemos ante una auténtica extinción de condominio siempre que se cumplan los requisitos generales de indivisibilidad, adjudicación a uno y compensación en metálico.

B) PARTICULARIDAD CATALANA: art. 552-11 CCC

La particularidad de esta figura en Cataluña radica en que, este supuesto de hecho, está especialmente regulado como una de las posibles formas de extinguir la de comunidad aunque la nuda propiedad se adjudique a varios copropietarios.

En concreto, el artículo 552-11.3 del CCC dice:

"Puede efectuarse la división adjudicando a uno o más cotitulares el derecho real de usufructo sobre el bien objeto de la comunidad y adjudicando a otro u otros cotitulares la nuda propiedad".

Por tanto, si estamos ante una de las formas legalmente previstas para disolver la comunidad y las adjudicaciones guardan la debida proporción con las cuotas de titularidad, es perfectamente posible defender que la operación debe tributar por AJD por aplicación del art. 61.2 R ITPAJD aunque la nuda propiedad se adjudique a varios copropietarios.

Artículo 61. Disolución de comunidades de bienes:

"2. La disolución de comunidades de bienes que no hayan realizado actividades empresariales, siempre que las adjudicaciones guarden la debida proporción con las cuotas de titularidad, sólo tributarán, en su caso, por Actos Jurídicos Documentados".

Este tema ha sido perfectamente tratado en TOTTRIBUTS.

22 de septiembre 2023

EXTINCIÓN DE PAREJA ESTABLE Y EXTINCIÓN DE CONDOMINIO. CATALUÑA

En mi opinión, el esquema podría ser el siguiente:

A) REGLA GENERAL

La bonificación del 100% de la cuota gradual de AJD sólo se aplica a la escritura pública que formaliza la separación, divorcio o extinción de pareja estable y, en consecuencia, a las extinciones de condominio contenidas en las mismas.

En este sentido, el art. 5 de la Ley 2/2016 de 2 de noviembre del Parlament de Cataluña.

"1. Disfruta de una bonificación del cien por cien de la cuota gradual del impuesto sobre actos jurídicos documentados, la escritura pública otorgada por los cónyuges en la que acuerdan, en los términos que regula la ley, su separación o divorcio de mutuo acuerdo.

2. La misma bonificación se aplica a las escrituras públicas que documentan la extinción de común acuerdo de la pareja estable formalizada por los convivientes, de acuerdo con el artículo 234-4 del libro segundo del Código civil de Cataluña, relativo a la persona y la familia, aprobado por la Ley 25/2010, de 29 de julio".

CONCLUSIÓN

La extinción de condominio incluida en una escritura de divorcio, separación o extinción de pareja estable goza de la bonificación del 100% de AJD.

Por el contrario, la extinción de condominio formalizada en una escritura aparte, aunque traiga causa de una separación, divorcio o extinción de pareja estable, estará sujeta a tributación por AJD según las reglas generales.

Hay que recordar que la DGT siempre hace una interpretación restrictiva de las bonificaciones fiscales por lo que no suele aplicar las bonificaciones a supuestos de hecho distintos de los legalmente previstos.

B) PARTICULARIDAD

Lo que sí me parece posible defender es la posibilidad de autorizar una escritura de extinción de pareja estable aunque la constitución de ésta no se haya formalizado notarialmente.

Estoy pensando en el típico caso de dos personas que compraron su piso, conviven en una comunidad de vida análoga a la matrimonial durante un periodo de tiempo superior a dos años y posteriormente se separan.

Sólo recordar que el art. 234-1 del CCC considera pareja estable a dos personas que convivan en una forma análoga a la matrimonial durante más de dos años ininterrumpidos.

"Artículo 234-1. Pareja estable.

Dos personas que conviven en una comunidad de vida análoga a la matrimonial se consideran pareja estable en cualquiera de los siguientes casos:

a) Si la convivencia dura más de dos años ininterrumpidos.

b) Si durante la convivencia, tienen un hijo común.

c) Si formalizan la relación en escritura pública".

Por tanto, son pareja estable y podrán formalizar la extinción de la misma en escritura pública en los mismos casos en que podrían separarse o divorciarse ante notario si hubieran contraído matrimonio.

La acreditación de que son pareja estable ante la Administración Tributaría podrán efectuarla, en su caso, utilizando cualquier medio de prueba admitido en derecho incluyendo, si se considera necesario, un acta de notoriedad.

CONCLUSIÓN

En mi opinión, es posible autorizar una escritura de extinción de pareja estable aunque ésta no se haya constituido notarialmente y la extinción de condominio incluida en la misma gozará de la bonificación del 100% de AJD.

29 de abril de 2024

ESCRITURA DE DIVORCIO QUE CONTIENE DIVISIÓN HORIZONTAL Y EXTINCIÓN DE CONDOMINIO

En mi opinión, habría que distinguir dos situaciones distintas:

A) ESCRITURA DE DIVORCIO QUE CONTIENE UNA DIVISIÓN HORIZONTAL Y EXTINCIÓN DE CONDOMINIO

En Cataluña, la escritura de divorcio goza de una bonificación del 100% de la cuota gradual de AJD y ello en base a lo establecido en la ley 2/2016 de 2 de noviembre:

"Disfruta de una bonificación del cien por cien de la cuota gradual del impuesto sobre actos jurídicos documentados la escritura pública otorgada por los cónyuges en la que acuerdan, en los términos que regula la ley, su separación o divorcio de mutuo acuerdo".

Por tanto, en mi opinión, la escritura pública de divorcio estará bonificada al 100%, aunque contenga una división horizontal y una extinción de condominio.

Esta modificación legal fue precisamente impulsada por el CNC para fomentar la utilización de la escritura pública de divorcio que, sí contenía una extinción de condominio, resultaba fiscalmente perjudicada con relación a la sentencia de divorcio que no estaba sujeta a AJD.

B) ESCRITURA DE DIVISIÓN HORIZONTAL Y EXTINCIÓN DE CONDOMINIO EJECUTANDO LO ACORDADO EN UNA SENTENCIA JUDICIAL

La escritura pública está sujeta a AJD, mientras la sentencia judicial no lo está.

Por tanto, en mi opinión, la escritura que documenta una división horizontal y una extinción de condominio estará sujeta a AJD exclusivamente por la extinción de condominio y no por la división horizontal por ser esta última un acto necesario para la extinción de condominio, como ya se ha comentado.

En otras palabras, en mi opinión, si la extinción de condominio se formaliza en escritura pública estará sujeta a AJD aunque tenga su fundamento en una sentencia de divorcio previa.

10 de junio 2023

EXTINCIÓN DE CONDOMINIO EN OCHO COMUNIDADES Y REDUCCIÓN DE COMUNEROS EN OTRAS DOS

DGT V0135-23

Interesante la Consulta Vinculante de la DGT compartida por Tomás.

A) SUPUESTO DE HECHO

Cuatro hermanos son copropietarios, por cuartas e iguales partes, de 10 inmuebles urbanos.

Extinguen el condominio de tal forma que 8 inmuebles se adjudican a uno solo de cada uno de los hermanos, en proporción a su participación, mientras que los otros dos inmuebles se adjudican a dos hermanos por mitad, sin que existan en toda la operación excesos de adjudicación declarados.

B) UNA O DIEZ COMUNIDADES

Para la DGT, el hecho que varios inmuebles pertenezcan *pro indiviso* a varios copropietarios no implica necesariamente la existencia de una sola comunidad sino que, para determinar si estamos ante una o ante varias comunidades, habrá que examinar el origen o destino de la misma.

"Sin embargo, aunque dos o más bienes, muebles o inmuebles, sean propiedad de dos o más titulares, ello no determina automáticamente la existencia de una única comunidad de bienes, sino que podrá haber una o más comunidades en función del origen o destino de la referida comunidad".

Como ejemplos de la existencia de una sola comunidad sobre un conjunto de bienes, la DGT cita la sociedad de gananciales, la comunidad de bienes que realiza actividades económicas y la comunidad hereditaria constituida por los herederos antes de la partición.

Fuera de estos casos, tendremos tantos condominios como inmuebles y "su disolución supondrá la existencia de tantos negocios jurídicos diferentes como comunidades haya, que, como tales, deben ser tratados, no solo separada, sino, lo que es más sustancial, independientemente".

Con esta premisa, la DGT considera que en nuestro supuesto de hecho existen 10 comunidades de bienes, una por cada inmueble.

C) TRIBUTACIÓN

a) OCHO COMUNIDADES: AJD

La extinción de las ocho comunidades en las que se extingue el condominio adjudicando a uno solo de los distintos comuneros, en proporción a su participación y sin excesos de adjudicación declarados, cada uno de los distintos adjudicatarios de los ocho inmuebles, tributarán por AJD.

No es obstáculo para ello que la compensación no se haga en metálico sino en otros inmuebles que se tengan en común, siguiendo en este punto el criterio del TS que ya hemos comentado en este Chat.

b) DOS COMUNIDADES: TPO

Con relación a los dos inmuebles que se adjudican por mitad a dos copropietarios, la DGT considera que no hay ni extinción de condominio ni separación de comuneros y que, en consecuencia, debe tributar por TPO por tratarse, en realidad, de una permuta de cuotas.

"Por otra parte, hay dos comunidades que no se van a disolver ya que esos dos inmuebles van a permanecer en comunidad, aunque en vez de cuatro comuneros por cada inmueble sean dos, tampoco se va a producir la separación de dos comuneros, ya que los comuneros que se separan no se van a adjudicar un inmueble cada uno, lo que en realidad se está produciendo es una permuta de cuotas en la que dos comuneros transmiten sus cuotas sobre uno de los inmuebles a los otros dos comuneros que, a su vez, les transmiten sus cuotas sobre otro inmueble, y que como tal tributarán por el ITPAJD por la modalidad de transmisiones patrimoniales onerosas, por la parte del inmueble que adquieren".

D) REPERCUSIÓN EN IIVTNU

Lógicamente, este criterio de la DGT tendrá su repercusión en IIVTNU.

En el caso de la extinción de condominio sobre las ocho comunidades que están sujetas a AJD, no estarán sujetas a IIVTNU al no producirse el hecho imponible, puesto que no se produce transmisión de la propiedad.

Por el contrario, en el caso de las dos comunidades sujetas a TPO, la DGT considera que hay transmisión de cuotas sujeta a TPO y, en consecuencia, la operación también estará sujeta a IIVTNU.

Es lo que hay.

2 de julio 2024

DISOLUCIÓN Y LIQUIDACIÓN DE UNA COMUNIDAD DE BIENES QUE DESARROLLA UNA ACTIVIDAD EMPRESARIAL: SUJECIÓN A OS

STSJ DE ANDALUCÍA DE 22 DE MAYO DE 2023.

Tottributs recoge esta importante sentencia que merece la pena comentar.

A) SUPUESTO DE HECHO

"El supuesto de hecho consistía en una CB que desarrollaba una actividad empresarial y que decidió poner fin a la actividad mediante la segregación en diferentes parcelas de la finca rústica en la que se desarrollaba dicha actividad para acto seguido, sin solución de continuidad, adjudicarlas a los diferentes comuneros en el acto de disolución y liquidación de la CB mediante la formación de lotes equivalentes".

B) DISTINTOS CRITERIOS

1. POSICIÓN DE LA ADMINISTRACIÓN TRIBUTARIA: DOS CONVENCIONES

Para la administración tributaria estamos ante dos convenciones distintas sujetas a distinta tributación.

La segregación estará sujeta a AJD, mientras que la disolución y liquidación de la CB estará sujeta a OS.

2. POSICIÓN DEL TSJA: UNA CONVENCIÓN

Para el TSJA estamos ante una sola convención sujeta a OS y no sujeta a AJD dada la incompatibilidad entre ambos impuestos.

"En este sentido, argumenta que la segregación de la finca rústica en diferentes parcelas para, acto seguido, poner fin a la CB mediante la disolución y liquidación de la misma es un único acto de naturaleza compleja en el que la segregación no puede entenderse si no es para disolver y adjudicar la fincas resultantes, esto es, la segregación es un mero instrumento para llevar a cabo el fin pretendido, que es disolver la CB por lo que, siendo ello así, nos encontramos ante un único acto de naturaleza compleja y no ante dos actos sin conexión entre ellos que deban ser gravados de manera separada".

C) CONCLUSIÓN

La escritura que formalice una disolución y liquidación de una CB, aunque como acto previo contenga una segregación, estará sujeta exclusivamente a OS sin que deba tributar la segregación previa por AJD al tratarse de una sola convención y ser incompatibles ambos impuestos.

LA DETERMINACIÓN DE TITULARIDAD NO ESTÁ SUJETA A TRIBUTACIÓN (PARA LA ATC)

ATC 76/23 de 12 de abril 2024.

Curiosa consulta la recogida en el último Flash Fiscal.

A) SUPUESTO DE HECHO

Seis personas son copropietarios de un inmueble en distinta proporción.

Tres de ellas (A, B y C) son propietarias en pleno dominio de una mitad indivisa (1/3 cada una).

La restante mitad indivisa pertenece a una persona en usufructo (D) y a las restantes dos personas (E y F) en nuda propiedad por mitad.

Otorgan una escritura en la que rectifican la cabida, amplían una obra nueva antigua, dividen horizontalmente el edificio y determinan entre ellos la titularidad de cada una de las entidades que surgen la división horizontal.

En concreto, de la división horizontal surgen dos locales y cuatro viviendas.

Adjudican la titularidad de un local y dos viviendas a A, B y C por terceras y iguales partes.

Adjudican el otro local y las dos viviendas restantes a D en usufructo, y a E y F en nuda propiedad por partes iguales.

Es decir, las adjudicaciones se realizan respetando el porcentaje de la titularidad inicial que recaía sobre todo el edificio.

B) CUESTIÓN

Se consulta sobre cuál es la tributación de las operaciones descritas.

C) RECTIFICACIÓN DE CABIDA.: NO SUJETA NI A TPO NI A AJD

La declaración del exceso de cabida tiene por objeto adecuar descripción registral del inmueble a la realidad física del mismo, y como tal solucionar los errores existentes en las inscripciones registrales.

En consecuencia, la simple rectificación de cabida para adaptar el registro a la realidad extra registral no está sujeta ni a TPO, porque no se produce una mayor adquisición de terreno, ni a AJD por la misma razón:

"Por todo lo expuesto, y sin perjuicio de las facultades de comprobación de los órganos de gestión e inspección de la Administración tributaria se considera que en el caso expresado en la presente consulta no se produce sujeción al impuesto sobre transmisiones patrimoniales y actos jurídicos documentados en la modalidad de AJD, dado que tal y como se desprende de la consulta, se trata de un exceso de cabida y de una modificación de coeficientes sin comportar modificación de superficies".

D) AMPLIACIÓN DE OBRA NUEVA ANTIGUA: SUJETA A AJD

La escritura de ampliación de una nueva antigua estará sujeta a AJD por reunir los requisitos del artículo 31.2 del TR ITPAJD de todos conocidos.

La base imponible será el valor real de coste de la obra nueva ampliada tal como resulta del artículo 70 del R ITPAJD:

""La base imponible en las escrituras de declaración de obra nueva estará constituida por el valor real de coste de la obra nueva que se declare".

E) DIVISIÓN HORIZONTAL: SUJECIÓN A AJD

La ATC no considera aplicable al supuesto de hecho planteado la sentencia del Tribunal Supremo 1286/2023 que, como recordamos, establece que:

"Cuando en un mismo documento notarial se formaliza la división en régimen de propiedad horizontal y la extinción del condominio preexistente con adjudicación a los comuneros de su porción, a los efectos del Impuesto sobre Transmisiones Patrimoniales y Actos Jurídicos Documentados, modalidad de actos jurídicos documentados, solo procede que se liquide por la extinción del condominio al constituir la división horizontal una operación antecedente e imprescindible de la división material de la cosa común. "

Y no considera aplicable esta sentencia a nuestro caso porque en nuestro supuesto de hecho no hay ninguna extinción de condominio.

No hay ninguna extinción de condominio puesto que después de la operación formalizada, los inmuebles siguen perteneciendo en proindiviso a los distintos copropietarios.

La consecuencia de este hecho es que la división está horizontal estará sujeta a AJD:

"Por tanto, y de acuerdo con los hechos manifestados en su escrito de consulta, en tanto que las seis entidades resultantes continuarán en situación de proindiviso, la operación de división deberá tributar en la modalidad impositiva de AJD del ITPAJD".

F) DETERMINACIÓN DE LA TITULARIDAD

Curiosamente, lo más sorprendente de esta consulta no es lo que dice, sino lo que no dice.

Puesto que nada dice sobre la posible tributación de la llamada "determinación de la titularidad" a pesar que se cuestiona especialmente sobre este extremo.

La ATC solo sujeta a tributación la ampliación de una nueva antigua y la división horizontal.

Por el contrario, no sujeta a tributación el resto de la operación, es decir, no sujeta a tributación ni la rectificación de cabida, ni la determinación de titularidad.

Quizás, en este último caso, porque al determinar la nueva titularidad no se altera en nada la proporción que ostentaban los copropietarios en la finca inicial.

Personalmente, no me hubiera sorprendido que la ATC hubiera acabado diciendo que la llamada "DETERMINACIÓN DE TITULARIDAD" no era más que una permuta de cuotas sujeta a tributación por TPO.

Pero no lo dice.

G) CONCLUSIÓN: PRUDENCIA

Hay que recordar que estamos ante una consulta de la ATC y, por tanto, con carácter meramente informativo.

La emisión de consultas vinculantes corresponde a la DGT.

7. IMPUESTO SOBRE EL VALOR AÑADIDO

7.1 SUJETO PASIVO

LAS SOCIEDADES MERCANTILES SE PRESUMEN SUJETOS PASIVOS DE IVA

A) REGLA GENERAL: LAS SOCIEDADES MERCANTILES SON SUJETOS PASIVOS DE IVA Y ACTÚAN EN EL EJERCICIO DE SU ACTIVIDAD

La regla general es que las sociedades mercantiles tengan actividad económica y que las operaciones que realicen las hagan en ejercicio de su actividad empresarial.

Por ello, la ley del IVA en su art. 5 las incluye, salvo prueba en contrario, dentro del concepto de empresario o profesional:

"A los efectos de lo dispuesto en esta Ley, se reputarán empresarios o profesionales:

b) Las sociedades mercantiles, salvo prueba en contrario".

También resulta así de Resolución del TEAC de 19 de febrero de 2014:

"En relación al hecho imponible, y teniendo en cuenta lo anterior, la Ley establece de manera muy clara, que cuando las sociedades mercantiles realizan unas operaciones económicas, lo hacen indefectiblemente en el ejercicio de una actividad empresarial o profesional.

Ello es coherente con el carácter mercantil de estas personas jurídicas, y guarda una lógica relación con la definición del sujeto pasivo a efectos del IVA, que no puede ser sino quien tenga la condición de empresario o profesional; por lo cual, en el siguiente artículo, la Ley dice que las sociedades mercantiles se reputarán empresarios o profesionales, en todo caso.

Por tanto, es necesario concluir que como regla general, y expresada de manera bastante tajante, la Ley quiere que cualquier entrega de bienes o prestación de servicios que efectúe una sociedad mercantil, se halle comprendida en el ámbito objetivo y subjetivo de aplicación del IVA".

B) EXCEPCIÓN: LAS SOCIEDADES MERCANTILES PUEDEN NO SER SUJETO PASIVO DE IVA

Excepcionalmente, si la sociedad mercantil no tiene actividad económica, no tendrá el carácter de sujeto pasivo de IVA y, en consecuencia, la transmisión del solar efectuada por la misma (la sociedad italiana) estaría sujeta a TPO, como ocurre en el supuesto de hecho de la resolución del TEAC citada.

Lógicamente, para no aplicar la regla general, habrá que probar la excepción:

"Por todo ello, para considerar que una operación de compraventa realizada por una sociedad mercantil no tiene carácter empresarial por no estar afectos a su actividad los bienes vendidos habría que justificar que, o bien dichos bienes no son objeto de una actividad económica a efectos del IVA, o bien que la actividad del transmitente era ajena y distinta a la que podría haberse desarrollado con los mismos".

ACTA NOTARIAL PARA ACREDITAR LA CONDICIÓN DE EMPRENDEDOR DE RESPONSABILIDAD LIMITADA

En mi opinión, este tipo de actas no debe de tributar ni por AJD ni por OS.

A) NO SUJETA A OS

No está sujeta a OS puesto que no se da el hecho imponible:

Artículo 19:

"1. Son operaciones societarias sujetas:

1.º La constitución de sociedades, el aumento y disminución de su capital social y la disolución de sociedades.

2.º Las aportaciones que efectúen los socios que no supongan un aumento del capital social.

3.º El traslado a España de la sede de dirección efectiva o del domicilio social de una sociedad cuando ni una ni otro estuviesen previamente situados en un Estado miembro de la Unión Europea".

B) NO SUJETA AJD

No está sujeta a AJD puesto que no es un acto o contrato de cuantía valuable.

Art. 31 TR ITPAJD:

"2. Las primeras copias de escrituras y actas notariales, cuando tengan por objeto cantidad o cosa valuable, contengan actos o contratos inscribibles en los Registros de la Propiedad, Mercantil, de la Propiedad Industrial y de Bienes Muebles no sujetos al Impuesto sobre Sucesiones y Donaciones o a los conceptos comprendidos en los números 1 y 2 del artículo 1 de esta Ley, tributarán, además, al tipo de gravamen que, conforme a lo previsto en la Ley 21/2001, de 27 de diciembre, por la que se regulan las medidas fiscales y administrativas del nuevo sistema de financiación de las Comunidades Autónomas de régimen común y Ciudades con Estatuto de Autonomía, haya sido aprobado por la Comunidad Autónoma".

La constancia en el registro mercantil del carácter de emprendedor de responsabilidad limitada no se puede considerar, en mi opinión, como un acto o contrato de cuantía valuable.

El simple hecho de que esa declaración pueda afectar a la vivienda habitual del emprendedor no lo convierte, en mi opinión, en valuable.

Pensemos en el Acta Final de Obra. También se refiere a un edificio y no por ello tributa.

7.2 BASE IMPONIBLE

EL IBI PUEDE ESTAR SUJETO A IVA

DGT. V 1745-19

Me explico.

A) CUESTIÓN PLANTEADA

En ocasiones, en las transmisiones inmobiliarias sujetas a IVA, se pacta que el comprador asume en todo o en parte el pago del IBI.

En estos casos, en la consulta comentada, se pregunta si el importe del IBI forma parte de la base imponible de la entrega del inmueble.

También se consulta si le resulta de aplicación el mismo tipo impositivo del IVA correspondiente a dicha entrega.

Ambas cuestiones son afrontadas por la DGT en la V 1745-19.

B) BASE IMPONIBLE DEL IVA

En la entrega de bienes inmuebles, la base imponible del IVA está constituida, no por el precio de venta, sino por el importe total de la contraprestación.

En este sentido, el art. 78.1 de la L IVA:

– "La base imponible del Impuesto estará constituida por el importe total de la contraprestación de las operaciones sujetas al mismo procedente del destinatario o de terceras personas".

Dentro del concepto genérico de "contraprestación" se incluyen determinados gastos enumerados en el art. 78.2 de la L IVA:

"En particular, se incluyen en el concepto de contraprestación:

1°. Los gastos de comisiones, portes y transporte, seguros, primas por prestaciones anticipadas y cualquier otro crédito efectivo a favor de quien realice la entrega o preste el servicio, derivado de la prestación principal o de las accesorias a la misma".

C) CRITERIO DE DGT

La DGT considera que el importe del IBI abonado por el comprador forma parte de la contraprestación y, en consecuencia, también forma parte de la base imponible del IVA.

"De acuerdo con lo expuesto, la base imponible del Impuesto sobre el Valor Añadido en la entrega del inmueble objeto de consulta estará constituida por el importe total de la contraprestación de la referida compraventa, incluyéndose en dicho concepto cualquier crédito efectivo del vendedor frente al comprador derivado de la operación, como el Impuesto sobre Bienes Inmuebles (IBI) que se cita en el escrito de consulta, cuyo importe, según las cláusulas contractuales, se traslada al comprador, formando parte de la contraprestación y por tanto, de la base imponible, de la operación".

D) TIPO IMPOSITIVO

El tipo impositivo lógicamente será el mismo al que esté sujeto la entrega de bienes.

"Por último, y en lo que se refiere al tipo impositivo aplicable a la operación, al formar parte los conceptos objeto de consulta de la base imponible de la operación de entrega de bienes, se aplicará el tipo impositivo correspondiente a esta".

E) CONCLUSIÓN

Insaciable Hacienda.

Curioso que el pago de un impuesto (IBI) acabe estando gravado con otro impuesto (IVA).

F) COMENTARIO

La clave está en que la base imponible del IVA en la entrega de bienes, no coincide con la base imponible de TPO.

La base imponible del IVA está constituida por "el importe total de contraprestación", como establece el art. 78.1 de la L IVA:

– "La base imponible del Impuesto estará constituida por el importe total de la contraprestación de las operaciones sujetas al mismo procedente del destinatario o de terceras personas".

Mientras que la base imponible del ITPAJD está constituida por "el valor del bien transmitido", como establece el art. 10 del TR ITPAJD:

"La base imponible está constituida por el valor del bien transmitido o del derecho que se constituya o ceda. Únicamente serán deducibles las cargas que disminuyan el valor de los bienes, pero no las deudas aunque estén garantizadas con prenda o hipoteca".

29 de septiembre 2023

IVA. COMPRAVENTA DE SOLAR Y EJECUCIÓN DE LA CONSTRUCCIÓN

DGT V 0508-23

Otra vez el último Flash Fiscal recoge una consulta de la DGT que creo puede ser de interés, puesto que permite sujetar al tipo reducido del IVA del 10% tanto la adquisición del solar como la posterior ejecución de la construcción.

A) SUPUESTO DE HECHO

"Los consultantes son un matrimonio que van a adquirir una vivienda terminada pero la compraventa se va a articular mediante dos operaciones separadas con una misma entidad mercantil: por un lado, la entrega del solar y, por otro, su contratación para la ejecución de la obra de construcción de la misma. Todo ello se realiza a través de dos contratos en la misma fecha, uno relativo a la compraventa del solar y otro relativo a la ejecución de la construcción".

B) SUJECIÓN A IVA

Esta claro que ambas operaciones están sujetas a IVA puesto que tanto la entrega de bienes como la prestación de servicios son realizadas por un sujeto pasivo de IVA en el ejercicio de su actividad.

"En consecuencia, la entidad promotora tiene la condición de empresario o profesional y estarán sujetas al Impuesto sobre el Valor Añadido las entregas de bienes y prestaciones de servicios que en el ejercicio de su actividad empresarial o profesional realice en el territorio de aplicación del Impuesto".

C) DEVENGO DEL IMPUESTO

El devengo del impuesto se produce cuando el inmueble es puesto a disposición del adquirente, sin olvidar que el otorgamiento de la escritura pública equivale a la entrega salvo que de la misma escritura se deduzca lo contrario.

En este sentido, el art. 75. Uno. 1 de la ley IVA:

"Uno. Se devengará el Impuesto:

1°. En las entregas de bienes, cuando tenga lugar su puesta a disposición del adquirente o, en su caso, cuando se efectúen conforme a la legislación que les sea aplicable".

D) ENTREGA DEL INMUEBLE

Por tanto, será importante determinar cuándo se produce la entrega del inmueble para fijar cuándo se produce el devengo del impuesto.

"Del escrito de consulta no puede conocerse de forma precisa si la puesta a disposición de la parcela de terreno se ha producido con la escritura pública o, por el contrario, los consultantes no podrán disponer de la propiedad hasta el momento de entrega de la vivienda construida".

Básico reflejar este hecho en la escritura.

Si la transmisión del poder de disposición de la parcela no se produce hasta la fecha de la entrega de la vivienda, y así consta en la escritura pública, será éste el momento en que se produzca el devengo del impuesto.

"En este último supuesto, la transmisión del poder de disposición de la parcela de terreno no tendría lugar hasta la fecha en que, según dicha escritura pública, se produzcan los efectos traslativos en ella previstos (fecha de entrega de la vivienda ya construida), momento en el que, asimismo, se producirá el devengo del Impuesto sobre el Valor Añadido correspondiente a dicha operación".

E) DOS OPERACIONES O UN TODO UNITARIO

Con estas premisas, la cuestión es si estamos ante dos operaciones distintas, entrega del terreno y ejecución de la obra, que deben de ser tratadas fiscalmente de forma autónoma o si, por el contrario, estamos ante un todo unitario desde el punto de vista fiscal.

F) POSICIÓN DE LA DGT

La DGT considera que, en este caso en concreto, estamos ante una sola operación global sujetando, tanto la adquisición del terreno como la posterior ejecución de la obra, al tipo reducido del 10%.

"A partir de los criterios anteriores, ha de considerarse que en el supuesto concreto descrito en el escrito de consulta existe una única operación desde el punto de vista económico consistente en la entrega de una vivienda terminada que no debe desglosarse artificialmente para no alterar la funcionalidad del sistema del Impuesto sobre el Valor Añadido.

G) CONCLUSIÓN

Tanto la adquisición del solar como la posterior ejecución de la construcción estarán sujetas, en nuestro supuesto de hecho, al tipo reducido del IVA del 10%.

7.3 INVERSIÓN DE SUJETO PASIVO

2 de marzo 2023

INVERSIÓN DE SUJETO PASIVO DE IVA.: ADQUISICIÓN DE SOCIEDAD EN CONCURSO

Hay que recordar que la ley del IVA regula, en su artículo 84, tres supuestos de inversión de sujeto pasivo de IVA:

Artículo 84. Sujetos pasivos. (L IVA)

"Uno. Serán sujetos pasivos del Impuesto:

2.º Los empresarios o profesionales para quienes se realicen las operaciones sujetas al Impuesto en los supuestos que se indican a continuación:

e) Cuando se trate de las siguientes entregas de bienes inmuebles:

– Las entregas efectuadas como consecuencia de un proceso concursal.

– Las entregas exentas a que se refieren los apartados 20.º y 22.º del artículo 20.Uno en las que el sujeto pasivo hubiera renunciado a la exención.

– Las entregas efectuadas en ejecución de la garantía constituida sobre los bienes inmuebles, entendiéndose, asimismo, que se ejecuta la garantía cuando se transmite el inmueble a cambio de la extinción total o parcial de la deuda garantizada o de la obligación de extinguir la referida deuda por el adquirente".

CONCLUSIÓN

Las entregas de inmuebles producidas como consecuencia de un procedimiento concursal es uno de los supuestos de inversión de sujeto pasivo de IVA.

7.4 OTROS

17 de julio 2023

IVA: CONCEPTO DE EDIFICACIÓN TERMINADA

DGT V0149-23

El último número del Flash Fiscal del CNC recoge la consulta vinculante de la DGT V0149-23 que creo puede ser de interés.

Se refiere al concepto de edificación terminada desde el punto de vista fiscal y, en consecuencia, a la posibilidad de aplicar el tipo reducido del 10%.

A) TIPO REDUCIDO IVA

Recordemos que el tipo reducido del IVA del 10% sólo se aplica a la transmisión de edificios o partes de los mismos "aptos para su utilización como viviendas".

En este sentido, art. 91 L IVA:

"Se aplicará el tipo del 10 por ciento a las operaciones siguientes:

7.º Los edificios o partes de los mismos aptos para su utilización como viviendas, incluidas las plazas de garaje, con un máximo de dos unidades, y anexos en ellos situados que se transmitan conjuntamente".

Esta misma idea se repite en el art. 20.Uno.22 L IVA:

"A los efectos de lo dispuesto en esta Ley, se considerará primera entrega la realizada por el promotor que tenga por objeto una edificación cuya construcción o rehabilitación esté terminada".

Por tanto, si la edificación no está terminada o no es apta para su utilización como vivienda (utilizando la misma terminología usada por los artículos citados), el tipo impositivo será el general del 21% siempre que la entrega la realice un profesional o empresario en el ejercicio de su actividad.

"Si el objeto de la entrega es una edificación en fase de construcción, no serán aplicables los conceptos de primera o segunda entrega a que se refiere dicho precepto ni, en su caso, la exención que en él se contempla. La entrega de una edificación en construcción o no terminada estará sujeta y no exenta del Impuesto sobre el Valor Añadido, en todo caso, cuando se realice por empresarios o profesionales en el desarrollo de su actividad empresarial o profesional".

B) EDIFICACIÓN TERMINADA

Para la DGT no siempre basta con el certificado final de obra para dar por cumplido este requisito.

1. REGLA GENERAL: EL CERTIFICADO FINAL DE OBRA SERÁ SUFICIENTE

"Con carácter general, el certificado final de obra tiene como finalidad confirmar que la edificación ha sido realizada por el director de la obra de conformidad con el proyecto respecto del cual se otorgó la correspondiente licencia de edificación y que la misma, preveía la cumplimentación de los trámites administrativos que correspondan, está en condiciones de ser utilizada para el destino previsto. En estas condiciones, constituye reiterada doctrina de este Centro directivo considerar que, otorgada la certificación final de obra, la entrega de la correspondiente edificación tiene la consideración de primera entrega a efectos del Impuesto".

2. EXCEPCIÓN: FALTA SERVICIOS URBANÍSTICOS ESENCIALES.

La falta de los servicios urbanísticos esenciales, como pueden ser suministro de agua potable, electrificación o alumbrado público, hace que la entrega de la edificación no sea considerada como apta para su utilización como vivienda y, en consecuencia, se le aplicará el tipo general del 21% al considerarse una edificación no terminada.

"A pesar de que las viviendas objeto de consulta cuentan con el certificado final de obra, las obras de urbanización de los terrenos en los que se encuentran las mismas no se encuentran finalizadas ni recepcionadas completamente al tiempo de su transmisión, no habiéndose ejecutado, entre otras, las obras de electrificación y alumbrado público ni las de acceso a agua potable".

En este sentido "la falta de implantación de servicios urbanísticos esenciales, como es el suministro de agua potable, debe llevar a calificar la edificación como no terminada a los efectos de la aplicación de la exención prevista en el artículo 20, apartado uno, número 22° de la Ley 37/1992, aun cuando se haya emitido la certificación de final de obra".

8. SOCIEDAD DE GANANCIALES

8.1 APORTACIÓN

29 de enero 2024

APORTACIÓN DE INMUEBLE PRIVATIVO A LA SOCIEDAD DE GANANCIALES: ALTERACIÓN PATRIMONIAL

TEAC 23 de enero 2024.

Interesantísima resolución.

A) CUESTIÓN CONTROVERTIDA

Determinar si la aportación de un bien inmueble privativo a la sociedad de gananciales supone una alteración patrimonial que dé lugar a una ganancia o pérdida patrimonial que deba tributar en eI IRPF.

B) ANTECEDENTES: STS 3 DE MARZO 2021

Recordemos que esta sentencia, de la que ya hemos tratado en este Chat, considera que la aportación gratuita de un bien inmueble privativo a la sociedad de gananciales no está sujeta ni a TPO ni a ISD.

"De lo dicho anteriormente se desprende que la aportación a título gratuito por un cónyuge de un bien privativo a su sociedad de gananciales no se encuentra sujeta al ITPAJD, ni puede ser sometida a gravamen por el Impuesto sobre Donaciones la sociedad de gananciales, como patrimonio separado, en tanto que sólo puede serlo las personas físicas y aquellas instituciones o entes que especialmente se prevea legalmente, sin que exista norma al efecto respecto de la sociedades de gananciales".

C) POSICIÓN TEAR GALICIA Y MADRID: NO ALTERACIÓN PATRIMONIAL

Los TEAR de Madrid y Galicia, con apoyo en la sentencia del Tribunal Supremo de 3 de marzo de 2021, concluyeron en sus respectivas resoluciones que la aportación de un inmueble privativo a la sociedad de gananciales no supone alteración en la composición del patrimonio del cónyuge aportante.

Y ello toda porque el cónyuge aportante sigue siendo el titular del total del bien aportado en la medida en que los cónyuges no son dueños de la mitad de los bienes comunes sino titulares conjuntamente del patrimonio ganancial.

Por ello, cuando se produce una aportación de un bien a favor de la sociedad de gananciales, no se produce la copropiedad del bien entre los cónyuges sobre una cuota determinada, no existe un proindiviso, sino que ambos cónyuges son titulares del total.

D) POSICIÓN TEAC: ALTERACIÓN PATRIMONIAL

Para el TEAC, en la resolución comentada, "la aportación de un inmueble privativo a la sociedad de gananciales sí supone una alteración en la composición del patrimonio del cónyuge aportante".

ARGUMENTOS: Básicamente, los siguientes:

Primero:

La STS de 3 de marzo de 2021 se refiere a ITPAJD y al ISD, no al IRPF.

Segundo:

El art. 33 del IRPF, al hacer referencia a los supuestos en los que no existe alteración patrimonial, no incluye el supuesto de hecho que aquí es objeto de controversia.

Tercero:

Si bien es cierto que el bien privativo aportado a la sociedad ganancial es de titularidad de ambos cónyuges y que éstos no son dueños del mismo por mitad, no es menos cierto que el cónyuge aportante pasa de ser propietario exclusivo del bien a compartirlo con su cónyuge.

Por tanto, aunque siga siendo titular del bien en su totalidad ya no lo es de forma exclusiva.

CONCLUSIÓN DEL TEAC: ALTERACIÓN PATRIMONIAL

Por todo lo expuesto, el TEAC considera que "la aportación de un inmueble privativo a la sociedad de gananciales supone para el aportante una alteración en la composición de su patrimonio capaz de generar una ganancia o pérdida patrimonial en el IRPF de acuerdo con lo establecido en el artículo 33.1 de la LIRPF, que se determinará, en virtud del artículo 34 de la LIRPF, por la diferencia entre los valores de adquisición y transmisión de la mitad del bien aportado, valores que vienen definidos en los artículos 35 y 36 de la LIRPF para las transmisiones onerosas y lucrativas respectivamente".

8.2 LIQUIDACIÓN

8 de agosto 2024

LIQUIDACIÓN DE SOCIEDAD DE GANANCIALES: EXCESO DE ADJUDICACIÓN GRATUITO

CASO: liquidación de gananciales por fallecimiento de un cónyuge, hay determinadas participaciones sociales que se pretenden adjudicar al viudo (todas). Ese exceso es gratuito, de tal manera que a la herencia no va ninguna participación.

¿Hay donación al viudo por parte de herederos o de causante?

¿El devengo es fecha de defunción o de liquidación?

Si se trata de una adición a una previa liquidación de gananciales por el mismo supuesto, ¿cambia devengo?

¿Si ya están fallecidos ambos cónyuges y son sus herederos los que otorgan, vía adición de liquidación de gananciales, igual solución?

Que se pretende: por cambio de ley fiscal es preferible heredar todo del primer viudo, por tanto adjudicarle todas las participaciones vía exceso gratuito.

A) SUPUESTO DE HECHO

Fallecido un cónyuge se procede a liquidar la sociedad de gananciales entre el cónyuge viudo y el heredero del cónyuge fallecido, adjudicando la totalidad del haber ganancial al cónyuge viudo sin contraprestación alguna.

B) CUESTIÓN PLANTEADA

Se cuestiona cómo tributa esta operación.

C) *OPINIÓN PERSONAL*

En mi opinión, el supuesto de hecho planteado dará lugar a dos impuestos con devengos distintos:

1. IMPUESTO DE SUCESIONES:

El fallecimiento de uno de los cónyuges provoca el devengo del impuesto de sucesiones.

El heredero acepta la herencia del causante como acto previo a la liquidación de la sociedad de gananciales.

El inventario del causante estará compuesto por el 50% de los bienes gananciales.

Por tanto, el heredero del causante tributará por el impuesto de sucesiones en base al título sucesorio siendo su base imponible el 50% del valor de los gananciales.

En este caso, el devengo del impuesto se producirá el día del fallecimiento del causante (art. 24 ISD).

2. IMPUESTO DE DONACIONES:

Al adjudicarse todos bienes gananciales al cónyuge viudo, hay un exceso de adjudicación declarado no compensado que estará sujeto al impuesto de donaciones.

El donatario será el cónyuge viudo y el donante el heredero.

En este caso, el devengo del impuesto se producirá en el momento de la liquidación de la sociedad de gananciales.

En este sentido, el art. 24.2 del ISD:

"En las transmisiones lucrativas «inter vivos» el impuesto se devengará el día en que se cause o celebre el acto o contrato".

Al menos, así lo veo yo.

22 de noviembre 2023

LIQUIDACIÓN DE SOCIEDAD DE GANANCIALES: VIVIENDA Y PARKING

DGT V1392-23

STS 2490/2019 de 9 de julio.

El último Boletín Fiscal del Consejo General del Notariado recoge una consulta de la DGT que creo conviene recordar, puesto que el supuesto de hecho planteado es muy frecuente en la práctica.

Me refiero a la DGT V1392-23.

A) SUPUESTO DE HECHO

"El consultante, ante la liquidación de la sociedad de gananciales por divorcio notarial, se quiere adjudicar los inmuebles que tienen en común, una vivienda con plaza de garaje aneja y una segunda plaza de garaje, ubicados todos los inmuebles en el mismo edificio, compensando al otro cónyuge con dinero".

B) CUESTIÓN PLANTEADA

Lo que se cuestiona es si pueden considerarse ambas fincas registrales como un lote indivisible a los efectos del ITPAJD y del IIVTNU.

C) POSICIÓN DE LA DGT: ITPAJD

a) LIQUIDACIÓN DE LA SOCIEDAD DE GANANCIALES

Con relación a este punto, no hay cuestión.

La liquidación de la sociedad de gananciales está sujeta y exenta de AJD por aplicación del conocido art. 45.I.B) 3 del TR ITPAJD.

b EXCESO DE ADJUDICACIÓN COMPENSADO PERO EVITABLE

El problema es que la DGT considera que, en el supuesto de hecho planteado, se produce un exceso de adjudicación compensado económicamente pero EVITABLE, puesto que se podrían haber hecho lotes más equivalentes y, en consecuencia, ese exceso de adjudicación quedará sujeto a TPO.

En otras palabras, para la DGT el exceso de adjudicación sólo sería INEVITABLE si los tres inmuebles constituyeran una unidad a efectos registrales, bien por ser una sola finca registral, bien porque ambas plazas de parking estuvieran configuradas como anexos inseparables a la vivienda o bien porque existiera entre todas ellas una vinculación ob rem.

Sólo en estos casos el exceso de adjudicación sería inevitable y no estaría sujeto a TPO.

"Si los tres inmuebles constituyesen una unidad a efectos registrales, ya sea por constituir dichos bienes una única finca registral, vivienda con un anexo inseparable, o porque siendo fincas independientes estuvieran vinculadas registralmente en cuanto a su transmisibilidad (vinculación ob rem), se consideraría que son indivisibles o desmerecen mucho con su división y no se darían excesos de adjudicación, por lo que no tributarían por el concepto de transmisiones patrimoniales onerosas".

Al no darse en el caso planteado esta "unidad registral" requerida por la DGT, el exceso de adjudicación estará sujeto a TPO.

"En caso de no ser así, el exceso de adjudicación sería evidente, ya que se podrían haber hecho dos lotes lo más equilibrados posibles y dicho exceso tributaría por la modalidad de transmisiones patrimoniales onerosas".

D) POSICIÓN DGT: IIVTNU

a) LIQUIDACIÓN DE SOCIEDAD DE GANANCIALES

La liquidación de la sociedad de gananciales no estará sujeta a IIVTNU porque no existe una transmisión de propiedad entre los consortes.

Se trata, simplemente, de una mera especificación o concreción de un derecho abstracto preexistente que ya ostentaba cada uno de los cónyuges.

b) EXCESO DE ADJUDICACIÓN

Por el contrario, el exceso de adjudicación evitable producido con relación a la segunda plaza de parking es, para la DGT, una auténtica transmisión sujeta a IIVTNU en la que el sujeto pasivo será el ex cónyuge no adjudicatario.

"En consecuencia, hay una parte de la transmisión del comunero no adjudicatario (la excónyuge del consultante), es decir, la parte de los bienes inmuebles urbanos que se adjudican al consultante que motivan que reciba este un importe superior a su participación previa a la disolución de la comunidad de bienes (la segunda plaza de garaje), que estará sujeta al IIVTNU".

E) POSICIÓN DEL TRIBUNAL SUPREMO

No es esta la posición del TS.

El TS ha considerado la vivienda y la plaza de parking como una unidad funcional cuyo valor disminuye por separado.

Así se desprende de la STS 2490/2019 de 9 de julio.

El supuesto de hecho consiste en una extinción de condominio sobre una vivienda y un parking que pertenecen proindiviso, en parte a un matrimonio casado en régimen de gananciales y en parte a otras personas.

Pues bien, el condominio se extingue adjudicando vivienda y parking al matrimonio casado en régimen de gananciales que compensan en metálico a los otros copropietarios.

Para el TS, estamos ante un exceso de adjudicación inevitable compensado económicamente y, en consecuencia, no sujeto a TPO sino a AJD:

"Así debe ser porque la extinción del condominio por la que se han adjudicado a la sociedad de gananciales del matrimonio que se ha venido mencionando dos fincas urbanas (una vivienda y una plaza de aparcamiento) de las que ya era titular dominical en una parte porcentual, a cambio de su equivalente en dinero, está sujeta a la cuota gradual de la modalidad de actos jurídicos documentados del ITPAJD en tanto en cuanto no está sujeta a la modalidad de transmisiones onerosas".

CONCLUSIÓN

Una vez más la DGT ignora al TS.

Hasta cuándo…

17 de octubre 2023

LIQUIDACIÓN DE SOCIEDAD DE GANANCIALES CON VARIOS INMUEBLES: PROPORCIONALIDAD DE LOS LOTES

DGT V1392-23

A) PLANTEAMIENTO

Para que los excesos de adjudicación declarados y compensados en metálico en una liquidación de sociedad de gananciales no estén sujetos a TPO, y estén sujetos y exentos de AJD, es necesario que sean "inevitables" o, en otras palabras, que los distintos lotes sean lo más equivalentes posibles.

De no ser así, es decir, si cabe una liquidación más proporcional, nos encontraremos para la DGT ante un exceso de adjudicación declarado, compensado en metálico pero "evitable" y, en consecuencia, sujeto a TPO.

Así resulta de la DGT V1392-23 que comentamos.

B) SUPUESTO DE HECHO

"El consultante, ante la liquidación de la sociedad de gananciales por divorcio notarial, se quiere adjudicar los inmuebles que tienen en común, una vivienda con plaza de garaje aneja y una segunda plaza de garaje, ubicados todos los inmuebles en el mismo edificio, compensando al otro cónyuge con dinero".

C) CUESTIÓN PLANTEADA

"Si cabe considerar el lote como indivisible a efectos de evitar excesos de adjudicación, en relación al Impuesto sobre Transmisiones Patrimoniales y Actos Jurídicos Documentados y al Impuesto sobre el Incremento sobre el Valor de los Terrenos de Naturaleza Urbana".

D) POSICIÓN DE LA DGT

La DGT, a diferencia del TS, siempre ha hecho una interpretación restrictiva del concepto de indivisibilidad con relación a los bienes inmuebles.

Para la DGT, una vivienda y de una plaza de parking sólo serán indivisibles si constituyen una sola finca registral o el parking es anejo a la vivienda o, siendo dos fincas registrales independientes, están vinculadas "ob rem".

Sólo en este caso se podrán adjudicar a un cónyuge que compensará al otro en metálico y el exceso de adjudicación no estará sujeto a TPO.

"En el supuesto planteado, se trata de una única comunidad de bienes, la sociedad de gananciales, cuya disolución deberá tributar en el ITPAJD por actos jurídicos documentados, aunque resultará exenta en función del artículo 45.I.B) 3 del TRLITPAJD.

Si los tres inmuebles constituyesen una unidad a efectos registrales, ya sea por constituir dichos bienes una única finca registral, vivienda con un anexo inseparable, o porque siendo fincas independientes estuvieran vinculadas registralmente en cuanto a su transmisibilidad (vinculación ob rem), se consideraría que son indivisibles o desmerecen mucho con su división y no se darían excesos de adjudicación, por lo que no tributarían por el concepto de transmisiones patrimoniales onerosas".

Por tanto, si vivienda y parking son dos fincas registrales independientes y se adjudican exclusivamente a uno de los cónyuges, para la DGT, los lotes no serían lo más equilibrados posibles y el exceso de adjudicación estaría sujeto a TPO.

"En caso de no ser así, el exceso de adjudicación sería evidente, ya que se podrían haber hecho dos lotes lo más equilibrados posibles y dicho exceso tributaría por la modalidad de transmisiones patrimoniales onerosas".

Esto es exactamente lo que ocurre en el supuesto de hecho planteado en la consulta.

"En este caso al consultante se le adjudican bienes inmuebles de una cuantía mayor al porcentaje de participación que poseía antes de la disolución, debido a que en el escrito se indica que la vivienda lleva como anejos inseparables una plaza de garaje y un trastero, pero la segunda plaza de garaje sí que es susceptible de división, por lo que existe un exceso de adjudicación a favor del mismo, ya que la extinción de la comunidad de bienes se podría haber realizado de una manera más equitativa, haciendo dos lotes lo más equivalente posibles al porcentaje de participación de cada comunero".

En conclusión, para la DGT, la adjudicación de la segunda plaza de parking quedará sujeta a TPO.

E) IIVTNU

Lógicamente la conclusión anterior incide en el IIVTNU.

Si para la DGT la adjudicación de la segunda plaza de parking está sujeta a TPO, también estará sujeta su adjudicación a IIVTNU.

"En consecuencia, hay una parte de la transmisión del comunero no adjudicatario (la ex cónyuge del consultante), es decir, la parte de los bienes inmuebles urbanos que se adjudican al consultante que motivan que reciba este un importe superior a su participación previa a la disolución de la comunidad de bienes (la segunda plaza de garaje), que estará sujeta al IIVTNU".

F) POSICIÓN PERSONAL

Tratándose de una vivienda y de una plaza de parking situadas en el mismo edificio, considero que constituyen una "unidad funcional" y que desmerecen mucho si se adjudican por separado.

Por tanto, y siempre de acuerdo con mi cliente, las trato como indivisibles y liquido el exceso de adjudicación como no sujeto a TPO y exento de AJD.

Hasta la fecha no he tenido ocasión de recurrir una resolución en contrario.

Todo se andará ...

17 de octubre 2023

EXCESOS DE ADJUDICACIÓN EN LA LIQUIDACIÓN DE LA SOCIEDAD DE GANANCIALES Y EN LA PARTICIÓN DE HERENCIA

DGT V1573-11

DGT V0071-12

A) LIQUIDACIÓN SOCIEDAD DE GANANCIALES: REGLA GENERAL

La liquidación de la sociedad de gananciales está sujeta y exenta de TPO y AJD

En este sentido, el artículo 45 del TR ITPAJD:

"Los beneficios fiscales aplicables en cada caso a las tres modalidades de gravamen a que se refiere el artículo 1 de la presente Ley serán los siguientes:

ESTARÁN EXENTAS

3. Las aportaciones de bienes y derechos verificados por los cónyuges a la sociedad conyugal, las adjudicaciones que a su favor y en pago de las mismas se verifiquen a su disolución y las transmisiones que por tal causa se hagan a los cónyuges en pago de su haber de gananciales".

B) EXCESOS DE ADJUDICACIÓN.

Se aplicarán las reglas generales.

Los excesos de adjudicación declarados, compensados en metálico e inevitables, no están sujetos a TPO puesto que no se consideran transmisiones patrimoniales.

En este sentido, el artículo 7 TR ITPAJD:

"2. Se considerarán transmisiones patrimoniales a efectos de liquidación y pago del impuesto:

B) Los excesos de adjudicación declarados, salvo los que surjan de dar cumplimiento a lo dispuesto en los artículos 821, 829, 1.056 (segundo) y 1.062 (primero) del Código Civil y Disposiciones de Derecho Foral, basadas en el mismo fundamento".

Si el exceso de adjudicación se compensa con la transmisión de un bien privativo, esa transmisión fácilmente estará sujeta a TPO como se ha apuntado.

C) PARTICIPACIÓN DE HERENCIA: NO SUJETO A AJD

En un primer momento, la DGT consideró que el exceso de adjudicación declarado, compensado en metálico e inevitable contenido en una escritura de partición de herencia, precisamente por no estar sujeto a TPO, estaba sujeto a AJD.

En este sentido, DGT V1573-11.

"El artículo 1062 del Código civil señala que cuando una cosa era indivisible o pueda desmerecer mucho por su división podrá adjudicarse a uno a cambio de abonar a los otros el exceso en dinero, circunstancias ambas que encajan en el supuesto descrito en el escrito de consulta. En consecuencia, puede afirmarse que se trata de un exceso de adjudicación de los contemplados en dicho artículo 7.2.B, por lo que no puede considerarse como transmisión patrimonial y, por ende, no está sujeto a la modalidad de Trasmisiones Patrimoniales Onerosas de dicho impuesto.

No obstante lo anterior, al no quedar dicho exceso de adjudicación sujeto a la modalidad de Transmisiones Patrimoniales Onerosas, debe tributar la documentación de la adjudicación del inmueble por la modalidad de Actos Jurídicos Documentados del mismo impuesto, tanto por su cuota fija como por la gradual".

Posteriormente, la DGT cambió de criterio considerando que la partición hereditaria constituía un solo acto de adquisición y que, en consecuencia, ese exceso de adjudicación declarado, compensado en metálico e inevitable incluido en la escritura de partición no estaba sujeto ni a TPO ni a AJD por ser éste último impuesto incompatible con ISD.

En este sentido, DGT V0071-12:

"Pues bien, en el caso de la escritura de partición de herencia no concurre el último de los requisitos, no estar sujeto al impuesto de Sucesiones y Donaciones, pues se entiende (Resolución de la Dirección General de Tributos de 12 de junio de 1995) que los actos de manifestación y partición de herencia, jurídicamente constituyen dos fases de un único acto de adquisición de herencia, por lo que no cabe gravar ninguno de ellos con la cuota gradual. La partición no es mas que la fase final del fenómeno complejo en que consiste la sucesión, por lo que, gravado ya con el impuesto sucesorio, entra en juego el requisito negativo a que se refiere el artículo 31.2 excluyendo la aplicación del gravamen gradual".

D) CONCLUSIÓN

Hoy parece claro que los excesos de adjudicación declarados, compensados en metálico e inevitables contenidos en una escritura de partición de herencia, no están sujetos ni a TPO ni a AJD por ser éste último impuesto incompatible con ISD.

29 de enero 2023

LIQUIDACIÓN DE SOCIEDAD DE GANANCIALES Y PARTICIÓN DE HERENCIA CON UN SOLO INMUEBLE. ADJUDICACIÓN A UNO SOLO DE LOS COHEREDEROS. POSIBILIDADES

SUPUESTO DE HECHO

Fallece el padre nombrando herederos a sus dos hijos.

Su inventario está integrado exclusivamente por un inmueble ganancial.

La viuda y los dos hijos proceden a liquidar la sociedad de gananciales y a efectuar la partición, siendo su voluntad que el inmueble se lo adjudique exclusivamente a uno de los hijos que compensa a su madre y a su hermano en metálico.

POSIBILIDADES:

Para llegar al resultado pretendido, se pueden utilizar dos caminos:

A) LIQUIDACIÓN DE GANANCIALES, ACEPTACIÓN Y ADJUDICACIÓN DE HERENCIA Y EXTINCIÓN DE CONDOMINIO EXISTIENDO UN SOLO INMUEBLE GANANCIAL

1. Liquidación de sociedad de gananciales:

Aunque civilmente es un acto meramente declarativo o determinativo, el TR del ITPAJD lo considera incorrectamente un acto traslativo. Eso sí, sujeto y exento de TPO y AJD. (art. 45.I.B.3).

Al cónyuge viudo, en pago de su haber, se le adjudica la mitad indivisa del inmueble.

2. Aceptación de herencia

Los hijos aceptan la herencia y se adjudican la otra mitad del inmueble, por mitad y proindiviso.

Lógicamente, esta operación estará sujeta al impuesto de sucesiones. No habrá ningún hecho imponible adicional a la sucesión puesto que, hasta ahora, no ha habido ningún exceso de adjudicación.

3. Extinción de condominio

Viuda e hijos extinguen el condominio y uno de los hijos se adjudica la totalidad del inmueble compensando en metálico al cónyuge viudo y a su hermano.

Aquí sí que hay un exceso de adjudicación declarado, compensado e inevitable que estará no sujeto a TPO, por el carácter indivisible del inmueble, (art. 7.2 b TR ITPAJD) pero que estará sujeto a AJD por reunir los requisitos del art. 31 del TR ITPAJD.

CONCLUSIÓN

Con este planteamiento, la extinción de condominio es una operación independiente, no incluida en la partición de la herencia y sujeta a su régimen fiscal propio tributando por AJD.

B) LIQUIDACIÓN DE GANANCIALES, ACEPTACIÓN Y ADJUDICACIÓN DE HERENCIA EXISTIENDO UN SOLO INMUEBLE GANANCIAL (SIN EXTINCIÓN DE CONDOMINIO)

Creo que es perfectamente posible conseguir el mismo resultado integrando la pretendida adjudicación al hijo dentro de las operaciones particionales, sin necesidad de acudir a la extinción de condominio, con la ventaja fiscal que ello supone.

Bastará con que se fijen los haberes (50% el viudo y 25% cada hijo), y, después de aceptar la herencia, se adjudique el inmueble indivisible a uno de los hijos que compensará en metálico al viudo y a su hermano.

Aquí también habría un exceso de adjudicación declarado, compensado e inevitable que no estaría sujeto a AJD (y esta es la ventaja fiscal) porque ISD y AJD son impuestos incompatibles.(art. 31.2 TR ITPAJD).

CONCLUSIÓN

En definitiva, se trata es de integrar esta adjudicación al hijo dentro de las operaciones particionales aprovechando la incompatibilidad entre ISD y AJD.

Si las separamos, la extinción de condominio tendrá vida fiscal propia y estará sujeta a AJD.

REFLEXIÓN GENERAL: EXCESOS DE ADJUDICACIÓN

Todo lo que se aparte del título sucesorio o de lo permitido por la ley, podrá dar lugar a un hecho imponible adicional a la sucesión sujeto a tributación.

El supuesto más típico es el de los excesos de adjudicación.

a) Los excesos de adjudicación declarados y no compensados tributarán por donaciones.

b) Los excesos de adjudicación declarados, compensados y evitables, tributarán por TPO.

c) Los excesos de adjudicación declarados, compensados e inevitables, como en nuestro supuesto de hecho, no tributarán ni por TPO ni por AJD siempre que se integren en las operaciones particionales.

Como hemos visto, si se realizan al margen de la partición, tributarían por AJD.

9. OBRA NUEVA. DIVISIÓN HORIZONTAL. FINAL DE OBRA Y COMPLEJOS INMOBILIARIOS

9.1 CUESTIONES GENERALES

1 de septiembre 2024

OBRA NUEVA Y DIVISIÓN HORIZONTAL ANTIGUA: VALOR DE REFERENCIA CATASTRAL

DGT V 1582-17

El otro día nos planteamos qué incidencia podían tener los nuevos valores de referencia catastral en la doctrina hasta ahora mantenida por la DGT para calcular la base imponible en las escrituras de ON y DH antiguas.

A) OBRA NUEVA ANTIGUA

En mi opinión, los nuevos valores de referencia catastral no tienen ninguna incidencia en esta materia.

Es decir, la base imponible de la escritura pública en la que se formalice una declaración de obra nueva antigua seguirá siendo el valor real del coste de la obra nueva que se declare, sin que proceda actualizar su valor a la fecha del devengo tal como establece, entre otras, la DGT V1582-17.

Esto es así, en mi opinión, por aplicación de lo dispuesto en el art. 30.1 del TR ITPAJD en relación con el art. 10 del mismo texto legal (que es el que hace referencia al valor de referencia catastral) al que sólo se remite en aquellos supuestos en los que la base imponible se determina "en función del valor de los inmuebles".

Art. 30.1 TR ITPAJD:

"Cuando la base imponible se determine en función del valor de bienes inmuebles, el valor de estos no podrá ser inferior al determinado de acuerdo con lo dispuesto en el artículo 10 de este texto refundido".

Hay que recordar que la base imponible de la declaración de ON no se determina "en función del valor de los inmuebles" sino por el valor real del coste de la obra que se declara, tal como establece el art. 70.1 R ITPAJD:

"La base imponible en las escrituras de declaración de obra nueva estará constituida por el valor real de coste de la obra nueva que se declare".

Este artículo está plenamente vigente y es el aplicable a este caso concreto.

B) DIVISIÓN HORIZONTAL ANTIGUA

Aquí sí que tienen incidencia los nuevos valores de referencia catastral, al menos, en lo relativo a la valoración del terreno.

Recordemos que la base imponible en la DH se determina por el valor del terreno más el valor de la edificación.

Ya hemos visto cómo se determina el valor de la edificación.

En cuanto al valor del terreno, el art. 70.2 del R ITPAJD se remite al valor real del mismo y la DGT ha interpretado que ese valor real es su valor actual por lo que, en mi opinión, aquí sí que tendrá incidencia el valor de referencia catastral por la remisión que el art. 30.1 del TR ITPAJD hace al art. 10 del mismo cuerpo legal.

Art. 70.2 R ITPAJD.

2. En la base imponible de las escrituras de constitución de edificios en régimen de propiedad horizontal se incluirá tanto el valor real de coste de la obra nueva como el valor real del terreno.

En este sentido, la DGT V1582-17:

"La base imponible de la escritura pública en que se formalice la nueva división horizontal de un edificio comprenderá tanto el valor real del coste de la obra nueva como el valor real del terreno. A estos efectos, el valor de la obra a tener en cuenta es el del coste real que tuvo la obra en cuestión, sin que proceda actualizarlo a la fecha del devengo del impuesto. En cuanto al valor del terreno será el valor real actual, el que tenga en el momento del devengo del impuesto, que será el día en que se formalice la escritura pública".

CONCLUSIÓN

El VRC no tiene ninguna incidencia para calcular la base imponible en las DON antiguas y sí la tiene para calcular la base imponible en la DH en lo relativo a la valoración del terreno.

5 octubre 2024

CONSTITUCIÓN DE PROPIEDAD HORIZONTAL COMPLEJA. CREACIÓN DE SUBCOMUNIDADES. RESERVA DE DERECHO DE VUELO

DGT V1185-24

A) SUPUESTO DE HECHO

El consultante pretende formalizar en una sola escritura las siguientes operaciones:

Constitución de una propiedad horizontal compleja, creación de unas subcomunidades sobre la propiedad horizontal compleja, declaración de una nueva, división horizontal y, por último, reserva de derecho de vuelo.

B) CUESTIÓN PLANTEADA

Se cuestiona sobre la tributación de toda esta operación.

C) PROPIEDAD HORIZONTAL COMPLEJA Y CREACIÓN DE SUBCOMUNIDADES: NI TPO, NI AJD, NI OS

Para la DGT, la constitución de una propiedad horizontal compleja y la creación de subcomunidades no está sujeta ni a TPO, ni a AJD, ni OS.

a) No está sujeta a TPO, porque no hay transmisión de la propiedad alguna:

"La constitución de una comunidad de propietarios o de entidad que agrupe varias comunidades de propietarios (mancomunidad), con la finalidad de organizar y administrar los elementos y las zonas comunes de las distintas comunidades de propietarios existentes y sin ejercicio de ninguna actividad económica, no está sujeta a la modalidad de transmisiones patrimoniales onerosas del ITPAJD, porque, en tanto la constitución de la mancomunidad se limite al establecimiento de normas de gestión y administración de elementos comunes, no supone transmisión patrimonial alguna".

b) No está sujeta a AJD, porque al limitarse a establecer normas de administración, no tiene cuantía valuable como reconoce la propia DGT:

"Sí concurre el requisito de ser una primera copia de escritura notarial, también cumple el requisito de ser inscribible y el requisito de no sujeción del contenido de la escritura por alguno de los otros conceptos del impuesto —transmisiones patrimoniales onerosas y operaciones societarias—, en los términos antes vistos; sin embargo, no concurre el requisito de que la escritura deba tener por objeto cantidad o cosa valuable, pues al limitarse a meras normas o reglas de administración en nada se modifica el contenido o el ámbito de la propiedad de los titulares de los pisos individuales con relación a la situación anterior a la existencia de la mancomunidad. En consecuencia, no se origina tributación alguna por la cuota variable del documento notarial de Actos Jurídicos Documentados".

c) No está sujeta a OS porque las subcomunidades creadas no realizan ninguna actividad empresarial:

"La constitución de dichas entidades en cuestión tampoco constituye hecho imponible de la modalidad operaciones societarias del ITPAJD, en virtud de lo dispuesto en el artículo 22.4 del texto refundido de la Ley del impuesto, por tratarse de una comunidad de bienes que no realizará actividad empresarial".

D) DECLARACIÓN DE OBRA NUEVA Y DIVISIÓN HORIZONTAL: AJD

No hay especialidad.

Tanto la declaración de una nueva como la divisa horizontal, estarán sujetas a AJD según la reglas generales.

E) RESERVA DE DERECHO DE VUELO: NI TPO NI AJD

La reserva del derecho de vuelo no está sujeta a TPO porque no se produce transmisión alguna:

"La reserva del derecho de vuelo sobre una propiedad que pertenece a la propia entidad consultante no estará sujeta ni a la modalidad de transmisiones patrimoniales onerosas, dado que no se produce transmisión alguna, sino la reserva de uno de los derechos inherentes al pleno dominio cuando se transmite el resto de derechos de un dominio pleno".

Tampoco estará sujeta a AJD como reconoce la DGT en la consulta que comentamos:

"Tampoco quedará sujeta a la modalidad de actos jurídicos documentados, ya que lo que se formalizará en la escritura pública no es la constitución de un derecho de vuelo, sino la transmisión del dominio no pleno sobre un inmueble, ya que no se transmite el derecho de vuelo sobre dicho inmueble".

1 de noviembre 2023

EXTINCIÓN DEL RÉGIMEN DE PROPIEDAD HORIZONTAL

DGT V0276-20

En ocasiones es necesario extinguir el régimen de propiedad horizontal inscrito en el registro o bien porque el edificio proyectado no ha llegado a construirse, o bien porque finalmente el edificio ha sido construido pero en base a una licencia distinta, lo que obliga a extinguir la propiedad horizontal inscrita.

La tributación de esta figura ya fue tratada en su día por la DGT en la consulta V0276-20 a la que también se refirió la ATC en la consulta informativa 32i/22.

A) POSICIÓN DE LA DGT

Esta consulta analiza dos supuestos distintos con soluciones fiscales distintas según la escritura se limite a la cancelación de una PH inscrita o a la sustitución de la misma por una nueva PH.

a) CANCELACIÓN DE PH: NO SUJETA AJD

La escritura de cancelación de una PH inscrita en el RP no está sujeta a AJD porque no tiene cuantía valuable:

– "Primero. Si realmente se tratara de la cancelación de la división horizontal que figura en el registro, la referida escritura de modificación no tendría contenido valuable, ya que, en dicha escritura, no hay una nueva división horizontal. En consecuencia, tal escritura no debería tributar por la cuota variable del documento notarial, al no cumplirse uno de los requisitos del artículo 31.2 del TRLITPAJD".

b) CANCELACIÓN DE LA PH INSCRITA PARA SUSTITUIRLA POR OTRA NUEVA: SUJETO AJD

En este caso estaríamos ante un nuevo hecho imponible sujeto a AJD:

"Segundo. Sin embargo, si se tratara del otorgamiento de una nueva división horizontal distinta de la anterior, a la que sustituye, circunstancia que deberá determinar la oficina liquidadora correspondiente, se estará produciendo un nuevo hecho imponible por la referida cuota variable, al concurrir los cuatro requisitos exigidos por el apartado 2 del artículo 31 del TRLITPAJ".

B) ATC. CONSULTA 32i/22

En este mismo sentido, se manifestó la ATC en la consulta informativa 32i/22 de 16 de junio de 2022:

"D'acord amb el criteri manifestat, l'escriptura pública que documenta la cancel·lació del règim de propietat horitzontal sense produir-se cap altra declaració de voluntat, no resta subjecta a tributació en la modalitat d'actes jurídics documentats, per no acomplir-se el requisit de "contingut valorable" que exigeix l'article 31.2 transcrit".

CONCLUSIÓN

Parece claro que la escritura pública que documenta la mera extinción de un régimen de Propiedad Horizontal no está sujeta a AJD por carecer de cuantía valuable.

Por una vez estamos de acuerdo con la DGT.

22 de abril 2023

RECTIFICACIÓN DE OBRA NUEVA Y DIVISIÓN HORIZONTAL

DGT V3092-17

DGT V1845-06

DGT V1582-17

DGT V0231-19

DGT V0955-21

Es frecuente autorizar escrituras en las que rectificamos la descripción de determinadas obras nuevas o divisiones horizontales ya inscritas en el registro de la propiedad.

También es frecuente autorizar escrituras de lo que llamamos ON o DH antiguas que también tienen una fiscalidad interesante.

Aunque la casuística es inabarcable, sí que podemos establecer los siguientes criterios:

A) SIMPLE MODIFICACIÓN DE ERRORES: NO SUJETA A AJD

La mera rectificación de errores de la DH que tenga por objeto hacer coincidir el registro de la propiedad con la realidad, siempre que no suponga una alteración de coste de la obra nueva, no está sujeta ni a TPO ni a AJD puesto que no tiene cuantía valuable.

En este sentido, la DGT V3092-17:

"La modificación de la obra nueva o la división horizontal no está sujeta a la modalidad de transmisiones patrimoniales del ITP y AJD. Tampoco estará sujeta a la cuota variable del documento notarial de Actos Jurídicos Documentados mientras que la referida modificación no suponga una alteración del coste de la obra nueva o el valor del terreno".

B) MODIFICACIÓN DE COEFICIENTES: NO SUJETA A AJD

La escritura pública en la que sencillamente se modifiquen los coeficientes de una DH, sin alterar la superficie de los pisos o locales, tampoco estará sujeta a AJD por carecer de cuantía valuable.

En este sentido, la DGT V1845-06:

"La escritura pública de modificación de los coeficientes de propiedad horizontal de un edificio, siempre que no se alteren las superficies de los pisos y locales que lo componen, no tiene por objeto cantidad o cosa valuable, ya que lo valuable en la constitución de edificios en régimen de propiedad horizontal, de acuerdo con el artículo 70.2 del Reglamento del impuesto, es el valor real del coste de la obra nueva más el valor real del terreno, y éstos no son objeto de cambio o modificación alguna por el otorgamiento de la nueva escritura".

C) CONVERSIÓN DE ELEMENTOS COMUNES EN PRIVATIVOS O VICEVERSA: TPO o ISD

Para la DGT, la conversión de elementos comunes en privativos o viceversa implica un cambio de titularidad de los mismos y, en consecuencia, una transmisión que quedará sujeta a TPO o a ISD según haya o no contraprestación.

En este sentido, la DGT V3092-17:

"La conversión de determinadas fincas, elementos privativos, en elementos comunes, o viceversa, constituye una transmisión de bienes inmuebles que deberá tributar por el ITP y AJD en su modalidad de Transmisiones Patrimoniales Onerosas o por el Impuesto sobre Sucesiones y Donaciones, en función del medio jurídico que se utilice para llevar a cabo el traspaso de la titularidad de los bienes, transmisión onerosa o gratuita de los bienes".

D) OBRA NUEVA ANTIGUA: BASE IMPONIBLE. VALOR REAL DEL COSTE NO ACTUALIZADO

Siempre que autorizamos una escritura de declaración de obra nueva antigua, la base imponible de AJD está constituida no por su valor actual, sino por el valor real del coste de la obra nueva en el momento en que se realizó sin que sea necesario actualizar dicho valor.

En este sentido, DGT V1582-17:

"La base imponible de la escritura pública en que se formalice la declaración de obra nueva será el valor real de coste de la obra nueva que se declare en dicha escritura pública. A este respecto, el valor real a tener en cuenta es el del coste real que tuvo la obra en cuestión, sin que proceda actualizarlo a la fecha del devengo del impuesto".

E) DIVISIÓN HORIZONTAL ANTIGUA: BASE IMPONIBLE. VALOR ACTUAL DEL TERRENO

En las divisiones horizontales antiguas, la base imponible está constituida por el valor del terreno más el valor de la edificación. Para calcular el valor de la edificación estaremos al valor real de ejecución no actualizado, mientras que para calcular el valor del terreno habrá que estar a su valor actual.

En este sentido, DGT V1582-17:

"La base imponible de la escritura pública en que se formalice la nueva división horizontal de un edificio comprenderá tanto el valor real del coste de la obra nueva como el valor real del terreno. A estos efectos, el valor de la obra a tener en cuenta es el del coste real que tuvo la obra en cuestión, sin que proceda actualizarlo a la fecha del devengo del impuesto. En cuanto al valor del terreno será el valor real actual, el que tenga en el momento del devengo del impuesto, que será el día en que se formalice la escritura pública".

F) AUMENTO DE SUPERFICIE: AJD

Si la rectificación de la ON o de la DH consiste en una ampliación de superficie de los elementos privativos o de los elementos comunes o del terreno, la escritura estará sujeta a AJD siendo la base imponible el incremento de valor real declarado del coste de ejecución y del aumento de superficie del terreno.

En este sentido, DGT V0231-19:

"En cuanto a la rectificación de la superficie del inmueble será de aplicación la cuota variable del documento notarial de la modalidad de Actos Jurídicos Documentados, dada la concurrencia de los requisitos establecidos en el artículo 31.2 del Texto Refundido. La base imponible estará constituida, por un lado, por el valor declarado del incremento del valor real de coste de la declaración de obra nueva consecuencia del aumento de superficie de la edificación, y por otro lado, por el valor declarado que resulte del aumento de superficie del terreno. En ambos casos, siempre sin perjuicio de la comprobación administrativa de los valores declarados".

G) ADAPTACIÓN DE LA DESCRIPCIÓN DEL EDIFICIO A LA VIGENTE LPH. NO SUJETA AJD

No estará sujeta a AJD la escritura que tenga por objeto adaptar la descripción de un edificio antiguo a la vigente LPH, completando la descripción de los distintos pisos o locales, con sus superficies, linderos y cuotas de participación siempre que no se alteren las superficies de las viviendas o locales que lo componen.

En este sentido, DGT V0955-21:

"La inclusión en escritura pública de la extensión, linderos y cuotas de participación de los elementos privativos del edificio no supone el devengo de la cuota gradual de la modalidad de actos jurídicos documentados, siempre que no se alteren las superficies de los pisos y locales que lo componen, al faltar el requisito de que la escritura pública tenga por objeto cantidad o cosa valuable, pues lo valuable en la constitución de edificios en régimen de propiedad horizontal es el valor real de coste de la obra nueva más el valor real del terreno, los cuales no son objeto de cambio o modificación alguna".

2 de enero 2023

ACTA FINAL DE OBRA

A) REGLA GENERAL

El acta notarial de simple manifestación de finalización de las obras no está sujeta a tributación por AJD ya que no contiene cantidad o cosa valuable.

En este sentido, entre otras, la Sentencia del Tribunal Superior de Justicia de Extremadura de 1 de octubre de 2002:

"Así, en el caso presente, la Sala considera que la simple manifestación de que la obra estaba concluida no constituye, por sí misma, un acto sujeto al impuesto, ya que los actos jurídicos que producen efectos jurídicos propios son los relativos a la declaración de obra nueva y división horizontal de la finca construida, que ya han sido liquidados (Resoluciones del Tribunal Económico-Administrativo Central de 21 de septiembre de 1995 y de 19 de diciembre de 1996), y el Acta de referencia constituye una mera exigencia formal para que los verdaderos actos constitutivos tengan acceso al Registro de la Propiedad, —es decir, para inscribir la escritura de obra nueva terminada— pero que, por sí misma, no es valuable económicamente".

B) TRASCENDENCIA TRIBUTARÍA

Ahora bien, el acta final de obra, no estando sujeta a AJD, sí que puede tener trascendencia tributaria al menos en dos aspectos:

1.-Interrumpe la prescripción para la comprobación de valores por parte de la Administración Tributaría con relación al AJD liquidado en la DON.

2. Puede modificar la base imponible liquidada en la DON haciendo girar una complementaria.

En este sentido SENTENCIA TS DE 18/5/2020 (ROJ 1108/2020):

«4. En definitiva, el «acta de final de obra» resulta esencial para poder determinar la totalidad de los elementos esenciales del tributo que nos ocupa, especialmente su base imponible, y constituye, por ello, un documento fundamental para que el órgano competente pueda ejercer sus potestades de comprobación, lo que revela —claramente— su aptitud para interrumpir la prescripción del derecho de la Administración a practicar la correspondiente liquidación».

1 de enero 2023

COMPLEJO INMOBILIARIO

DGT V 3632-15

Hace poco se planteó en este chat la tributación del complejo inmobiliario.

En mi opinión, hay que ser especialmente cuidadoso a la hora de redactar este tipo de escritura puesto que, según los casos, puede dar lugar a desagradables sorpresas fiscales.

A) REGLA GENERAL: NO SUJETO AJD

Esta es la regla general. La constitución de un complejo inmobiliario no está sujeta a AJD por no tener cuantía valuable.

En este sentido Resolución Vinculante de Dirección General de Tributos, V3632-15 de 19 de noviembre de 2015:

"La escritura de constitución de un complejo inmobiliario otorgada al amparo del artículo 24.2.b) de la Ley de Propiedad Horizontal no origina tributación alguna por la cuota variable del documento notarial de Actos Jurídicos Documentados por no tener por objeto cantidad o cosa valuable, al limitarse a meras normas o reglas de administración".

B) EXCEPCIÓN: SUJECIÓN AJD

Si en la escritura se consignan valores, su régimen fiscal será distinto puesto que, en este caso, la constitución del Complejo Inmobiliario estará sujeta a AJD.

En este sentido STS 1002/2020, 15 de julio de 2020:

"la escritura otorgada por la reclamante no se limita a establecer meras normas o reglas de administración, sino que contiene una valoración expresa de la promoción inmobiliaria que se declara".

Y, en consecuencia, establece la siguiente doctrina:

"los documentos públicos de constitución de un complejo inmobiliario privado previo a la declaración de división horizontal se encuentran sujetos a la cuota variable del ITPAJD, en la modalidad de Actos Jurídicos Documentados, en cuanto contienen una descripción siquiera sea elemental de elementos privativos a los que se vinculan elementos comunes, a los que puede asignarse un valor".

En alguna ocasión, me han devuelto del Registro alguna escritura de este tipo aduciendo que había que poner un valor a lo que lógicamente me he negado por el riesgo fiscal que esto conlleva.

9.2 ACTOS PREVIOS A LA EXTINCIÓN DE CONDOMINIO

8 de septiembre 2024

VENTA DE PARTICIPACIÓN INDIVISA. AGRUPACIÓN. DIVISIÓN HORIZONTAL. EXTINCIÓN DE CONDOMINIO

DGT V1471-24

A) SUPUESTO DE HECHO

Una sociedad es propietaria de dos fincas registrales que en realidad constituyen un solo edificio.

Pretende realizar, junto con otra empresa, una gran rehabilitación de todo el edificio, formalizando las siguientes operaciones:

– Venta de participación indivisa de ambas fincas.

– Agrupación.

– División horizontal.

– Extinción de condominio.

B) CUESTIÓN PLANTEADA

Dado que tanto la agrupación como la división horizontal son actos previos e imprescindibles para la extinción de condominio, se cuestiona si la operación sólo liquidara por AJD por la extinción de condominio, siguiendo el criterio conocido por todos del TS.

C) RESPUESTA DE LA DGT: LA ACOSTUMBRADA

La operación planteada debe tributar por Agrupación, División Horizontal y Extinción de Condominio.

"De la descripción de los hechos se derivan varias convenciones por las que se consulta: la agrupación de las fincas, la división horizontal y la adjudicación a cada comunero de su parte, en la que cada convención tributará de forma independiente por la modalidad de actos jurídicos documentados".

D) ARGUMENTO: INTERESANTÍSIMO

La DGT considera que la sentencia del TS de 18 de octubre de 2023, que todos conocemos, no es aplicable a nuestro supuesto de hecho puesto que versa sobre un condominio preexistente.

En nuestro caso, NO ESTAMOS ANTE UN CONDOMINIO PREEXISTENTE, sino que el condominio surge de la propia operación planteada:

"En efecto, en dicha sentencia, se trata de un proindiviso preexistente, el cual requiere de una división horizontal de la finca matriz a fin de poder adjudicar las resultantes a los respectivos comuneros. Sin embargo, en este caso no hay ningún proindiviso preexistente que exija necesariamente la división horizontal para poder adjudicar las fincas resultantes a los comuneros".

Por tanto, para la DGT, la opción elegida no es más que una de las posibles para llegar al resultado deseado.

Sigue diciendo la DGT:

"De hecho, no solo no existe el proindiviso, que está por constituir, sino que antes de proceder a la división horizontal se va a realizar una agrupación de fincas. Por tanto, la opción elegida por el consultante no es más que una de las alternativas posibles, lo que impide considerar la operación idéntica a la que fue objeto de la sentencia reseñada".

E) CONCLUSIÓN DE LA DGT

"No resulta aplicable la sentencia del Tribunal Supremo 1286-2023, de 18 de octubre de 2023, al faltar la identidad de razón entre el supuesto analizado en dicha sentencia y el objeto de la presente consulta, ya que dicha sentencia versa sobre la disolución de un proindiviso preexistente".

"En este caso, la entidad consultante va a realizar la venta del cincuenta y siete por ciento de las dos fincas que posee y en la que surge un proindiviso para, de forma inmediata, realizar la agrupación, división horizontal y posterior adjudicación. Por lo tanto, no será de aplicación dicha sentencia y cada convención tributará de forma independiente por la modalidad de actos jurídicos documentados".

F) ESPERANZA

Si el único argumento de DGT para apartarse de la doctrina del TS en esta materia es el señalado, sería razonable pensar que la DGT asume el criterio del TS en todos aquellos casos en que el condominio es preexistente.

Mucho esperar.

6 de febrero 2024

DIVISIÓN HORIZONTAL PREVIA A LA EXTINCIÓN DE CONDOMINIO. CATALUÑA: POSICIÓN DE LA ATC

CONSULTA 1/23. Direcció General de Tributs i Joc.

Sin duda, importante la consulta para los notarios que ejercemos en Cataluña.

Por primera vez la Direcció General de Tributs i Joc asume el criterio del Tribunal Supremo establecido en la STS de 18 de octubre de 2023, que a su vez reitera lo establecido por el mismo tribunal desde 1999.

En definitiva, que la división horizontal previa a la extinción de condominio formalizada en la misma escritura no está sujeta a tributación por ser un acto necesario e inexcusable para salir de la indivisión.

Sólo habrá, por tanto, un sólo hecho imponible (la extinción de condominio) sujeto a AJD.

En este sentido, la consulta citada:

"Cuando en un mismo documento notarial se formaliza la división en régimen de propiedad horizontal y la extinción del condominio preexistente con adjudicación a los comuneros de su porción, a los efectos del Impuesto sobre Transmisiones Patrimoniales y Actos Jurídicos Documentados, modalidad de actos jurídicos documentados, solo procede que se liquide por la extinción del condominio al constituir la división horizontal una operación antecedente e imprescindible de la división material de la cosa común".

PARTICULARIDAD

Hay que tener en cuenta que para la Administración Tributaría, sólo estaremos ante una auténtica extinción de condominio si desaparece el proindiviso sobre todos y cada uno de los elementos que surgen de la división horizontal.

Bastará, por tanto, con que uno de los departamentos siga en proindiviso para que no se pueda aplicar este criterio.

Esto es exactamente lo que ocurre en el supuesto de hecho planteado en la consulta.

Uno de los dos departamentos destinados a garaje se adjudica a dos copropietarios.

No hay, por tanto, para la Administración Tributaria extinción de condominio, por lo que en este caso concreto no estaremos ante un sólo hecho imponible sino que estarán sujetos a tributación tanto la división horizontal como la extinción de condominio.

"Dit això, en el cas consultat, no es produeix la dissolució de la comunitat tal com requereix el Tribunal Suprem, atès que, un cop produïda la divisió horitzontal, un dels dos locals destinats a garatge restarà en condomini pels nuus propietaris".

30 de noviembre 2023

DIVISIÓN HORIZONTAL PREVIA A LA EXTINCIÓN DE CONDOMINIO. POSICIÓN DEL TS Y DE LA DGT

A) POSICIÓN DEL TS: UN SOLO HECHO IMPONIBLE

El Tribunal Supremo ha venido manteniendo desde antiguo que si se formaliza en una sola escritura una extinción de condominio precedida de una división horizontal, imprescindible ésta para formalizar la extinción, estamos ante un solo hecho imponible.

Así lo mantuvo el Tribunal Supremo en STS 4.04.1977 y en STS 12.11.1998, entre otras.

El mismo criterio fue seguido por el TEAR CATALUÑA en resoluciones del 16 de julio de 2015 y de 29 de septiembre de 2015 y por el propio Tribunal Superior de Justicia de Cataluña en sentencias de 25 de abril de 2018 y de 17 de mayo de 2018, por lo que podemos decir que este criterio está consolidado.

El argumento que utiliza el Tribunal Supremo, y también los tribunales inferiores, para mantener este criterio consiste en considerar la división horizontal previa como un "antecedente imprescindible" para poder formalizar la extinción de condominio.

"(...) en los casos en que en la misma escritura pública se recoge tanto la división horizontal como la extinción de condominio, debe considerarse que la división horizontal es un acto preparatorio y necesario para poder llevar a cabo la extinción de condominio pretendida por los comuneros, por lo que si ambos actos jurídicos se incluyen en la misma escritura no debe tributarse por ambos conceptos por el gravamen documental".

B) POSICIÓN DE LA DGT: DOS HECHOS IMPONIBLES

También en este punto, la DGT mantiene el criterio contrario.

Para la DGT estamos ante dos hechos imponibles, división horizontal y extinción de condominio, y ambos deben tributar por AJD.

En este sentido podemos citar, entre otras, las consultas DGT V0032-14 y DGTV1661-14.

Por supuesto que la ATC sigue este mismo criterio como podemos ver en consultas 251/2013 y 69/2015 por citar algunas.

También se ha manifestado en este mismo sentido la resolución 361/18 de la DGTiJ en la que el consultante citaba las sentencias del Tribunal Supremo y el Tribunal Superior de Justicia de Cataluña a las que antes hemos hecho referencia.

La DGTiJ, aún reconociendo el criterio contrario mantenido por el Tribunal Supremo, consideraba que estábamos ante dos hechos imponibles como mantiene la DGT y que, en definitiva, seguirían este criterio mientras no lo cambiara la DGT por tratarse de un órgano de gestión, alegando lo dispuesto en el artículo 89 de la LGT:

"Artículo 89.

1. La contestación a las consultas tributarias escritas tendrá efectos vinculantes, en los términos previstos en este artículo, para los órganos y entidades de la Administración tributaria encargados de la aplicación de los tributos en su relación con el consultante".

Por tanto mientras que para el Tribunal Supremo estamos ante un solo hecho imponible (extinción de condominio) para la DGT estamos ante dos hechos imponibles (división horizontal y extinción de condominio).

SEGREGACIÓN PREVIA A LA EXTINCIÓN DE CONDOMINIO

La misma situación y la misma solución se plantean con la segregación previa a la extinción de condominio.

Para el TEAC, siguiendo la doctrina anterior del TS, estamos ante un solo hecho imponible (extinción de condominio) mientras que para la DGT estamos ante dos hechos imponibles (segregación y extinción de condominio).

En efecto, el TEAC ha tratado esta cuestión en su resolución de 11 de julio de 2019 en la que ha seguido la misma doctrina de la sentencia del Tribunal Supremo de 12 de noviembre de 1998 sobre la supresión de la doble tributación por el impuesto de AJD cuando en el mismo documento se formaliza la división horizontal y la extinción de condominio a la que antes hemos hecho referencia.

Para el TEAC, siguiendo este criterio, si la segregación de la finca es requisito inexcusable para extinguir la comunidad, estaremos ante un solo hecho imponible (extinción de condominio) y no debe gravarse la previa segregación por AJD.

También aquí el criterio de la DGT es otro y así lo ha manifestado en la reciente consulta DGT V0400-19 que, ante un supuesto similar, considera que estamos ante dos hechos imponibles (segregación y extinción de condominio), ambos sujetos a tributación.

La DGT considera que estamos ante dos convenciones distintas que deben de tributar separadamente.

CONCLUSIÓN

Ojalá que ante esta nueva sentencia del Tribunal Supremo, la DGT cambie de criterio.

10. OPERACIONES HIPOTECARIAS VARIAS

1 de septiembre 2023

MODIFICACIÓN DESCRIPCIÓN DE LA FINCA: TRES SUPUESTOS DE NO SUJECIÓN A AJD

DGT V2738-21

DGT V0142-19

DGT V 0955-21

Cada vez que procedemos a modificar la descripción de alguna finca en el Registro, nos entran las lógicas dudas sobre su posible tributación por AJD.

La casuística es enorme y es difícil extraer reglas generales pero creo que puede ser interesante recoger al menos tres supuestos en los que esta modificación no estará sujeta a tributación:

A) ESCRITURA EN LA QUE SE COMPLETA LA DESCRIPCIÓN LITERARIA DE LA FINCA SOLICITANDO LA INSCRIPCIÓN DE LA REPRESENTACIÓN GRÁFICA GEORREFERENCIADA DE LA MISMA Y SU COORDINACIÓN CON EL CATASTRO

No estará sujeta a AJD la escritura que se limite a completar la descripción literaria de la finca aportando una representación gráfica georreferenciada que acredite su ubicación y delimitación gráfica y, a través de ésta, sus linderos y superficie, puesto que la citada escritura carece de cuantía valuable.

En este sentido, DGT V2738-21:

"Ante la posible sujeción a la cuota gradual de actos jurídicos documentados, documentos notariales, la inscripción de la representación gráfica georreferenciada de la finca y su coordinación con el Catastro no tiene carácter valuable, pues no modifica el derecho del titular sino tan solo la descripción física del bien conforme a los medios técnicos actuales".

B) ACTA DE NOTORIEDAD PARA LA INSCRIPCIÓN DE UN EXCESO DE CABIDA

Las actas de notoriedad que tengan por objeto lograr la inscripción de un exceso de cabida de una finca ya inscrita no están sujetas ni a TPO ni a AJD.

a) NO SUJETAS A TPO

Puesto que, a pesar del tenor literal del art. 7.2 C) del TR ITPAJD que no distingue entre los distintos tipos de actas de notoriedad, lo bien cierto es que la DGT ha venido interpretando que sólo están sujetas a TPO las actas de notoriedad que suplan títulos de adquisición ya sea para la inmatriculación de fincas o para reanudar el tracto y no las actas de exceso de cabida.

En este sentido, DGT V0142-19:

"Atendiendo a la literalidad del artículo 7.2.C) del Texto Refundido podría entenderse que cuando los expedientes de dominio o actas de notoriedad se empleen para registrar excesos de cabida sí constituyen hecho imponible por la modalidad de transmisiones patrimoniales onerosas del ITP y AJD, puesto que encajan en el supuesto genérico que el precepto contempla, en el que expresamente, al menos, no se hace distinción alguna entre las diferentes clases de expedientes de dominio o actas de notoriedad, pero sin embargo, si atendemos a la finalidad del precepto, se llega a la conclusión de que los expedientes de dominio y las actas de notoriedad constituyen hecho imponible del impuesto solo en tanto en cuanto sean títulos supletorios para inmatriculación de fincas o para la reanudación del tracto sucesivo, es decir, cuando tienen por objeto proporcionar un título inmatriculador que acredita la adquisición del dominio".

Por ello, concluye la DGT en esta misma consulta, las Actas de Notoriedad que tienen por objeto reflejar un exceso de cabida no están sujetas a TPO.

"En principio, la constatación de un exceso de cabida, en base a los datos catastrales, de una finca ya inscrita con unos linderos delimitados no implica la adquisición de una mayor porción de terreno sujeta a la modalidad de transmisiones patrimoniales onerosas del Impuesto sobre Transmisiones Patrimoniales y Actos Jurídicos Documentados, ya que no supone la configuración de una finca nueva sino el resultado de rectificar numéricamente las unidades de medida contenidas en la extensión delimitada exclusivamente por los linderos que identifican la parte de la superficie objeto de consideración".

b) NO SUJETAS A AJD

Tampoco estará sujeta a AJD este tipo de actas por carecer de cuantía valuable.

"Respecto a la cuota gradual de la modalidad de actos jurídicos documentados, documentos notariales, la escritura pública de constatación de exceso de cabida, no está sujeta a gravamen por no tener por objeto cantidad o cosa valuable".

C) ACTUALIZACIÓN DESCRIPCIÓN DE UN EDIFICIO PARA ADAPTARLO A LA LPH

Aunque no es un supuesto muy frecuente, casi todos en alguna ocasión, nos hemos encontrado con algún edificio construido antes de 1960 y, en consecuencia, no adaptado a la LPH.

Pues bien, la escritura pública que tenga por objeto la modificación de la propiedad horizontal del edificio para adaptarla a las exigencias de la LPH no está sujeta a AJD por carecer de cuantía valuable.

En este sentido, DGT V0955-21:

"el supuesto que se examina, en el que se formaliza en escritura pública la modificación de la propiedad horizontal del edificio para adaptarla a las exigencias de la Ley 21 de julio de 1960, dicha escritura no estará sujeta a la cuota gradual de la modalidad de actos jurídicos documentados, documentos notariales, en tanto no se alteren las superficies de los pisos y locales que componen el edificio, al no tener por objeto cantidad o cosa valuable, ya que lo valuable en la constitución o, en este caso, modificación del régimen de propiedad horizontal, de acuerdo con el artículo 70.2 del Reglamento del impuesto, es el valor real del coste de la obra nueva más el valor real del terreno, y estos no son objeto de cambio o modificación alguna por el otorgamiento de la nueva escritura".

CONCLUSIÓN

Lo dicho. Tema peligroso. Demasiada casuística y dificultad de extraer, al menos para mí, conclusiones generales.

4 de julio 2023

VINCULACIÓN OB REM

DGT V1099-15

DGT V2582-18

A) PRINCIPAL BÁSICO: AJD

La DGT siempre ha considerado la vinculación *ob rem* como una operación sujeta a AJD por reunir todos los requisitos del art. 31.2 del TR ITPA-JD conocidos por todos.

En este sentido, por todas, V1099-15:

“Al ser inscribible en el Registro de la Propiedad, la escritura de vinculación ob rem de dos o más fincas estará sujeta a la cuota variable del documento notarial por reunir todos los requisitos exigidos en el artículo 31.2 del Texto Refundido del Impuesto sobre Transmisiones Patrimoniales y Actos Jurídicos Documentados”.

En lo que ha cambiado de criterio la DGT, ha sido en la forma de determinar la base imponible.

B) BASE IMPONIBLE

a) CRITERIO TRADICIONAL

La DGT consideró inicialmente que la base imponible de la vinculación ob rem estaba constituida por el valor de las dos fincas vinculadas.

En este sentido, la misma V1099-15:

“Respecto a la base imponible, establece artículo 30 del Texto Refundido que “1. En las primeras copias de escrituras públicas que tengan por objeto directo cantidad o cosa valuable servirá de base el valor declarado, sin perjuicio de la comprobación administrativa… (…)”.

Luego, sin perjuicio de la comprobación administrativa, la base imponible estará constituida por el valor declarado de las dos fincas vinculadas.

b) CRITERIO ACTUAL

Actualmente la DGT ha cambiado de criterio y ahora considera que la base imponible de la vinculación ob rem está constituida únicamente por el valor de las fincas anexas que se vinculan a la principal.

En este sentido, entre otras, V2582-18:

"La vinculación ob rem de las tres fincas anexas constituye igualmente una convención sujeta a la cuota variable al ser inscribible y valuable, en tanto supone una modificación del régimen jurídico de las fincas vinculadas que implica una limitación de su libre disposición. La base imponible será el valor de las fincas anexas que se vinculan al edificio principal, sin incluir el valor de dicho edificio".

Por tanto, un cambio más de criterio de la DGT.

6 de mayo 2023

EXPEDIENTES DE DOMINIO, ACTAS DE NOTORIEDAD Y ACTAS COMPLEMENTARIAS DE DOCUMENTOS PÚBLICOS

STS de 11 de abril de 2023.

DGT V1948-22

DGT V2184-16

DGT V3116-17

DGT V0300-17

DGT V0142-19

Tema complicado, con mucha casuística, bastante grado de discrecionalidad con la consiguiente inseguridad jurídica, del que quizás podemos destacar algunas ideas básicas.

A) REGLA GENERAL: TPO

Este tipo de expedientes se consideran, desde el punto de vista fiscal, como transmisiones patrimoniales onerosas sujetas, por tanto, a TPO.

En este sentido el art. 7.2.C) TR ITPAJD:

"2. Se considerarán transmisiones patrimoniales a efectos de liquidación y pago del impuesto:

C) Los expedientes de dominio, las actas de notoriedad, las actas complementarias de documentos públicos a que se refiere el Título VI de la Ley Hipotecaria y las certificaciones expedidas a los efectos del artículo 206 de la misma Ley, a menos que se acredite haber satisfecho el impuesto o la exención o no sujeción por la transmisión, cuyo título se supla con ellos y por los mismos bienes que sean objeto de unos u otras, salvo en cuanto a la prescripción cuyo plazo se computará desde la fecha del expediente, acta o certificación".

B) EXCEPCIÓN: AJD

Por tanto, estos expedientes no estarán sujetos a TPO cuando se acredite haber satisfecho el impuesto por la transmisión que se pretende inscribir, o la exención o la no sujeción de la misma a TPO

En todos estos casos, al no estar sujetos a TPO, estarán sujetos a AJD en la medida que reúnen los requisitos del art. 31.2 TR ITPAJD: documento notarial, acto inscribible, objeto valuable y no sujeto ni a TPO, ni a OS ni al ISD.

Hay que recordar que para que el expediente no quede sujeto a TPO, el pago del impuesto que hay que acreditar es el de la transmisión que se pretende inscribir, no el de las posibles transmisiones anteriores como se ha encargado de aclarar el TS en la sentencia de 11 de abril de 2023:

"El título que se trata de suplir o reemplazar en el caso del expediente de dominio para la reanudación del tracto sucesivo interrumpido —artículo 7.1.c) TRLITPAJD— es el de la adquisición del inmueble por el contribuyente, no el de la transmisión anterior a ella, pues el expediente notarial y registral integra el título del contribuyente —en el sentido de que lo habilita para el acceso al Registro de la Propiedad— no la transmisión precedente a ella, esto es, el título del transmitente, ni toda la cadena de transmisiones producida desde el titular registral del inmueble hasta el transmitente de dicho inmueble al contribuyente.

Es a ese título inscribible que se trata de obtener —en este caso, para la reanudación del tracto sucesivo—, y no a otro, al que debe venir referida la exclusión del hecho imponible cuando se haya realizado el pago o la operación estuviera exenta".

Tampoco estarán sujetos a TPO este tipo de expedientes cuando la transmisión que suplan esté sujeta y no exenta de IVA o sujeta a ISD.

C) HECHO IMPONIBLE

El hecho imponible es el otorgamiento del expediente en sí mismo y no la transmisión de dominio cuyo título suple.

En este sentido, DGT V 1948-22:

"El expediente de dominio en que se declare la titularidad del consultante constituye hecho imponible de la modalidad de transmisiones patrimoniales onerosas del ITPAJD, concepto por el que deberá tributar salvo que se acredite el pago del impuesto o la exención o no sujeción por la transmisión cuyo título se supla con el referido expediente".

Por tanto, existiendo un solo expediente estaremos ante un solo hecho imponible aunque sean varias las transmisiones que con el mismo se suplan.

En este sentido, DGT V2184-16, que al plantearse esta cuestión contesta de forma clara:

"Dado que conforme al artículo 7.2.D) del Texto Refundido del ITP y AJD el hecho imponible lo constituye el otorgamiento de un expediente de dominio, si en el caso planteado se formaliza un único expediente, se entenderá entenderse producido un único hecho imponible, por lo que deberá presentarse una única autoliquidación por el valor del bien objeto del expediente".

D) BASE IMPONIBLE

Ninguna especialidad. Para calcular la base imponible se estará a las reglas generales, ya conocidas, establecidas en el 10 del ITPOAJD.

E) DEVENGO

El devengo del impuesto se produce en la fecha de la terminación del expediente. A partir de esa fecha se inicia el plazo de autoliquidación y, lo que es más importante, el plazo de prescripción.

En este sentido, DGT V3116-17:

"El devengo del impuesto, fecha a la que debe estarse para determinar el plazo de autoliquidación, se produce en la fecha del expediente de dominio, debiendo entender por tal la fecha del acta de finalización del expediente a que se refiere la regla sexta del artículo 203.1 de la ley Hipotecaria".

Y en cuanto al plazo de prescripción, la DGT V0300-17:

"Conforme al artículo 7.2.C) del texto refundido del ITP y AJD, en el caso del expediente de dominio el plazo de prescripción se computará desde la fecha de este, por lo que no puede entenderse prescrito el impuesto y debe procederse a la presentación de la correspondiente autoliquidación".

F) EXPEDIENTES DE MODIFICACIÓN DE CABIDA: NI TPO NI AJD

Este tipo de expedientes no quedan sujetos ni a TPO ni a AJD puesto que no tienen cuantía valuable y su único objetivo es hacer coincidir el Registro con la realidad extraregistral.

En este sentido, DGT VO142-19:

"En principio, la constatación de un exceso de cabida, en base a los datos catastrales, de una finca ya inscrita con unos linderos delimitados no implica la adquisición de una mayor porción de terreno sujeta a la modalidad de transmisiones patrimoniales onerosas del Impuesto sobre Transmisiones Patrimoniales y Actos Jurídicos Documentados, ya que no supone la configuración de una finca nueva sino el resultado de rectificar numéricamente las unidades de medida contenidas en la extensión delimitada exclusivamente por los linderos que identifican la parte de la superficie objeto de consideración.

No obstante lo anterior, si se tratase de la adquisición de una finca colindante, de la que no se tiene título o éste es defectuoso, daría lugar al devengo del impuesto.

Respecto a la cuota gradual de la modalidad de actos jurídicos documentados, documentos notariales, la escritura pública de constatación de exceso de cabida, no está sujeta a gravamen por no tener por objeto cantidad o cosa valuable".

Por tanto, si el título que estos expedientes suplen no documenta una transmisión sino que se limita a dejar constancia de un exceso de cabida de una finca ya inscrita, rectificando la descripción de la misma para adaptar el registro a la realidad extrarregistral, el expediente no tendría cuantía valuable y no estaría sujeto ni a TPO ni a AJD.

28 de marzo 2023

CAMBIO DE USO

DGT V0297-22

DGT V1033-21

DGT V1644-19

DGT V1465-15

DGT V1761-13

S TSJ CAT 404/2017.

S TSJ AND 118/2015.

A) REGLA GENERAL: AJD

Aunque algunos autores han defendido, no sin sólidos argumentos, la no sujeción del cambio de uso a AJD por carecer de cuantía valuable, lo bien cierto es que para la DGT esta operación está sujeta a AJD.

En este sentido, la V0297-22:

"El cambio de uso de local a vivienda deberá tributar por actos jurídicos documentados al reunir todos los requisitos del artículo 31.2. Respecto a si el cambio de uso tiene contenido valuable, resulta claro que sí es así, ya que el cambio de uso implica un inmediato cambio del valor catastral".

B) EXCEPCIÓN: NO SUJETO A AJD

El cambio de uso solo estará sujeto AJD sí implica una alteración del valor catastral.

Si, por el contrario, el inmueble ya figura en el catastro como se pretende hacer constar en el Registro (vivienda o local), el cambio de uso no implicará una modificación del valor catastral, por lo que no estaría sujeta a AJD.

En este sentido, la V1033-21:

"El otorgamiento de una escritura pública para reflejar en el Registro de la Propiedad el cambio de uso de un inmueble, de local comercial a vivienda, no tiene contenido valuable a efectos de determinar la aplicación de la cuota variable del documento notarial, de Actos Jurídicos Documentados, dado que en el Catastro sí figura el uso de vivienda, por lo que la referida escritura no implica modificación alguna del valor catastral del bien".

Por tanto, lo decisivo para determinar si el cambio de uso va a estar sujeto o no a AJD, será observar si va a alterar o no el valor catastral.

Si altera el valor catastral, el cambio de uso estará sujeto a AJD.

Si no altera el valor catastral, el cambio de uso no estará sujeto a AJD.

C) BASE IMPONIBLE

Para la DGT, la base imponible es el valor total del inmueble tal como señala la V0297-22:

"El contenido valuable será el propio bien objeto de cambio de uso, siendo la base imponible el valor del inmueble que se convierte en vivienda determinado conforme establece el artículo 30 del TRLITPAJD".

No obstante, este criterio no es compartido por determinados Tribunales Superiores de Justicia, como por ejemplo el de Cataluña (S TSJ CAT 404/2017) o Andalucía, (STSJ AND 118/2015) que consideran que la base imponible es el valor del coste de las obras, si lo hubiera, y nunca el valor total del inmueble.

Imprescindible en este punto el artículo de Joaquin Zejalbo en NyR.

15 de febrero 2023

REPARCELACIÓN. APORTACIÓN DE TERRENOS A LA JUNTA DE COMPENSACIÓN Y POSTERIOR ADJUDICACIÓN DE LOS INMUEBLES

SENTENCIA TSJ DE LA RIOJA DE 9 FEBRERO 2010.

DGT V0715-21

A) CUESTIÓN CLAVE: SI ESTE TIPO DE OPERACIONES TRIBUTA POR AJD

La dificultad radica en que vamos a encontrar sentencias y resoluciones en todos los sentidos y en las distintas interpretaciones que se han hecho del art. 45.1.B.7 del TR ITPAJD:

"Artículo 45.

Los beneficios fiscales aplicables en cada caso a las tres modalidades de gravamen a que se refiere el artículo 1 de la presente Ley serán los siguientes:

B) Están exentas:

7. Las transmisiones de terrenos que se realicen como consecuencia de la aportación a las Juntas de Compensación por los propietarios de la unidad de ejecución y las adjudicaciones de solares que se efectúen a los propietarios citados, por las propias Juntas, en proporción a los terrenos incorporados".

B) PLANTEAMIENTO INICIAL

Es perfectamente posible mantener que este tipo de operaciones no estaría sujeta AJD por estar sujeta y exenta de TPO, siendo TPO y AJD impuestos incompatibles.

Está no sujeción a AJD sería aplicable a todos los supuestos, tanto si se transmite la propiedad de los inmuebles a la Junta de Compensación como si no y tanto en la aportación como en la posterior adjudicación de los mismos.

El esquema, centrándonos en la aportación, podría ser el siguiente:

1. APORTACIÓN CON TRANSMISIÓN DE DOMINIO A LA JUNTA DE COMPENSACIÓN:

– Por sujetos pasivos de IVA:

Estaríamos ante una entrega de bienes, sujeta exenta de IVA (art. 20.1.21 L IVA) y sujeta y exenta de TPO. No sujeta a AJD por ser incompatible con TPO.

– Por particulares no sujetos pasivos de IVA:

La operación estaría sujeta y exenta de TPO y no sujeta a AJD.

2. APORTACIÓN SIN TRANSMISIÓN DE DOMINIO A LA JUNTA DE COMPENSACIÓN: (lo más frecuente):

– Por sujetos pasivos de IVA:

No está sujeta a IVA por no ser ni una entrega de bienes ni una prestación de servicios y estará sujeta y exenta de TPO.

– Por particulares no sujetos pasivos de IVA:

Operación sujeta y exenta de TPO.

Por tanto, con este planteamiento, en ningún caso, la operación estaría sujeta a AJD.

C) CRITERIO JURISDICCIONAL.: SENTENCIA TSJ DE LA RIOJA DE 9 FEBRERO 2010

El problema es que este criterio no es unánime.

Como muestra, la sentencia del TSJ de La Rioja citada que, refiriéndose a TPO, distingue claramente dos supuestos distintos sometiéndolos a regímenes fiscales distintos.

Así:

1. Si los propietarios aportan la propiedad de los terrenos a la Junta de Compensación (Junta no fiduciaria).

La operación estaría sujeta y exenta de TPO y no sujeta a AJD (art. 48.1.B.7 TR ITPAJD).

2. Si, por el contrario, los propietarios no aportan la propiedad de los terrenos a la Junta de Compensación (Junta fiduciaria).

Al no existir transmisión de la propiedad, no se produce el hecho imponible del impuesto de TPO por lo que la operación no estaría sujeta a TPO.

Si no está sujeta a TPO, estará sujeta a AJD por formalizarse en escritura pública y reunir los demás requisitos del artículo 31.2 del TR ITPAJD.

D) RESUMIENDO

La clave está en determinar si en el supuesto de aportación de inmuebles a una Junta de Compensación fiduciaria, sin transmisión de la propiedad, estamos ante un supuesto de sujeción y exención de TPO, lo que implicaría la no sujeción a AJD por ser impuestos, incompatibles. (PLANTEAMIENTO GENERAL)

O, por el contrario, estaríamos ante un supuesto de no sujeción a TPO, dada la interpretación literal del precepto que habla de "transmisión".

Por tanto, si no está sujeto a TPO estaría sujeto a AJD por reunir los requisitos del art. 31.2 del TR ITPADJ (CRITERIO SENTENCIA TSJ RIOJA entre otras).

E) REPARCELACIÓN REALIZADA POR PROPIETARIO ÚNICO SIN NECESIDAD DE JUNTA DE COMPENSACIÓN. SUJECIÓN AJD. DGT V0715-21

Al tratarse de un propietario único, no es necesario aportar los bienes a la Junta de Compensación puesto que esta no existe.

Para la DGT, siguiendo el criterio jurisprudencial visto en el apartado anterior y dado que las exenciones fiscales se tienen que interpretar restrictivamente, la operación no estaría sujeta a TPO por no existir desplazamiento patrimonial y estaría sujeta a AJD por reunir los requisitos del art. 31.2 del TR ITPAJD.

F) CRÍTICA

A pesar de la desafortunada redacción del artículo 45. I. B.7 del TR ITPAJD que habla exclusivamente de "transmisión de terrenos", creemos que toda esta materia se debe de regir por el principio de neutralidad fiscal, no por analogía (prohibida fiscalmente), sino por la literalidad del precepto en cuyo encabezamiento clarísimamente se refiere a las tres modalidades del impuesto, esto es TPO, OS y AJD.

G) POSTERIOR TRANSMISIÓN DEL INMUEBLE

Habría que distinguir dos supuestos:

1. Si la propiedad de los inmuebles se ha transmitido a la Junta de Compensación (Junta no fiduciaria), la primera transmisión será la efectuada por la Junta a favor de los partícipes que estará sujeta a IVA puesto que la Junta, como tal, es sujeto pasivo de IVA.

2. Si la propiedad de los inmuebles no se ha transmitido a la Junta de Compensación (Junta fiduciaria), la primera transmisión será la efectuada por el partícipe que, a estos efectos, se considera sujeto pasivo de IVA según establece el art. 5 de la ley del IVA.

"Artículo 5. Concepto de empresario o profesional.

Uno. A los efectos de lo dispuesto en esta Ley, se reputarán empresarios o profesionales:

d) Quienes efectúen la urbanización de terrenos o la promoción, construcción o rehabilitación de edificaciones destinadas, en todos los casos, a su venta, adjudicación o cesión por cualquier título, aunque sea ocasionalmente".

Toda la materia ha sido tratada perfectamente por JM JUÁREZ en Todo Transmisiones.

11. PRÉSTAMOS Y GARANTÍAS

11.1 PRÉSTAMOS HIPOTECARIOS

20 de junio 2024

LIBERACIÓN DE UNA DE LAS DOS FINCAS HIPOTECADAS Y CONCENTRACIÓN DE LA RESPONSABILIDAD HIPOTECARIA EN LA SEGUNDA FINCA

DGT V0863-18

A) SUPUESTO DE HECHO

Una hipoteca recae sobre dos fincas. Se pretende liberar de la responsabilidad hipotecaria a una de las fincas, pasando la otra finca a responder de la totalidad.

B) LIBERACIÓN DE UNA DE LAS FINCAS: SUJETO Y EXENTO DE AJD

La liberación de una de las fincas estará sujeta y exenta de AJD, tal como establece la DGT en la consulta que comentamos:

"La liberación de responsabilidad hipotecaria de la finca B constituye un hecho sujeto a la cuota variable del documento notarial y exento de la misma, por lo que no originará tributación alguna por dicha modalidad".

C) CONCENTRACIÓN DE LA RESPONSABILIDAD HIPOTECARIA EN LA OTRA FINCA: SUJETA A AJD

La concentración de la responsabilidad hipotecaria en la finca no liberada estará sujeta y no exenta de AJD siendo la base imponible la total responsabilidad de la finca liberada que se traslada a la finca no liberada.

En este sentido, la misma consulta:

"La constitución de una hipoteca sobre la nueva finca, en garantía de la responsabilidad que recaía sobre la finca B, está sujeta igualmente a la cuota variable del documento notarial, en este caso sin exención, y tributará por dicho concepto, por el importe de los 77.620,68 € que garantiza, más las sumas que se aseguren por intereses, indemnizaciones, penas por incumplimiento u otros conceptos análogos".

9 de abril 2024

NOVACIÓN DE HIPOTECA SOBRE ESTABLECIMIENTO MERCANTIL DE FARMACIA

CUESTIÓN

Consecuencias fiscales del traslado de la farmacia de un local arrendado a otro local arrendado cuando este establecimiento mercantil está gravado con una hipoteca mobiliaria.

POSIBILIDADES

A) NOVACIÓN MODIFICATIVA O EXTINTIVA

La DG distingue según estemos en el ámbito de los derechos de crédito o en el ámbito de los derechos reales.

En el ámbito de los derechos de crédito, la regla general será la novación modificativa (art. 1203.1 CC), mientras que en el ámbito de los derechos reales, la regla general será la novación extintiva.

En este sentido, las resoluciones de la DG de 20 de octubre de 1998 y 9 de mayo de 2019:

"así como en el campo de los derechos de crédito la novación modificativa es la regla general, al punto de que sólo tendrá alcance extintivo y sustitutivo en el caso de que, aparte de que así se pacte, desemboque en una incompatibilidad total entre la antigua y nueva obligación (art. 1204 del Código Civil), siendo la variación de su objeto uno de los supuestos novatorios (art. 1203.1.º), en el de los derechos reales el especial objeto de la relación jurídica, un determinado ámbito de poder sobre una cosa, la regla general ha de ser la contraria, la sustitución del objeto implicará el nacimiento de un nuevo derecho con extinción del anterior".

Esta posición nos llevaría a la necesidad de cancelar la hipoteca primitiva y de constituir una nueva hipoteca, aunque sus concretas cláusulas puedan pactarse por referencia a una escritura anterior.

De seguir esta posición nos encontraríamos con que la cancelación de la primitiva hipoteca estaría sujeta y exenta de AJD por aplicación del art. 45. I. B.18 del TR, que declara exentas:

"Las primeras copias de escrituras notariales que documenten la cancelación de hipotecas de cualquier clase, en cuanto al gravamen gradual de la modalidad "Actos Jurídicos Documentados" que grava los documentos notariales".

Mientras que la constitución de la nueva hipoteca estaría sujeta y exenta de IVA y sujeta a AJD por aplicación de las reglas generales, siendo la base imponible la total responsabilidad hipotecaria.

B) OTRA POSIBLE INTERPRETACIÓN: SUBROGACIÓN REAL

A esta posibilidad se refiere la Dirección General de Seguridad Jurídica y Fe Pública, en resolución de 4 de marzo de 2020 referida precisamente a la novación de una hipoteca mobiliaria.

El supuesto de hecho que contempla es la sustitución de la "marca gravada" por la hipoteca por la misma marca pero con número de registro distinto al haber caducado la primera.

Ante este supuesto de hecho, la DG nos recuerda que la subrogación real ha sido admitida por el legislador en determinadas ocasiones, como en los procedimientos de concentración parcelaria o en los procedimientos de distribución de beneficios y cargas en las actuaciones urbanísticas o en el artículo 110.2 de la ley hipotecaria en que lo subrogado en lugar de la finca o derecho hipoteca es la indemnización sustitutoria a percibir por el propietario, indicando que:

"En tales supuestos, la Ley llega a esa solución aplicando, por necesidades de seguridad jurídica en el tráfico, la convención de entender que la finca o bien gravado en realidad sigue siendo el mismo, es decir, que es el continuador de su historial jurídico en virtud del denominado principio de subrogación real, cuando tal circunstancia resulta de la aplicación de la normativa aplicable".

Por todo ello, la DG revocó la nota de calificación entendiendo que:

"se trata de un supuesto semejante al cambio del nombre de calle, o del número de la misma, en que se encuentra situado el inmueble gravado con hipoteca inmobiliaria, e igual que en este caso se exige el correspondiente certificado municipal acreditativo".

De seguir esta posición no sería necesario cancelar la hipoteca anterior y constituir una hipoteca nueva sino que, con consentimiento de todas las partes, sería perfectamente posible modificar la inscripción de la hipoteca inicial.

Esta operación, en mi opinión, no estaría sujeta a AJD por carecer de cuantía valuable.

C) OPINIÓN PERSONAL

Aún reconociendo que es más ortodoxa la primera postura, personalmente me inclino por intentar defender la segunda postura dado que el registro de bienes muebles tiene distinta estructura que el registro de la propiedad puesto que, obviamente, no se lleva por fincas sino que se lleva por cargas.

Me parece excesivo cancelar la inscripción de la primera hipoteca para abrir un nuevo folio registral con la nueva hipoteca, con el coste fiscal que supone. Esto puede tener justificación en el Registro de la Propiedad pero, en mi opinión, no la tiene en el Registro de Bienes Muebles.

Pero ya digo… es solo una opinión.

20 de julio 2023

HIPOTECA CONSTITUIDA EN GARANTÍA DE UN PRÉSTAMO ENTRE PARTICULARES

A) PRÉSTAMO ENTRE PARTICULARES

El préstamo (o reconocimiento de deuda) entre particulares está sujeto y exento a TPO y no sujeto a AJD por ser impuestos incompatibles.

El esquema de la tributación del préstamo entre particulares podría ser el siguiente:

1. SUJETO A TPO

Así lo establece el art. 7 del TR ITPAJD:

“1. Son transmisiones patrimoniales sujetas:

B) La constitución de derechos reales, préstamos, fianzas, arrendamientos, pensiones y concesiones administrativas, salvo cuando estas últimas tengan por objeto la cesión del derecho a utilizar infraestructuras ferroviarias o inmuebles o instalaciones en puertos y en aeropuertos".

2. EXENTO DE TPO

Así resulta del famoso art. 45 del TR:

"Los beneficios fiscales aplicables en cada caso a las tres modalidades de gravamen a que se refiere el artículo 1 de la presente Ley serán los siguientes:

B) Estarán exentas:

15. Los depósitos en efectivo y los préstamos, cualquiera que sea la forma en que se instrumenten, incluso los representados por pagarés, bonos, obligaciones y títulos análogos".

3. NO SUJECIÓN AJD

Por la incompatibilidad entre TPO y AJD derivada del art. 31.2 del TR ITPAJD en el que no es necesario insistir.

B) HIPOTECA EN GARANTÍA DEL MISMO

La hipoteca constituida en garantía un préstamo entre particulares simultánea al mismo, tributará exclusivamente por el concepto de préstamo.

En este sentido el art. 25 del R ITPAJD:

"1. La constitución de las fianzas y de los derechos de hipoteca, prenda y anticresis, en garantía de un préstamo, tributarán exclusivamente por el concepto de préstamo, cuando la constitución de la garantía sea simultánea con la concesión del préstamo o en el otorgamiento de éste estuviese prevista la posterior constitución de la garantía".

C) EQUIPARACIÓN ENTRE RECONOCIMIENTO DE DEUDA Y PRÉSTAMO

Todo lo dicho para el préstamo es aplicable al reconocimiento de deuda.

En este sentido, el mismo Artículo 25.2 del R ITPAJD:

"Se liquidarán como préstamos personales las cuentas de crédito, el reconocimiento de deuda y el depósito retribuido, con aplicación, en su caso, de lo dispuesto en el apartado anterior".

D) CONCLUSIÓN

Tanto el préstamo o reconocimiento de deuda entre particulares como la hipoteca constituida en garantía de los mismos, estará sujeta y exenta de TPO y no sujeta a AJD.

7 de marzo 2023

TRIBUTACIÓN DE LA LIBERACIÓN DEL DEUDOR EN LOS PRÉSTAMOS HIPOTECARIOS

DGT V0027-23

DGT V0051-23

DGT V3397-20

TOTTRIBUTS se hace eco de dos interesantes consultas relativas a la extinción de condominio con subrogación de hipoteca que no aportan nada nuevo a lo ya conocido pero que, sin duda, interesa recordar.

A) DGT V 0027-23

a) CUESTIÓN

"Si existe tributación en la modalidad de actos jurídicos documentados por liberación de deudor dado que el acreedor no comparece a la firma y el otro codeudor no tiene la facultad de liberarlo frente al banco".

b) RESPUESTA

Al no comparecer el Banco no hay liberación del codeudor. En consecuencia, la escritura no estará sujeta a la modalidad de actos jurídicos documentados por dicho concepto.

B) DGT V 0051-23

a) CUESTIÓN

Mismo supuesto anterior pero la entidad financiera comparece para la liberación del otro comunero, por lo que se ha novado la escritura liberando de la deuda al otro comunero.

b) RESPUESTA

Al comparecer el Banco:

"la liberación en escritura pública notarial de la codeudora del préstamo garantizado mediante hipoteca sobre el inmueble que se adjudica el consultante está sujeto a la modalidad de actos jurídicos documentados del ITPAJD".

El sujeto pasivo será el adjudicatario del inmueble y la base imponible será la parte proporcional correspondiente al codeudor saliente de la total responsabilidad hipotecaria del saldo pendiente tal como estableció la DGT en la V3397-20:

"La base imponible se determinará de conformidad con lo dispuesto en la regla general del artículo 30 del Texto refundido del ITP y AJD, por lo que, sin perjuicio de la comprobación administrativa, el valor declarado será la cantidad o cosa valuable objeto directo del documento notarial, en este caso la responsabilidad hipotecaria de que el codeudor queda liberado, es decir, la parte que le correspondía del capital pendiente más los intereses y cualesquiera otros conceptos incluidos en la hipoteca".

CONCLUSIÓN: SI NO COMPARECE EL BANCO, NO HAY AJD

Hay que tener en cuenta que estas consultas siguen el criterio establecido en su día por el Tribunal Supremo en, a mi juicio, la desafortunada sentencia de 20 de mayo de 2020 que, en mi opinión, olvida que la modificación subjetiva de deudores tiene un carácter meramente obligacional, no accede al Registro y, por supuesto, no altera la responsabilidad hipotecaria.

INSISTO EN LA CONCLUSIÓN

Todos estos problemas se evitan no haciendo comparecer al Banco.

Sin dicho consentimiento, no hay sujeción a AJD.

11.2 LEASING INMOBILIARIO

19 de mayo 2024

LEASING INMOBILIARIO: ESQUEMA GENERAL

Solo por recordar.

A) ADQUISICIÓN POR LA EMPRESA DE LEASING

La adquisición del inmueble por la empresa de leasing tributará por TPO o por IVA y AJD según las reglas generales.

Ejemplos:

a) Sujeta a TPO:

La transmisión del inmueble estará sujeta a TPO si el transmitente no es sujeto pasivo de IVA.

b) Sujeta y exenta de IVA:

La transmisión del inmueble estará sujeta y exenta de IVA si, siendo el transmitente sujeto pasivo de IVA, estamos ante una segunda transmisión.

En este caso, la exención del IVA implica también la exención de TPO por aplicación del art. 45.I.B) 16 del TR ITPAJD.

Este artículo declara exentas de TPO:

"Las transmisiones de edificaciones a las empresas que realicen habitualmente las operaciones de arrendamiento financiero a que se refiere la disposición adicional séptima de la Ley 26/1988, de 29 de julio, para ser objeto de arrendamiento con opción de compra a persona distinta del transmitente, cuando dichas operaciones estén exentas del Impuesto sobre el Valor Añadido".

c) Sujeta y no exenta de IVA:

La transmisión del inmueble estará sujeta y no exenta de IVA si quien transmite el inmueble es sujeto pasivo de IVA, el inmueble forma parte de su patrimonio empresarial y estamos ante una primera transmisión.

En este caso, la transmisión estaría sujeta a IVA y a AJD.

B) ARRENDAMIENTO FINANCIERO

Siempre estará sujeto a IVA y a AJD.

Nunca estará sujeto a TPO.

C) EJERCICIO DE OPCIÓN DE COMPRA

Siempre estará sujeto a IVA y a AJD.

Nunca estará sujeta a TPO.

19 de mayo 2024

EJERCICIO ANTICIPADO DE LA OPCIÓN. BASE IMPONIBLE. POSIBLE INCIDENCIA VRC

TEAC de 21 de enero de 2019.

Sentencia TS de 16 de noviembre de 2022.

A) BASE IMPONIBLE

La base imponible en el ejercicio anticipado de la opción de compra en un leasing inmobiliario está constituido por la suma de las cantidades pendientes de amortizar más el valor residual.

En este sentido, entre otras:

a) Resolución del TEAC de 21 de enero de 2019:

"Por la razón indicada este Tribunal Central considera que en el supuesto de ejercicio anticipado de opción de compra en los contratos de arrendamiento financiero, la Base Imponible, ni es el valor de mercado del inmueble ni tampoco el valor residual del mismo, sino el valor del negocio jurídico documentado en la escritura, y éste no es otro que el precio que se ha fijado entre las partes para, dando fin a la financiación previamente acordada, adquirir el bien en propiedad".

b) Sentencia TS de 16 de noviembre de 2022:

Este criterio ha sido confirmado por el TS en esta sentencia ampliamente comentada en TOTTRIBUTS.

B) POSIBLE INCIDENCIA DEL VRC EN LA TRIBUTACIÓN POR AJD

En mi opinión, el VRC no tiene incidencia en el ejercicio de la opción de compra y ello en base a los siguientes argumentos:

a) El VRC solo tiene incidencia en AJD cuando la base imponible se determina en función del valor de los bienes inmuebles.

En este sentido, el art. 30.1 del TR ITPAJD:

"Cuando la base imponible se determine en función del valor de bienes inmuebles, el valor de estos no podrá ser inferior al determinado de acuerdo con lo dispuesto en el artículo 10 de este texto refundido".

b) En el ejercicio anticipado de la opción de compra (o simplemente ejercicio de la opción de compra), como hemos visto, la base imponible no se determina en función del valor del bien inmueble sobre el que recae la opción de compra, sino sobre la suma de las cantidades pendientes de amortizar más el valor residual.

En este sentido, la propia resolución del TEAC citada excluye expresamente que la base imponible esté constituida por el valor de mercado del inmueble:

"la Base Imponible, ni es el valor de mercado del inmueble ni tampoco el valor residual del mismo, sino el valor del negocio jurídico documentado en la escritura".

C) POSIBLE DOBLE IMPOSICIÓN

No hay doble imposición de AJD en el ejercicio anticipado de la opción de compra.

Como ya comentamos en su día, AJD grava exclusivamente el documento notarial que contenga los requisitos del art. 31.2 del TR.

Las operaciones de leasing se suelen formalizar en dos escrituras (la de constitución y la de ejercicio de la opción de compra) y ambas estarán sujetas a AJD.

Son, por tanto, dos hechos imponibles distintos con dos bases imponible distintas.

En este sentido, la misma resolución del TEAC de 21 de enero de 2019:

"De ahí, que si para un negocio jurídico concreto la práctica jurídica exige un tipo especial de documentación como ocurre en el leasing en el que en su operatoria más frecuente se otorgan dos escrituras (en la constitución, y en el ejercicio de opción de compra) el impuesto documental incidirá en cada una de ellas, (si bien como dos hechos imponibles distintos y por bases imponibles distintas), sin que ello suponga hablar de una doble imposición, figura de la que sólo cabría hablar cuando el mismo acto jurídico quedara gravado doblemente por el mismo tributo, lo que no ocurre en este caso".

CONCLUSIÓN

En las operaciones de leasing inmobiliario, la base imponible en el ejercicio anticipado de la opción de compra estará constituida por la suma de las cantidades pendientes de amortizar más el valor residual, sin que tenga incidencia el VRC y sin que, en ningún caso, podamos hablar de doble imposición.

11.3 FIANZA

11 de marzo 2023

TRIBUTACIÓN DE LA FIANZA. ALGUNOS CASOS CONCRETOS

DGT V0430-06

En mi opinión, la tributación de la fianza es mucho más compleja de lo que a primera vista puede parecer.

La casuística es mucha y la DGT, como en tantas otras ocasiones, mantiene criterios propios que se suelen apartar de principios básicos admitidos por la doctrina.

La cuestión, además, se complica cuando la fianza aparece como un contrato accesorio de otro principal como puede ser una compraventa o un préstamo.

Veamos algunos casos concretos.

1. FIANZA PRESTADA POR SUJETO PASIVO DE IVA EN EL EJERCICIO DE SU ACTIVIDAD.

Se considera una "prestación de servicios" sujeta y exenta de IVA.

Art. 20.I. 18 de la L IVA:

"Están exentas:

f) La prestación de fianzas, avales, cauciones y demás garantías reales o personales, así como la emisión, aviso, confirmación y demás operaciones relativas a los créditos documentarios".

Lógicamente, no estará sujeta ni a TPO, por ser incompatible con IVA, ni a AJD por no ser susceptible de inscripción.

2. FIANZAS PRESTADAS POR PARTICULARES NO SUJETOS PASIVOS DE IVA.

En principio, estarán sujetas a TPO. El sujeto pasivo es el acreedor afianzado y la cuota tributaría es del 1%.

Artículo 7. TR ITPAJD:

"1. Son transmisiones patrimoniales sujetas:

B) La constitución de derechos reales, préstamos, fianzas, arrendamientos, pensiones y concesiones administrativas, salvo cuando estas últimas tengan por objeto la cesión del derecho a utilizar infraestructuras ferroviarias o inmuebles o instalaciones en puertos y en aeropuertos".

3. TRIBUTACIÓN DE COMPRAVENTA CON PRECIO APLAZADO GARANTIZADO CON FIANZA

A) COMPRAVENTA SUJETA A TPO

Dos hechos imponibles:

1. Compraventa: sujeta a TPO.

2. Fianza: sujeta a TPO salvo que la fianza sea prestada por sujeto pasivo de IVA en el ejercicio de su actividad, en cuyo caso, la fianza estará sujeta y exenta de IVA y no sujeta a TPO.

B) COMPRAVENTA SUJETA A IVA

Dos hechos imponibles:

1. Compraventa: sujeta a IVA y a AJD.

2. Fianza: según la DGT, sujeta a TPO salvo que sea prestada por sujeto pasivo de IVA en el ejercicio de su actividad, en cuyo caso, la fianza estará sujeta y exenta de IVA y no sujeta a TPO.

CRÍTICA

No debería estar sujeta a TPO por el principio de accesoriedad, puesto que la obligación principal tributa por IVA y, lógicamente, IVA y TPO son incompatibles.

Por tanto, la DGT no admite en este caso el principio de accesoriedad.

4. TRIBUTACIÓN DE LAS FIANZAS EN GARANTÍAS DE PRÉSTAMOS SUJETOS A IVA

A) CONSTITUCIÓN SIMULTÁNEA O PREVISTA EN EL PRÉSTAMO

Si la fianza se constituye simultáneamente con el préstamo o en el otorgamiento de éste estuviese prevista la posterior prestación de la garantía, no queda sujeta a tributación.

Artículo 15 TR ITPAJD:

"La constitución de las fianzas y de los derechos de hipoteca, prenda y anticresis, en garantía de un préstamo, tributarán exclusivamente por el concepto de préstamo".

Artículo 25.1 R ITPAJD:

"La constitución de las fianzas y de los derechos de hipoteca, prenda y anticresis, en garantía de un préstamo, tributarán exclusivamente por el concepto de préstamo, cuando la constitución de la garantía sea simultánea con la concesión del préstamo o en el otorgamiento de éste estuviese prevista la posterior constitución de la garantía".

IMPORTANTE: Para que se considere que la fianza está prevista en el préstamo inicial, no basta una mera indicación de la posibilidad de su constitución, sino que es necesario que esté prevista la constitución efectiva posterior de la garantía. (DGT V 0430-06).

B) CONSTITUCIÓN POSTERIOR DE LA FIANZA NO PREVISTA EN EL PRÉSTAMO

Para la DGT, si la prestación de la fianza no es simultánea al préstamo y su constitución no estaba prevista en el préstamo inicial, la fianza estará sujeta a TPO salvo que sea prestada por sujeto pasivo de IVA en el ejercicio de su actividad, en cuyo caso, la fianza estará sujeta y exenta de IVA y no sujeta a TPO.

CRÍTICA

Si la operación garantizada, es decir, el préstamo no incide en TPO, tampoco puede incidir en TPO la fianza constituida en garantía del mismo en base a lo dispuesto en el art. 7.5 del TR ITPAJD.

Art. 7.5 TR ITPAJD:

5. "No estarán sujetas al concepto «transmisiones patrimoniales onerosas» regulado en el presente Título las operaciones enumeradas anteriormente cuando, con independencia de la condición del adquirente, los transmitentes sean empresarios o profesionales en el ejercicio de su actividad económica y, en cualquier caso, cuando constituyan entregas de bienes o prestaciones de servicios sujetas al Impuesto sobre el Valor Añadido".

5. AMPLIACIÓN DE FIANZA JUNTO CON AMPLIACIÓN DEL PRÉSTAMO HIPOTECARIO CUANDO SU CONSTITUCIÓN TAMBIÉN ESTABA AFIANZADO

Ambas fianzas son simultáneas al préstamo inicial y a su ampliación por lo que ni la constitución ni la ampliación quedarán sujetas a TPO.

6. CONSTITUCIÓN DE NUEVA FIANZA EN SUSTITUCIÓN DE OTRA ANTERIOR

La nueva fianza quedará sujeta a TPO por no ser simultánea al préstamo siendo la base imponible el importe del capital garantizado. La cancelación de la primera fianza no es hecho imponible en TPO.

7. NOVACIÓN DEL PRÉSTAMO Y CONSTITUCIÓN DE FIANZA

Como la fianza no es simultánea a la constitución del préstamo, quedará sujeta a TPO siendo la base imponible el saldo pendiente o importe afianzado.

8. NOVACIÓN CON AMPLIACIÓN DEL PRÉSTAMO Y CONSTITUCIÓN DE FIANZA

La fianza no tributará en cuanto a la ampliación del préstamo, al ser simultánea al mismo.

Pero si tributará en cuanto al préstamo inicial al no ser simultánea al mismo. La base imponible será el saldo pendiente del préstamo inicial, no del ampliado.

9. COMPRAVENTA CON SUBROGACIÓN DE HIPOTECA Y CONSTITUCIÓN DE FIANZA

Para la DGT, al no ser la fianza simultánea al préstamo, tributará por TPO.

10. LEY 2/1994: SUBROGACIÓN DE ACREEDOR Y CONSTITUCIÓN DE FIANZA

Al ser la fianza simultánea al nuevo préstamo no estará sujeta a tributación.

IMPORTANTE: ESTA MATERIA ESTÁ TRATADA MUY AMPLIAMENTE EN "TODO TRANSMISIONES" Y EN "TOTTRIBUTS".

11.4 OTROS

26 de diciembre 2022

ANTICRESIS Y PACTO ANTICRÉTICO

STS 15 de enero 2015.

Muy curiosa la tributación de todo lo relacionado con la anticresis.

A) PACTO ANTICRÉTICO

El pacto anticrético incluido en una escritura de constitución de hipoteca no está sujeto a AJD.

En este sentido, STS 15 de enero 2015:

Considera esta sentencia que estamos ante un pacto meramente obligacional para las partes, pero sin producción de efectos respecto de terceros, no resultando por ello inscribible en el Registro de la Propiedad.

"Así pues, de la conclusión del tribunal se infiere que aun en el caso de que el pacto anticrético contenido en una escritura de préstamo hipotecario se conceptuase como un auténtico derecho real de anticresis, el hecho de que no tenga por finalidad la realización del valor de la finca a la que afecte, sino únicamente el cobro de los frutos que produzca la finca hipotecada con un propósito extintivo de lo adeudado, lo convierte en un pacto voluntario que acompaña a la constitución de un préstamo hipotecario y cuyo sentido no puede entenderse al margen de la deuda garantizada, configurándose así como un pacto accesorio que debe seguir el mismo régimen que el préstamo hipotecario al que sirve.

Cabe concluir, por tanto, que la constitución simultánea del pacto anticrético y del préstamo hipotecario constituye, a juicio del tribunal, un elemento fundamental para considerar que aquél no se somete a tributación singular y autónoma, ya que opera como complemento de la garantía hipotecaria".

B) ESCRITURA DE CONSTITUCIÓN DE ANTICRESIS

En mi opinión, se aplicarán las normas generales de las hipotecas con algunas particularidades.

REGLA GENERAL

Artículo 15. TR ITPAJD:

"1. La constitución de las fianzas y de los derechos de hipoteca, prenda y anticresis, en garantía de un préstamo, tributarán exclusivamente por el concepto de préstamo".

Por tanto, al igual que ocurre con la hipoteca, tributará el préstamo, no la anticresis.

Y al ser un préstamo concedido por una entidad financiera, estaremos ante una prestación de servicios sujeta y exenta de IVA.

Art. 20.1.18 LIVA:

"Estarán exentas:

c) La concesión de créditos y préstamos en dinero, cualquiera que sea la forma en que se instrumente, incluso mediante efectos financieros o títulos de otra naturaleza".

Eso sí, dado que IVA y AJD son tributos compatibles, la operación tributará por AJD por reunir los requisitos del art. 31.2 del TR.

PARTICULARIDADES

1. SUJETO PASIVO: EL PRESTATARIO

En mi opinión, será aplicable el art. 29 del TR que solo considera sujeto pasivo al prestamista en los préstamos con garantía hipotecaria.

Artículo 29:

"Será sujeto pasivo el adquirente del bien o derecho y, en su defecto, las personas que insten o soliciten los documentos notariales, o aquellos en cuyo interés se expidan.

Cuando se trate de escrituras de préstamo con garantía hipotecaria, se considerará sujeto pasivo al prestamista".

Aunque la interpretación del primer párrafo de este artículo ha sido muy controvertida, este es el criterio que mantiene la administración tributaria.

"A) Determinación del sujeto pasivo en operaciones de préstamo con garantía hipotecaria.

Surge la duda de si el nuevo régimen introducido por el RDL 17/2018, en virtud del cual resulta sujeto pasivo del impuesto el prestamista en aquellas operaciones de préstamos con garantía hipotecaria, resulta extensible a otra serie de operaciones, entre las que se encuentran las siguientes:

1) Préstamos o créditos con otras garantías distintas a la hipotecaria (como ocurre, por ejemplo, con derechos de prenda, anticresis,...).

Dado que la nueva regla especial de determinación del sujeto pasivo hace referencia expresa a los préstamos con garantía hipotecaria —inmobiliaria o mobiliaria—, se ha de entender excluida cualquier otra garantía —ya sea de garantía real, como la prenda, o de garantía personal, como la fianza".

2. BASE IMPONIBLE: IGUAL QUE LAS HIPOTECAS

"La operación de constitución o ampliación de hipotecas, prendas y anticresis debe valorarse por el importe de la obligación o capital garantizado, que debe comprender el principal y, si procede, los intereses con un máximo de cinco años, indemnizaciones, penas por incumplimiento u otro concepto análogo. Si no consta expresamente el importe de la cantidad garantizada, se tomará como base el capital más tres años de intereses".

3. CANCELACIÓN ANTICRESIS

En mi opinión, la cancelación de la anticresis quedará sujeta a AJD puesto que la exención prevista en el artículo 45 del TR se refiere exclusivamente a la cancelación de hipotecas, no alcanzando a otro tipo de garantías.

Art. 45.1.B.18:

"Están exentas

8. Las primeras copias de escrituras notariales que documenten la cancelación de hipotecas de cualquier clase, en cuanto al gravamen gradual de la modalidad "Actos Jurídicos Documentados" que grava los documentos notariales".

2 de febrero 2023

PRÉSTAMOS PARTICIPATIVOS

DGT V1511-14

Los préstamos participativos no tienen la consideración de operación societaria.

No son más que una modalidad de préstamos y, en consecuencia, están sujetos a tributación según las reglas generales de los mismos.

Por ello:

A) Si el prestamista es sujeto pasivo de IVA, la concesión del préstamo participativo estará sujeta y exenta de IVA y no sujeto a TPO. (art. 7.5 TR ITPAJD).

B) Si el prestamista es un particular (no sujeto pasivo de IVA), la concesión del préstamo participativo estará sujeta y exenta de TPO (art. 45.I.B) 15 del TR ITPAJD)

En este sentido se ha pronunciado la DGT en la Consulta V1511-14 de 9 de junio de 2014.

12. SOCIEDADES

12.1 CONSTITUCIÓN

7 de mayo 2024

CONSTITUCIÓN DE UNA SOCIEDAD APORTANDO UNA UNIDAD ECONÓMICA AUTÓNOMA

A) SUPUESTO DE HECHO

Dos sociedades constituyen una nueva sociedad aportando un edificio en construcción, integrado por 20 viviendas y garajes, que a su vez adquirieron a una inmobiliaria de un banco.

Nos planteamos cómo tributa esta operación.

B) CUESTIÓN PREVIA

Para conocer la fiscalidad de esta figura, la clave está, a mi juicio, en determinar si lo que realmente se está aportando es una "unidad económica autónoma" o, por el contrario, estamos ante una mera cesión de bienes.

Para considerar que estamos ante una auténtica transmisión de una "unidad económica autónoma" es necesario que, juntamente con los bienes, se transmita una estructura organizativa que permita su explotación.

En este sentido, el mismo artículo 7 de la ley del IVA:

"En relación con lo dispuesto en este número, se considerará como mera cesión de bienes o de derechos, la transmisión de éstos cuando no se acompañe de una estructura organizativa de factores de producción materiales y humanos, o de uno de ellos, que permita considerar a la misma constitutiva de una unidad económica autónoma".

El régimen fiscal será distinto en uno u otro caso.

C) APORTACIÓN DE UNA UNIDAD ECONÓMICA AUTÓNOMA

Si lo que se aporta es una unidad económica autónoma, su régimen fiscal sería, en mi opinión, el siguiente:

OS: Sujeta y exenta.

IVA: Sujeta y exenta (art. 7 L IVA).

TPO: No sujeta por incompatibilidad con OS.

AJD: No sujeta por incompatibilidad con OS.

IIVTNU: Sujeta si son fincas urbanas.

D) SIMPLE CESIÓN DE INMUEBLES

Si los inmuebles aportados no van acompañados de una estructura organizativa en los términos que hemos expuesto, su régimen fiscal sería, en mi opinión, el siguiente:

OS: Sujeta y exenta.

IVA: Sujeta y no exenta (art. 4 L IVA).

TPO: No sujeta por incompatibilidad con IVA y con OS.

AJD: No sujeta por incompatibilidad con OS.

IIVTNU: Sujeta por ser fincas urbanas.

1 de febrero 2023

CONTRATO DE CUENTAS EN PARTICIPACIÓN

DGT V2234-11

Hace unos días autorice una escritura en la que formalizaba un contrato de cuentas en participación y, lógicamente, me preguntaron sobre su tributación.

Este tema fue tratado por la DGT en la Consulta V2234-11 que podemos sintetizar a la siguiente forma:

A) PRINCIPIO GENERAL: SUPUESTO ASIMILADO A SOCIEDADES

El contrato de cuentas en participación se equipara fiscalmente al contrato de sociedad.

"Artículo 22. TR ITPAJD

A los efectos de este Impuesto se equipararán a sociedades:

2.º Los contratos de cuentas en participación".

B) CONSTITUCIÓN DEL CONTRATO DE CUENTAS EN PARTICIPACIÓN

Si el contrato de cuentas en participación se equipara fiscalmente al contrato de constitución de sociedad, su régimen fiscal será el mismo, por lo que estaremos ante un supuesto de sujeción y exención de operación societaria.

a) Sujeto a OS: art. 19 TR ITPAJD

"1. Son operaciones societarias sujetas:

1.º La constitución de sociedades, el aumento y disminución de su capital social y la disolución de sociedades.

2.º Las aportaciones que efectúen los socios que no supongan un aumento del capital social".

b) Exento de OS: art. 45.I. B. 10 TR ITPAJD

"B) Estarán exentas:

10. Las operaciones societarias a que se refieren los apartados 1.º, 2.º y 3.º del artículo 19.2 "

C) APORTACIONES POSTERIORES DEL CUENTA PARTÍCIPE

Las aportaciones posteriores realizadas por el cuenta partícipe, se equipararan fiscalmente al aumento de capital y seguirán, por tanto, estando sujetos y exentos de operaciones societarias por los mismos argumentos jurídicos vistos para la constitución de sociedad.

D) RESOLUCIÓN DEL CONTRATO DE CUENTAS EN PARTICIPACIÓN

Las operaciones de retirada de fondos del contrato de cuentas en participación o su resolución o cancelación se equiparan fiscalmente a los conceptos de reducción de capital y de disolución de sociedad sin que, y esto es importante, se les pueda aplicar la exención del art. 45 del TR que solo cubre los flujos económicos de los socios a la sociedad, pero no los de la sociedad a los socios.

Por tanto, estaremos ante una operación sujeta y no exenta de OS.

El sujeto pasivo será el socio partícipe, tal como establece el art. 62 del R ITPAJD, el devengo se producirá en el momento de autorizarse la escritura pública (o, en su caso, al firmarse el documento privado), la base imponible será el valor de los bienes o derechos adquiridos por el partícipe (art. 25 TR ITPAJD) y el tipo impositivo será el 1%.

E) IRPF

Por último, recordar que los rendimientos obtenidos por el cuenta partícipe, si éste es una persona física, tributarán en el IRPF como rendimientos del capital mobiliario, tal como establece el artículo 25.2 de la ley IRPF.

"Tendrán la consideración de rendimientos íntegros del capital mobiliario los siguientes:

2. Rendimientos obtenidos por la cesión a terceros de capitales propios.

Tienen esta consideración las contraprestaciones de todo tipo, cualquiera que sea su denominación o naturaleza, dinerarias o en especie, como los intereses y cualquier otra forma de retribución pactada como remuneración por tal cesión, así como las derivadas de la transmisión, reembolso, amortización, canje o conversión de cualquier clase de activos representativos de la captación y utilización de capitales ajenos".

CONCLUSIÓN

1. La formalización del contrato de cuentas en participación y las aportaciones posteriores que efectúen los cuenta partícipes, estarán sujetas y exentas de operaciones societarias.

2. La resolución del contrato de cuentas en participación, así como las devoluciones efectuadas al cuenta partícipe, estarán sujetas y no exentas

de operación societarias y tributarán al tipo del 1% en la forma que hemos comentado.

12.2 AMPLIACIÓN DE CAPITAL

21 de enero 2023

APORTACIÓN DE UN INMUEBLE HIPOTECADO A LA CONSTITUCIÓN O AMPLIACIÓN DE CAPITAL DE UNA SOCIEDAD CON O SIN SUBROGACIÓN HIPOTECARIA

DGT V2327-22

Importante consulta que recuerda y aclara el régimen fiscal de la aportación de un inmueble hipotecado a una sociedad.

El esquema podría ser el siguiente.

A) REGLA GENERAL

1. INCOMPATIBILIDAD ENTRE OS y TPO y AJD

a) INCOMPATIBILIDAD ENTRE OS Y TPO: art. 1.2 TR

"2. En ningún caso, un mismo acto podrá ser liquidado por el concepto de transmisiones patrimoniales onerosas y por el de operaciones societarias".

b) INCOMPATIBILIDAD ENTRE OS Y AJD: art. 31.2 TR

"2. Las primeras copias de escrituras y actas notariales, cuando tengan por objeto cantidad o cosa valuable, contengan actos o contratos inscribibles en los Registros de la Propiedad, Mercantil, de la Propiedad Industrial y de Bienes Muebles no sujetos al Impuesto sobre Sucesiones y Donaciones o a los conceptos comprendidos en los números 1 y 2 del artículo 1 de esta Ley, tributarán, además, al tipo de gravamen que, conforme a lo previsto en la Ley 21/2001, de 27 de diciembre, por la que se regulan las medidas fiscales y administrativas del nuevo sistema de financiación de las Comunidades Autónomas de régimen común y Ciudades con Estatuto de Autonomía, haya sido aprobado por la Comunidad Autónoma".

Por tanto, las transmisiones vinculadas a OS no quedan sujetas ni a TPO ni AJD.

c) COMPATIBILIDAD DE OS CON IVA: art. 8.2.DOS.2 IVA

"Se consideran entregas de bienes:

2.º Las aportaciones no dinerarias efectuadas por los sujetos pasivos del Impuesto de elementos de su patrimonio empresarial o profesional a sociedades o comunidades de bienes o a cualquier otro tipo de entidades y las adjudicaciones de esta naturaleza en caso de liquidación o disolución total o parcial de aquéllas, sin perjuicio de la tributación que proceda con arreglo a las normas reguladoras de los conceptos "actos jurídicos documentados" y "operaciones societarias" del Impuesto sobre Transmisiones Patrimoniales y Actos Jurídicos Documentados".

B) REGLAS ESPECIALES: DGT V2327-22

a) APORTACIÓN A UNA SOCIEDAD DE UN INMUEBLE NO HIPOTECADO: UNA SOLA CONVENCIÓN

APORTANTE NO SUJETO PASIVO DE IVA

La aportación estará sujeta y exenta de OS, y no sujeta a TPO y AJD.

El artículo 45.I.B.11 del TR ITPAJD establece que estarán exentos en las tres modalidades del impuesto:

"11. La constitución de sociedades, el aumento de capital, las aportaciones que efectúen los socios que no supongan aumento de capital y el traslado a España de la sede de dirección efectiva o del domicilio social de una sociedad cuando ni una ni otro estuviesen previamente situados en un Estado miembro de la Unión Europea".

APORTANTE SUJETO PASIVO DE IVA

IVA y OS son compatibles y se superponen, por lo que esta convención estará sujeta y exenta de OS, pero sujeta y no exenta de IVA si se cumplen los requisitos generales.

No estará sujeta a AJD porque AJD y OS son incompatibles.

b) APORTACIÓN A UNA SOCIEDAD DE UN INMUEBLE HIPOTECADO SIN ASUNCIÓN DE DEUDA POR LA SOCIEDAD: UNA SOLA CONVENCIÓN

Mismo régimen anterior.

No tributará ni por OS, ni por TPO, ni por AJD por las razones expuestas.

Puede tributar por IVA, dada su compatibilidad con OS, si se cumplen las normas generales.

No tributará por AJD por ser incompatible con OS.

c) APORTACIÓN A UNA SOCIEDAD DE UN INMUEBLE HIPOTECADO CON ASUNCIÓN DE DEUDA POR LA SOCIEDAD: DOS CONVENCIONES

La asunción de deuda por parte de la sociedad implica una nueva convención sujeta a tributación.

Habría, por tanto, DOS CONVENCIONES:

1. La APORTACIÓN DEL INMUEBLE a la sociedad, como hemos dicho:

Si el aportante no es sujeto pasivo de IVA estaría sujeta y exenta de OS, y no sujeta a TPO y AJD.

Si el aportante es sujeto pasivo de IVA, la aportación del inmueble tributará por IVA, dada su compatibilidad con OS, si se cumplen las normas generales.

2. Y la ASUNCIÓN DE DEUDA y la ADJUDICACIÓN DE BIENES en pago de la misma.

La ASUNCIÓN DE DEUDA no está sujeta ni a TPO ni a AJD puesto que no hay hecho imponible.

No está incluido en el art. 7 TR ITPAJD. Tampoco estaría sujeta a IVA porque no se produce el hecho imponible.

LA ADJUDICACIÓN DE BIENES EN PAGO de la misma tributará de la siguiente forma:

A) SI EL APORTANTE NO ES SUJETO PASIVO DE IVA

La operación estará sujeta a TPO en base al mismo art. 7.2 del TR ITPAJD siendo la base imponible el importe de la deuda en la que se subroga la sociedad.

"2. Se considerarán transmisiones patrimoniales a efectos de liquidación y pago del impuesto:

A) Las adjudicaciones en pago y para pago de deudas, así como las adjudicaciones expresas en pago de asunción de deudas".

B) SI EL APORTANTE ES SUJETO PASIVO DE IVA

La aportación del inmueble a la sociedad ya tributó por IVA en la constitución o en la ampliación de capital.

En cuanto a la adjudicación de bienes en pago de a deuda, siendo IVA y AJD impuestos compatibles, la Consulta de la DGT que comentamos considera que, ésta segunda convención, también estará sujeta a AJD, siendo la base imponible el importe de la deuda subrogada.

En este sentido, la última conclusión de la consulta que comentamos:

"La sujeción al IVA de la adjudicación de los inmuebles, sin exención o sin renuncia a la misma, determina la no sujeción a la modalidad de transmisiones patrimoniales onerosas del ITPAJD, pero la no sujeción por tal modalidad posibilita la aplicación de la cuota variable del documento notarial en cuanto a la parte de los inmuebles que no está sujeta por la modalidad de operaciones societarias, al concurrir todos los requisitos exigidos en el artículo 31.2 del TRLITPAJD".

Por último, no olvidar, que esta aportación estará sujeta a IIVTNU si el inmueble aportado es urbano y que, además, puede provocar una alteración patrimonial en IRPF si el aportante es persona física.

12.3 REDUCCIÓN DE CAPITAL

6 de abril 2024

REDUCCIÓN DE CAPITAL CON DEVOLUCIÓN DE INMUEBLES A LOS SOCIOS

DGT V 2495-21

Hace unos días, en otro apartado de este Chat, se comentó la tributación de esta figura.

El esquema podría ser el siguiente:

A) SUJECIÓN A OS

La reducción de capital, de cualquier tipo que sea, está sujeta a OS.

En este sentido, el art. 19 TR ITPAJD.

"Son operaciones societarias sujetas: 1.º La constitución de sociedades, el aumento y disminución de su capital social y la disolución de sociedades".

B) INCOMPATIBILIDADES

a) OS es incompatible con TPO.

En este sentido, el art. 1 del TR:

"En ningún caso, un mismo acto podrá ser liquidado por el concepto de transmisiones patrimoniales onerosas y por el de operaciones societarias".

b) OS es incompatible con AJD.

En este sentido, el art. 31.2 del TR:

"Las primeras copias de escrituras y actas notariales, cuando tengan por objeto cantidad o cosa valuable, contengan actos o contratos inscribibles en los Registros de la Propiedad, Mercantil, de la Propiedad Industrial y de Bienes Muebles no sujetos al Impuesto sobre Sucesiones y Donaciones o a los conceptos comprendidos en los números 1 y 2 del artículo 1 de esta Ley, tributarán, además, al tipo de gravamen que, conforme a lo previsto en la Ley 21/2001, de 27 de diciembre, por la que se regulan las medidas fiscales y administrativas del nuevo sistema de financiación de las Comunidades Autónomas de régimen común y Ciudades con Estatuto de Autonomía, haya sido aprobado por la Comunidad Autónoma".

c) OS es compatible con IVA.

La reducción de capital con devolución de inmuebles a los socios no deja de ser, a efectos del IVA, una entrega de bienes efectuada por un sujeto pasivo de IVA que puede estar sujeta a este impuesto, además de a OS, dada la compatibilidad entre ambos impuestos.

Esta compatibilidad resulta del art. 8.2 de la ley del IVA:

"También se considerarán entregas de bienes:

2.º Las aportaciones no dinerarias efectuadas por los sujetos pasivos del Impuesto de elementos de su patrimonio empresarial o profesional a sociedades o comunidades de bienes o a cualquier otro tipo de entidades y las adjudicaciones de esta naturaleza en caso de liquidación o disolución total o parcial de aquéllas, sin perjuicio de la tributación que proceda con arreglo a las normas reguladoras de los conceptos "actos jurídicos documentados" y "operaciones societarias" del Impuesto sobre Transmisiones Patrimoniales y Actos Jurídicos Documentados".

C) POSIBLE TRIBUTACIÓN POR IVA DE UNA REDUCCIÓN DE CAPITAL

Conforme a lo expuesto, es perfectamente posible que una reducción de capital con devolución de inmuebles a los socios tribute, no solamente por operación societaria, sino también por IVA dada la compatibilidad entre ambos impuestos.

En ningún caso tributaría por AJD por ser este impuesto incompatible con OS.

Para determinar si, como consecuencia de la reducción de capital, la transmisión del inmueble de la sociedad al socio está sujeta y no exenta de IVA, bastará con aplicar las reglas generales.

Por tanto si, por ejemplo, estamos ante una primera transmisión de una vivienda o de un local, la adjudicación al socio estará sujeta y no exenta de IVA, mientras que si, por el contrario, estamos ante una segunda transmisión de la misma vivienda o local, la operación estará sujeta y exenta de IVA, no pudiendo estar a su vez sujeta a TPO dada la incompatibilidad entre OS y TPO.

No conviene perder de vista que, si estamos ante una segunda transmisión, al tratarse de una entrega de bienes, podría renunciarse a la exención si el socio adjudicatario fuera sujeto pasivo de IVA y se cumplieran los demás requisitos necesarios para la inversión de sujeto pasivo.

CONCLUSIONES

En ningún caso un mismo acto puede ser liquidado por el concepto de transmisiones patrimoniales onerosas, por operaciones societarias y por actos jurídicos documentados.

La reducción de capital con adjudicación a los socios de los inmuebles que constituyen su activo es una operación sujeta a OS y por ello, no sujeta ni a TPO ni a AJD.

Esta misma reducción de capital puede estar sujeta a IVA, además de a OS, por ser impuestos compatibles.

Este mismo criterio es aplicable a las disoluciones de sociedades.

EXCEPCIONES A LAS CONCLUSIONES (qué le vamos hacer)

A) EXCESOS DE ADJUDICACIÓN: DOS CONVENCIONES

En las disoluciones de la sociedades, hay que tener cuidado con los excesos de adjudicación.

En caso de producirse un exceso de adjudicación, estaríamos ante dos hechos imponibles y la disolución de la sociedad no sólo tributaría por OS sino que, además, el exceso de adjudicación estaría sujeto a TPO.

En este sentido, DGT V 2495-21:

"si bien la sujeción de la disolución de una sociedad a la modalidad de operaciones societarias implica la no sujeción de dicha operación a la modalidad de transmisiones patrimoniales onerosas, en virtud de la citada incompatibilidad, debe tenerse en cuenta que tal incompatibilidad se limita a las adjudicaciones que guarden la debida proporción con sus cuotas de participación en el capital social, pero no se extiende a la adjudicación de bienes y derechos a los socios por un valor superior al que corresponda a su participación, que constituye una convención distinta de la disolución de sociedad con adjudicación de bienes a los socios en proporción a su cuota de participación, y que, por ello, deberá tributar por la modalidad de transmisiones patrimoniales onerosas como exceso de adjudicación".

B) ASUNCIÓN DE LA DEUDA CON LA QUE ESTÁ GRAVADO EL INMUEBLE: DOS CONVENCIONES

Si en la reducción de capital o en la disolución de la sociedad, el socio asume la deuda con la que está gravado el inmueble estaríamos ante dos convenciones sujetas a dos tributaciones distintas.

La parte del valor del inmueble que corresponde a la asunción de deuda podría estar gravada por TPO, mientras que el resto del valor del inmueble estaría gravado por OS.

En este sentido se manifiesta la DGT V 2064-16 para un supuesto aumento de capital que, salvo mejor criterio, creo igualmente aplicable la reducciones de capital:

"La transmisión de un bien inmueble a cambio de participaciones de una sociedad limitada, en una ampliación de capital, y de la asunción de la deuda pendiente por la adquisición del inmueble supone la realización de dos hechos imponibles gravados por el ITPAJD, si bien uno de ellos está sujeto a la modalidad de transmisiones patrimoniales onerosas (la parte del inmueble que se entrega a cambio de la asunción de la deuda), mientras que el otro lo está a la modalidad de operaciones societarias (la parte del bien inmueble que se entrega como aportación no dineraria por la suscripción de las participaciones)".

CONCLUSIÓN DE LA CONCLUSIÓN

A disfrutar con las reducciones de capital.

12.4 REPARTO DE DIVIDENDOS

26 de junio 2024

FISCALIDAD DEL REPARTO DE DIVIDENDOS EN ESPECIE

DGT V 3301-15

El otro día tuve este tema en el despacho.

A) SUPUESTO DE HECHO

Una sociedad reparte dividendos entre los socios mediante la transmisión a los mismos de determinados inmuebles de su propiedad.

B) REPARTO DE DIVIDENDOS: NO SUJECIÓN A OS

El reparto de dividendos no está sujeto a OS puesto que no supone la realización de su hecho imponible.

En este sentido, el art. 19 del TR ITPAJD:

"Son operaciones societarias sujetas:

1.º La constitución de sociedades, el aumento y disminución de su capital social y la disolución de sociedades.

2.º Las aportaciones que efectúen los socios que no supongan un aumento del capital social.

3.º El traslado a España de la sede de dirección efectiva o del domicilio social de una sociedad cuando ni una ni otro estuviesen previamente situados en un Estado miembro de la Unión Europea".

C) TRANSMISIÓN ONEROSA DE INMUEBLE: REGLAS GENERALES

En realidad, estamos simplemente ante una transmisión onerosa de un inmueble de una sociedad a sus socios que podrá estar sujeta tanto a TPO como a IVA y AJD por aplicación de las reglas generales.

1. SUJETA A TPO

La transmisión estaría sujeta a TPO si está sujeta y exenta de IVA, en los términos establecidos en el art. 20. Uno. 22. A) de este impuesto que declara exentas:

"Las segundas y ulteriores entregas de edificaciones, incluidos los terrenos en que se hallen enclavadas, cuando tengan lugar después de terminada su construcción o rehabilitación".

Lógicamente, no estaría sujeta a AJD por su incompatibilidad con TPO.

No obstante lo anterior, si el socio adjudicatario fuera sujeto pasivo de IVA, cabría la renuncia a la exención con la consiguiente inversión de sujeto pasivo de IVA.

2. SUJETA A IVA Y AJD

La transmisión estaría sujeta a IVA y a AJD si la transmisión está sujeta y no exenta de IVA, como ocurre por ejemplo con las primeras transmisiones de inmuebles realizadas por sujetos pasivos de IVA en el ejercicio de su actividad, y ello aunque se realicen a favor de sus propios socios.

En este sentido, el art. 4 de la ley IVA:

"Estarán sujetas al impuesto las entregas de bienes y prestaciones de servicios realizadas en el ámbito espacial del impuesto por empresarios o profesionales a título oneroso, con carácter habitual u ocasional, en el desarrollo de su actividad empresarial o profesional, incluso si se efectúan en favor de los propios socios, asociados, miembros o partícipes de las entidades que las realicen".

D) IIVTNU

Lógicamente, tratándose de un inmueble de naturaleza urbana, la transmisión a favor del socio estará sujeta a IIVTNU.

En este sentido, la DGT V3301-15:

"Si la sociedad consultante transmite la propiedad del inmueble urbano a sus socios en concepto de pago de dividendos, se realiza el hecho imponible del IIVTNU, gravándose el incremento de valor de los terrenos de naturaleza urbana que se ponga de manifiesto con ocasión de la transmisión de la propiedad, teniendo dicha transmisión la consideración de transmisión a título oneroso, ya que se realiza como retribución de dividendos. Será sujeto pasivo del impuesto la sociedad transmitente".

CONCLUSIÓN

La transmisión de inmuebles efectuada por la sociedad a sus socios como consecuencia de un reparto de dividendos no está sujeta a OS y tributará como una transmisión onerosa de inmuebles aplicando las reglas generales.

12.5 FUSIONES

15 de mayo 2024

FUSIÓN POR ABSORCIÓN CON TRASPASO DE INMUEBLES DE LA SOCIEDAD ABSORBIDA A LA SOCIEDAD ABSORBENTE

A) SUPUESTO DE HECHO

Típica fusión por absorción en la que los inmuebles de la sociedad absorbida se traspasan en bloque a la sociedad absorbente.

B) TRIBUTACIÓN

En mi opinión, su régimen fiscal se podría sintetizar del siguiente modo:

a) OS: NO SUJECIÓN

Las operaciones de reestructuración no están sujetas a OS.

En este sentido, los art. 19.2 y 21 del TR ITPAJD:

Art. 19.2

"No estarán sujetas:

1.º Las operaciones de reestructuración".

Artículo 21

"A los efectos del gravamen sobre operaciones societarias tendrán la consideración de operaciones de reestructuración las operaciones de fusión, escisión, aportación de activos y canje de valores definidas en el artículo 83, apartados 1, 2, 3 y 5, y en el artículo 94 del Texto Refundido de la Ley del Impuesto sobre Sociedades, aprobado por el Real Decreto Legislativo 4/2004, de 5 de marzo".

b) IVA: NO SUJECIÓN

Al transmitirse un patrimonio empresarial en bloque, la fusión por absorción no estará sujeta a IVA.

En este sentido, el art. 7.1 L IVA:

"No estarán sujetas al impuesto:

1.º La transmisión de un conjunto de elementos corporales y, en su caso, incorporales que, formando parte del patrimonio empresarial o profesional del sujeto pasivo, constituyan o sean susceptibles de constituir una unidad económica autónoma en el transmitente, capaz de desarrollar una actividad empresarial o profesional por sus propios medios, con independencia del régimen fiscal que a dicha transmisión le resulte de aplicación en el ámbito de otros tributos y del procedente conforme a lo dispuesto en el artículo 4, apartado cuatro, de esta Ley".

c) TPO y AJD: SUJETO Y EXENTO

No estando sujeta la operación ni a OS ni a IVA, la fusión por absorción está sujeta y exenta de TPO y de AJD.

En este sentido, el art. Art. 45 B) 10 del TR ITPAJD:

"Están exentas:

10. Las operaciones societarias a que se refieren los apartados 1.º, 2.º y 3.º del artículo 19.2 y el artículo 20.2 anteriores, en su caso, en cuanto al

gravamen por las modalidades de transmisiones patrimoniales onerosas o de actos jurídicos documentados".

d) IIVTNU: NO SUJECIÓN

La transmisión de inmuebles urbanos de la sociedad absorbida a la sociedad absorbente no estará sujeta a IIVTNU.

En este sentido, la Disposición Adicional Segunda de la LIS:

"No se devengará el Impuesto sobre el Incremento de Valor de los Terrenos de Naturaleza Urbana con ocasión de las transmisiones de terrenos de naturaleza urbana derivadas de operaciones a las que resulte aplicable el régimen especial regulado en Capítulo VII del Título VII de esta Ley, a excepción de las relativas a terrenos que se aporten al amparo de lo previsto en el artículo 87 de esta Ley cuando no se hallen integrados en una rama de actividad".

Por tanto, al estar ante un supuesto de no sujeción, para calcular el IIVTNU en una futura transmisión, no se tendrá en cuenta la fecha de la fusión.

"En la posterior transmisión de los mencionados terrenos se entenderá que el número de años a lo largo de los cuales se ha puesto de manifiesto el incremento de valor no se ha interrumpido por causa de la transmisión derivada de las operaciones previstas en el Capítulo VII del Título VII".

CONCLUSIÓN

Aunque se produzca un traspaso inmobiliario de la sociedad absorbida a la sociedad absorbente, estamos ante un acto neutro desde el punto de vista fiscal que únicamente estará sujeto y exento de TPO y AJD en los términos expuestos.

12.6 OTROS

13 de julio 2023

CONSTITUCIÓN DE UNA COMUNIDAD DE BIENES

En mi opinión, la simple constitución de una comunidad de bienes no tributará ni por OS ni por AJD.

A) NO TRIBUTARÁ POR OS

No tributará por OS puesto que es una operación sujeta y exenta.

1. Esta sujeta a OS porque se asimila a la constitución de sociedad.

En este sentido, el art. 22.4 del TR ITPAJD:

"A los efectos de este Impuesto se equipararán a sociedades:

4.º La comunidad de bienes, constituida por «actos inter vivos», que realice actividades empresariales, sin perjuicio de lo dispuesto en la Ley del Impuesto sobre la Renta de las Personas Físicas".

2. Está exenta de OS por aplicación del art. 45.1.B.11 del TR ITPAJD que declara exentas de las tres modalidades del impuesto:

"11. La constitución de sociedades, el aumento de capital, las aportaciones que efectúen los socios que no supongan aumento de capital y el traslado a España de la sede de dirección efectiva o del domicilio social de una sociedad cuando ni una ni otro estuviesen previamente situados en un Estado miembro de la Unión Europea".

B) NO TRIBUTARÁ POR AJD

No tributará por AJD puesto que, entre otras razones, OS y AJD son impuestos incompatibles.

29 de octubre 2023

PATRIMONIO PROTEGIDO: APORTACIÓN REALIZADA POR LA PROPIA PERSONA CON DISCAPACIDAD

DGT V1619-23

ATC 62/22

La DGT aborda este tema en la reciente consulta V1619-23.

A) SUPUESTO DE HECHO

"La consultante va constituir un patrimonio protegido a su favor ante el notario, aportando bienes inmobiliarios y participaciones en acciones familiares que en la actualidad ya forman parte de su patrimonio".

B) REGLA BÁSICA

Para la DGT, el patrimonio protegido no tiene personalidad jurídica propia y, en consecuencia, la aportación realizada por la propia persona con discapacidad a su patrimonio protegido no tendrá ninguna repercusión fiscal.

"Por lo tanto, las aportaciones que realice una persona con discapacidad desde su patrimonio no protegido a su patrimonio protegido no tendrá ninguna repercusión fiscal al no tener personalidad jurídica propia dicho patrimonio protegido, y ser el titular de los bienes el mismo sujeto pasivo, con independencia de que los bienes se encuentren dentro de su patrimonio protegido o de su patrimonio no protegido".

C) IRPF

Por tanto, con relación al IRPF, no se producirá ninguna alteración patrimonial sujeta a tributación.

"En ningún caso darán derecho a reducción las aportaciones efectuadas por la propia persona con discapacidad titular del patrimonio protegido", ni generará en el titular del patrimonio ninguna renta, ya que, al ser éste titular de los bienes adscritos a dicho patrimonio protegido, la adscripción de éstos a su patrimonio protegido únicamente implicará la existencia de un desplazamiento del bien entre las distintas masas patrimoniales del propio discapacitado, lo que a efectos del Impuesto no constituye una ganancia o pérdida patrimonial, ya que estas sólo se producen cuando se altera la composición del patrimonio total o conjunto del contribuyente, formado por la totalidad de las masas patrimoniales de su titularidad (artículo 33 de la LIRPF), lo que no ocurriría en este caso. (...)".

D) NI TPO NI ISD

Al no producirse ningún desplazamiento patrimonial, no se producirá el hecho imponible ni del ITP ni del ISD.

"En el mismo sentido, esta operación no dará lugar a ninguna transmisión onerosa o lucrativa susceptible de tributar en la modalidad de transmisiones patrimoniales onerosas del Impuesto sobre Transmisiones Patrimoniales y Actos Jurídicos Documentados —en adelante, ITPAJD— o en Impuesto sobre Sucesiones y Donaciones —en adelante, ISD—, así como en cualquier otro impuesto derivado de una transmisión, ya que los bienes no salen del patrimonio del consultante, no cambian de titularidad".

E) AJD

Por último, al no estar sujetas dichas aportaciones ni a TPO ni a ISD, podrían estar sujetas a AJD si se dan los requisitos conocidos del art. 31.2 del TR ITPAJD.

Y, de estar sujetos, se aplicaría la exención del art. 45. 1. B) 21:

"B) Estarán exentas:

(...)

21. Las aportaciones a los patrimonios protegidos de las personas con discapacidad regulados en la Ley de protección patrimonial de las personas con discapacidad, de Modificación del Código Civil, de la Ley de Enjuiciamiento Civil y de la Normativa Tributaria con esta finalidad".

F) PARTICULARIDAD CATALANA

Hasta hace muy poco, la exención de AJD no se aplicaba en Cataluña puesto que el art. 45.1.B) 21 sólo se refería a los Patrimonios Protegidos constituidos con arreglo a la ley estatal.

En este sentido, consulta ATC 62/22:

"S'observa, per tant, que el precepte actual que estableix el benefici fiscal fa referència exclusiva a la Llei 41/2003, de 18 de novembre, no estenen la seva aplicació als patrimonis protegits catalans, regulats en una altra norma; en particular, mitjançant la Llei 25/2010, de 29 de juliol".

En la actualidad la situación ha cambiado puesto que la disposición final 2 de la ley 13/2023 de 24 de mayo, añadió una disposición adicional tercera a la Ley estatal 41/2003 sobre Patrimonios Protegidos, extendiendo los beneficios fiscales de la ley estatal a los Patrimonios Protegidos constituidos con arreglo al derecho autonómico.

"Todos los beneficios fiscales establecidos en esta ley, o en cualquier otra norma tributaria estatal, relativos a los patrimonios protegidos de las personas con discapacidad constituidos con arreglo a la misma, serán aplicables, en los mismos términos y condiciones, a los formalizados de acuerdo con las respectivas leyes que regulen esta figura con la misma finalidad en las distintas Comunidades Autónomas con competencias constitucionales para regular su propio derecho civil, foral o especial, en esta materia.

A los exclusivos efectos correspondientes a los beneficios fiscales establecidos en esta Ley o a los efectos fiscales correspondientes a cualquier norma tributaria estatal, se considerará que la persona con discapacidad a cuyo beneficio se constituye el patrimonio protegido es el titular de los bienes y derechos que integran dicho patrimonio y que las aportaciones realizadas al mismo por personas distintas a dicho titular constituyen transmisiones a éste a título lucrativo".

G) INFLUENCIA NOTARIAL

Este cambio normativo fue promovido desde el Colegio Notarial de Cataluña por iniciativa de la Comisión Fiscal y con el impulso decidido de nuestro Decano, José Alberto Marín, contando con el apoyo del PDeCAT.

CONCLUSIÓN

Los patrimonios protegidos en favor de las personas con discapacidad de Cataluña hoy disfrutan de los mismos beneficios fiscales que los del resto de España.

13. PLUSVALÍA MUNICIPAL

22 de julio 2023

PLUSVALÍA MUNICIPAL: NO SE PUEDEN RECLAMAR LAS NO RECURRIDAS ANTES DE LA DECLARACIÓN DE INCONSTITUCIONALIDAD

El TS rechaza que se reclame la plusvalía municipal no recurrida antes de fallo del TC.

https://www.elconfidencial.com/economia/2023-07-21/reclamar-liquidaciones-recurridas-plusvalia-municipal_3705272/

No por esperada deja de ser una mala noticia.

Recordemos que el punto más conflictivo de la STC de 26 de octubre de 2021 era el relativo al "Alcance y efectos de la declaración de inconstitucionalidad y nulidad" contenido en el fundamento jurídico sexto.

Este fundamento jurídico consideraba como situaciones no susceptibles de ser revisadas, por un lado, todas aquellas que ya hubieran sido decididas definitivamente mediante sentencia con fuerza de cosa juzgada o mediante resolución administrativa firme (con lo que podemos estar más o menos de acuerdo).

"No pueden considerarse situaciones susceptibles de ser revisadas con fundamento en la presente sentencia aquellas obligaciones tributarias devengadas por este impuesto que, a la fecha de dictarse la misma, hayan sido decididas definitivamente mediante sentencia con fuerza de cosa juzgada o mediante resolución administrativa firme".

Y por otro lado, y esto es lo más criticable, también consideraba como situaciones consolidadas y, en consecuencia, no susceptibles de revisión, ni las liquidaciones provisionales o definitivas no impugnadas a la fecha de la sentencia ni las autoliquidaciones cuya rectificación no hubiera sido solicitada.

"A estos exclusivos efectos, tendrán también la consideración de situaciones consolidadas (i) las liquidaciones provisionales o definitivas que no hayan sido impugnadas a la fecha de dictarse esta sentencia y (ii) las autoliquidaciones cuya rectificación no haya sido solicitada ex art. 120.3 LGT a dicha fecha".

Esta fijación del alcance y efectos de la declaración de inconstitucionalidad realizada por la sentencia que comentamos fue, en su día, duramente criticado por algún sector doctrinal que consideraba, en mi opinión con buen criterio, que al TC le correspondía exclusivamente resolver si determinado precepto debía de ser expulsado o no del ordenamiento jurídico, pero que, una vez expulsado, los efectos y el alcance de la inconstitucionalidad deberían ser determinados por los tribunales ordinarios y, en última instancia por el TS.

Hay que recordar que todo sujeto pasivo tiene la posibilidad de rectificar su autoliquidación en el plazo de 4 años a contar desde que termina el plazo voluntario de pago del impuesto y este derecho, en mi opinión, ha sido vulnerado.

En este sentido, el art. 120.3 LGT:

"3. Cuando un obligado tributario considere que una autoliquidación ha perjudicado de cualquier modo sus intereses legítimos, podrá instar la rectificación de dicha autoliquidación de acuerdo con el procedimiento que se regule reglamentariamente".

Tampoco se puede perder de vista que el mismo TC había declarado reiteradamente la constitucionalidad del IIVTNU en las sentencias previas de 11 de mayo de 2017 y de 31 de octubre de 2019 que se limitaron a declarar exclusivamente la inconstitucionalidad de aquellos supuestos en los que sencillamente o no había incremento de valor o el incremento existiendo era inferior a la cuota tributaría.

En todos los demás casos, para el TC, el IIVTNU era constitucional.

Por ello, todos aquellos ciudadanos que de buena fe confiaron en el criterio del TC y ni impugnaron sus liquidaciones ni rectificaron sus autoliquidaciones son los que se van a ver afectados por esta sentencia tal como ya apuntó en su día Conde Pumpido en su voto particular a la sentencia.

Lo dicho, una pena.

PLUSVALÍA MUNICIPAL: TRIBUNAL CONSTITUCIONAL

A modo de resumen sobre las sentencias del TRIBUNAL CONSTITUCIONAL sobre la Plusvalía Municipal cuya lectura íntegra se recomienda:

A) STC 59/2017 DE 11 DE MAYO

Declara inconstitucional el artículo 107 de la LHL (base imponible) pero:

"únicamente en la medida que someten a tributación situaciones de inexistencia de incremento de valor".

Es decir, no tributarán las ventas a pérdidas.

Importante: declara que es constitucional tanto el IIVTNU, como el sistema de cálculo objetivo para determinar el incremento de valor.

B) STC 31 DE OCTUBRE DE 2019

Completa la anterior declarando la inconstitucionalidad parcial del artículo 107.4 pero sólo:

"en aquellos supuestos en que la cuota a pagar sea superior al incremento patrimonial obtenido por el contribuyente" y solo en la parte que lo supere.

Es decir, la liquidación nunca puede ser superior a la ganancia obtenida.

Esta sentencia vuelve a insistir en que el IIVTNU es constitucional.

C) STC DE 26 DE OCTUBRE DE 2021

Supone un cambio radical de criterio.

En el supuesto de hecho que da lugar a esta sentencia, se había producido incremento de valor (ejemplo 10), la cuota a pagar no superaba el incremento de valor (ejemplo 6) pero el resultado con el cálculo objetivo era que el contribuyente tenía que abonar el 60% de la ganancia obtenida lo que consideraba confiscatorio.

El TC le da la razón al contribuyente.

El TC, en esta sentencia, cambia radicalmente de criterio y declara la nulidad total del sistema de cálculo objetivo (que hasta ahora había declarado reiteradamente como constitucional), provocando el vacío normativo que todos conocemos.

IIVTNU: LA DGT CAMBIA DE CRITERIO RESPECTO A LA TRIBUTACIÓN DE LA EXTINCIÓN DE USUFRUCTO. NO SUJECIÓN

DGT V1451-22

DGT V1509-22

DGT V1596-22

A) TESIS TRADICIONAL

Hasta esta consulta, la DGT consideraba que en el momento del fallecimiento de usufructuario, el nudo propietario adquiere un derecho de goce y disfrute que anteriormente nunca le había pertenecido y, en consecuencia, esa consolidación del dominio estaba sujeta a IIVTNU.

La consecuencia de esta postura era que para calcular el IIVTNU en la futura transmisión había que tener en cuenta dos fechas y dos valores distintos. El valor y fecha de la adquisición de la nuda propiedad y el valor y fecha de la adquisición del usufructo por consolidación.

B) CAMBIO DE CRITERIO (V1451-22)

Esta consulta cambia radicalmente el criterio que hasta ahora había mantenido en esta materia la DGT.

Partiendo de la base de que el artículo 104 de la LHL grava "la constitución y transmisión de cualquier derecho real de goce", concluye que la extinción del usufructo, y consiguiente consolidación en el nudo propietario, es un supuesto de no sujeción al no estar incluido en el hecho imponible.

Su argumentación es clara:

Al fallecimiento del usufructuario, se extingue el usufructo y un derecho extinguido no se puede transmitir.

"por lo que, una vez extinguido el derecho real de usufructo, no hay una transmisión de tal derecho a la persona del nudo propietario, sino tan solo una recuperación de las facultades de goce sobre el bien por el propietario".

Por tanto, concluye, estamos ante un supuesto de no sujeción.

La consecuencia de esta no sujeción es que para calcular el IIVTNU en la futura transmisión habrá tener en cuenta exclusivamente la fecha en que se adquirió la nuda propiedad del inmueble y no la fecha de la consolidación.

14. IRPF

24 de abril de 2024

IRPF: APORTACIÓN DE UN BIEN PRIVATIVO A LA SOCIEDAD DE GANANCIALES

DGT V0003-24

Resulta curiosa la evolución fiscal que ha tenido este tema.

A) CUESTIÓN PLANTEADA

Si la aportación de determinados bienes de carácter privativo, a título gratuito, a la sociedad de gananciales implica la existencia de una alteración patrimonial en sede del cónyuge aportante, susceptible de tributar en el Impuesto sobre la Renta de las Personas Físicas.

B) PUNTO DE PARTIDA: STS 3/3/2021. ISD-ITPAJD

Este tema, con relación al ITPAJD y al ISD, fue abordado por el TS en sentencia de 3 de marzo de 2021 que ya fue comentada en este Chat.

En resumen, decíamos que la aportación onerosa de un bien privativo a la sociedad de gananciales estaba sujeta y exenta tanto de TPO como de AJD por aplicación del art. 45.I.B) del TR, mientras que la aportación gratuita no estaba sujeta a ISD, puesto que dicho impuesto grava los incrementos de patrimonio obtenidos a título gratuito por las personas físicas y la sociedad de gananciales no es una "persona física" sino, más bien, un patrimonio separado distinto al privativo de los cónyuges:

"De lo dicho anteriormente se desprende que la aportación a título gratuito por un cónyuge de un bien privativo a su sociedad de gananciales no se encuentra sujeta al ITPAJD, ni puede ser sometida a gravamen por el Impuesto sobre Donaciones la sociedad de gananciales, como patrimonio separado, en tanto que sólo puede serlo las personas físicas y aquellas instituciones o entes que especialmente se prevea legalmente, sin que exista norma al efecto respecto de la sociedades de gananciales, y sin que quepa confundir la operación que nos ocupa, en la que el beneficiario es la sociedad de gananciales, con la aportación a título gratuito por un cónyuge de un bien privativo a favor del otro cónyuge".

El TS no se manifiesta, en esta sentencia, sobre la incidencia de esta aportación en el IRPF.

Si lo hacen, aunque con criterios opuestos, el TEAR de Madrid en resolución de 25 de mayo 2022, el TEAC en resolución de 24 de enero de 2024 y la DGT en la consulta que comentamos.

C) TEAR MADRID 25/05/2022: IRPF: NO HAY ALTERACIÓN PATRIMONIAL

Para el TEAR ni la aportación gratuita, ni la aportación onerosa de un inmueble a la sociedad de gananciales implicará alteración patrimonial alguna y ello en base al criterio de la citada STS

En concreto, el TEAR señala en relación con el IRPF:

"no hay alteración patrimonial en el supuesto de la aportación de un bien inmueble a la sociedad de gananciales en ninguno de los cónyuges en la línea de la STS de 3/3/2021 que, aunque referida a ITP, entiende que no hay cuotas en la copropiedad de la sociedad de gananciales (comunidad germánica)".

Todo este régimen fiscal deriva de la concepción el Tribunal Supremo de la sociedad de gananciales como un patrimonio separado distinto al privativo de los cónyuges.

D) TEAC: 24/01/2024: IRPF: HAY ALTERACIÓN PATRIMONIAL

El TEAC cambió la postura anterior en Resolución de unificación de criterio de 24/01/2024 considerando que la aportación de un bien privativo a la sociedad de gananciales implica una alteración patrimonial para el cónyuge aportante sujeta a IRPF calculada sobre la mitad del bien aportado:

"La aportación realizada por uno de los cónyuges a la sociedad de gananciales de un bien privativo que, a efectos del IRPF, se considera tras dicha aportación de titularidad de ambos cónyuges por mitad, supone para el aportante una alteración en la composición de su patrimonio capaz de generar una ganancia o pérdida patrimonial en el IRPF de acuerdo con lo establecido en el artículo 33.1 de la LIRPF, que se determinará, en virtud del artículo 34 de la LIRPF, por la diferencia entre los valores de adquisición y transmisión de la mitad del bien aportado, valores que vienen definidos en los artículos 35 y 36 de la LIRPF para las transmisiones onerosas y lucrativas respectivamente".

D) DGT V0003-24: IRPF: HAY ALTERACIÓN PATRIMONIAL

La DGT ha sido especialmente diligente en hacer suya esta última posición del TEAC, considerando que la aportación de un bien privativo a la sociedad de gananciales supone una alteración patrimonial para la aportante que se calculará sobre el 50% de la aportación.

Para defender su postura, la DGT se basa fundamentalmente en dos artículos: el art. 8 y el art. 11.3 del IRPF.

Del artículo 8 se desprende que, a efecto de este impuesto, el contribuyente no es la sociedad de gananciales sino que son los propios cónyuges.

"En consecuencia, a efectos del impuesto, como la sociedad de gananciales no tiene la consideración de contribuyente, los sujetos pasivos del Impuesto serán los cónyuges, de acuerdo con lo establecido en el citado artículo 8 de la Ley del Impuesto".

Y del art. 11.3 se desprende que las rentas que por su régimen económico matrimonial sean comunes a ambos cónyuges, se atribuirán por mitad a cada uno de ellos, salvo que se justifique otra participación.

"Por su parte, al establecer el artículo 11.3 de la Ley del Impuesto que, a efectos del mismo, la titularidad de los bienes y derechos de la sociedad de gananciales, se atribuirá por mitad a cada uno de ellos, como el aportante y el adquirente del 50 por 100 del porcentaje de titularidad aportado a la sociedad de gananciales son la misma persona, por el 50 por 100 de la aportación no se produce ninguna transmisión, sin embargo, sí se produciría por la parte que corresponde al cónyuge no aportante (50%)".

Y, en base a estos dos preceptos, la conclusión para la DGT es clara:

"De acuerdo con ambos preceptos, la aportación realizada por uno de los cónyuges a la sociedad de gananciales de un bien de su exclusiva titularidad que, a efectos del Impuesto y por aplicación del citado artículo 11.3 de la Ley del Impuesto, se considera tras la aportación de titularidad de ambos cónyuges por mitad, constituirá en el aportante una alteración en la composición de su patrimonio, que generará una ganancia o pérdida patrimonial en el Impuesto sobre la Renta de las Personas Físicas".

E) IIVTNU: NO SUJECIÓN

Parece claro que ni la aportación onerosa ni la aportación gratuita de un bien privativo a la sociedad de gananciales, estará sujeta a IIVTNU en base a lo dispuesto en el art. 104. 3 de la LHL.

"3. No se producirá la sujeción al impuesto en los supuestos de aportaciones de bienes y derechos realizadas por los cónyuges a la sociedad conyugal, adjudicaciones que a su favor y en pago de ellas se verifiquen y transmisiones que se hagan a los cónyuges en pago de sus haberes comunes".

F) CONCLUSIÓN

De todo lo expuesto, parece deducirse que el régimen fiscal de la aportación de un bien privativo a la sociedad de gananciales, según la DGT, sería el siguiente:

1. ITPAJD: Sujeto y exento.
2. ISD.: No sujeto.
3. IRPF.: Sujeto y no exento.
4. IIVTNU.: No sujeto.

(Todo ello, por ahora)

31 de julio 2024

APORTACIÓN DE BIEN PRIVATIVO A LA SOCIEDAD DE GANANCIALES. CAMBIO DE CRITERIO DE LA ADMINISTRACIÓN TRIBUTARIA

DGT V 0471-24

Un supuesto más en que la Administración Tributaria ha cambiado de criterio.

Resumiendo:

A) TESIS TRADICIONAL: NO HAY ALTERACIÓN PATRIMONIAL

– STS de 3 de marzo de 2021.

– DGT V2032-22 de 21/9/2022.

– TEAR de Madrid de 25/5/2022.

Ni la aportación gratuita, ni la aportación onerosa de un inmueble a la sociedad de gananciales implicará alteración patrimonial alguna.

Ese es el criterio que mantuvo el TEAR de Madrid en la resolución citada, basándose en el criterio de la STS que también comentamos.

En concreto, el TEAR de Madrid señala respecto del IRPF:

"que no hay alteración patrimonial en el supuesto de la aportación de un bien inmueble a la sociedad de gananciales en ninguno de los cónyuges en la línea de la STS de 3/3/2021 que, aunque referida a ITP, entiende que no hay cuotas en la copropiedad de la sociedad de gananciales (comunidad germánica)".

Todo este régimen fiscal deriva de la concepción del Tribunal Supremo de la Sociedad de gananciales como un patrimonio separado distinto al privativo de los cónyuges.

El Tribunal Supremo considera que la sociedad de gananciales:

"constituye un patrimonio separado distinto del patrimonio privativo de cada uno de los cónyuges, y que funciona como un régimen de comunidad de adquisiciones. Por ello, cuando, se produce una aportación de un bien a favor de la sociedad de gananciales, no se produce la copropiedad del bien entre los cónyuges sobre una cuota determinada, no existe un proindiviso, sino que ambos cónyuges son titulares del total".

CONCLUSIÓN:

No hay alteración patrimonial en el IRPF puesto que el cónyuge aportante sigue siendo titular de la totalidad del inmueble aunque, eso sí, con carácter ganancial.

B) TESIS ACTUAL: HAY ALTERACIÓN PATRIMONIAL

– TEAC de 23 de enero de 2024.

– DGT V0469-24.

– DGT V0471-24.

La aportación gratuita u onerosa de un inmueble privativo a la sociedad de gananciales implicará una alteración patrimonial para el aportante que se calculará según las reglas generales.

En este sentido, la citada resolución del TEAC de unificación de criterios:

"La aportación realizada por uno de los cónyuges a la sociedad de gananciales de un bien privativo que, a efectos del IRPF, se considera tras dicha aportación de titularidad de ambos cónyuges por mitad, supone para el aportante una alteración en la composición de su patrimonio capaz de generar una ganancia o pérdida patrimonial en el IRPF de acuerdo con lo establecido en el artículo 33.1 de la LIRPF, que se determinará, en virtud del artículo 34 de la LIRPF, por la diferencia entre los valores de adquisición y transmisión de la mitad del bien aportado, valores que vienen definidos en los artículos 35 y 36 de la LIRPF para las transmisiones onerosas y lucrativas respectivamente".

C) ARGUMENTO DE LA TESIS ACTUAL

El TEAC entiende que, a efectos del IRPF, la titularidad de los bienes correspondientes a la sociedad de gananciales se deben atribuir por mitades a cada uno de los cónyuges.

En este sentido, el art. 11.3 del IRPF:

"La titularidad de los bienes y derechos que conforme a las disposiciones o pactos reguladores del correspondiente régimen económico matrimonial, sean comunes a ambos cónyuges, se atribuirá por mitad a cada uno de ellos, salvo que se justifique otra cuota de participación".

Por tanto, para el TEAC, y en consecuencia para la DGT, sí que se produce una alteración patrimonial puesto que el cónyuge aportante del bien privativo pasa de ser titular del 100% del inmueble a ser titular sólo del 50%.

D) CONCLUSIÓN

Tanto para el TEAC como para la DGT, la aportación de un bien privativo a la sociedad de gananciales, tanto si se realiza a título oneroso como gratuito, implica una alteración en la composición del patrimonio del aportante capaz de generar una ganancia o perdida patrimonial que se calculará según las reglas generales.

Habrá que esperar a ver qué dice el Tribunal Supremo.

13 de enero 2024

EXTINCIÓN DE CONDOMINIO SOBRE UN INMUEBLE CON UN EXCESO DE ADJUDICACIÓN COMPENSADO EN METÁLICO. ALTERACIÓN PATRIMONIAL EN IRPF

STS 10-10-2022.

STS 12-7-2022.

DGT V0143-22

De la aplicación conjunta de la sentencias del Tribunal Supremo y de la consulta de la DGT citadas, así como de la influencia de los nuevos valores de referencia catastrales, resulta, en mi opinión, que la tributación de la extinción de condominio sobre un bien inmueble es, en la actualidad, un auténtico disparate.

Intento explicarlo con un ejemplo.

Parto de la base de un supuesto de hecho general y de una serie de variaciones en función del valor que al inmueble han atribuido los copropietarios.

A) SUPUESTO DE HECHO GENERAL

En el año 2010, dos personas adquieren por mitad y proindiviso un inmueble por 100.

Su valor de referencia catastral hoy es 200.

En 2023 deciden extinguir el condominio adjudicándose el inmueble uno de ellos, que abona al otro lo que le corresponde en metálico.

B) VARIACIONES: VALOR QUE SE ATRIBUYE AL INMUEBLE EN LA EXTINCIÓN

1. VALOR DEL INMUEBLE: 100

Los copropietarios extinguen el condominio, valoran el inmueble en 100 por lo que el adjudicatario abona al otro copropietario 50.

La tributación sería, en mi opinión, la siguiente:

– AJD:

La operación está sujeta a AJD siendo la base imponible 100 puesto que el valor de referencia catastral es 200.

– IMPUESTO DONACIONES

Al producirse, atendiendo al valor de referencia catastral, un exceso de adjudicación no compensado, la extinción de condominio quedará sujeta, además, al impuesto de donaciones.

La base imponible será 50 que es lo que, atendiendo al VRC, le faltaría recibir al copropietario saliente.

El sujeto pasivo será el copropietario adjudicatario del inmueble por ser el beneficiario de dicho exceso.

– IRPF

Por aplicación de la sentencia del STS 10-10-2022, al no haberse producido una variación del valor, (se adquirió por 100 y ahora se valora en 100), en principio, no se habrá producido una alteración patrimonial sujeta a tributación.

No obstante, esto no es exactamente así porque esta valoración efectuada por los copropietarios en la extinción de condominio (100) siempre está sujeta a una posible comprobación de valores por parte de la Administración y nunca podrá ser inferior al valor normal de mercado.

En este sentido, el artículo 35.2 del IRPF:

"El valor de transmisión será el importe real por el que la enajenación se hubiese efectuado.

Por importe real del valor de enajenación se tomará el efectivamente satisfecho, siempre que no resulte inferior al normal de mercado, en cuyo caso prevalecerá éste".

2. VALOR DEL INMUEBLE: 150

Los copropietarios extinguen el condominio, valoran el inmueble en 150 por lo que el copropietario adjudicatario abona al copropietario saliente 75.

La tributación sería, en mi opinión, la siguiente:

– AJD:

La operación está sujeta a AJD siendo la base imponible 100 puesto que el valor de referencia catastral es 200.

En este sentido, la DGT V0143-2022:

"En la liquidación a practicar por la modalidad de Actos Jurídicos Documentados, la base imponible será el valor declarado del documento notarial que, si se determinase en función del valor de bienes inmuebles, no podrá ser inferior al valor de referencia previsto en la normativa reguladora del catastro inmobiliario".

– IMPUESTO DONACIONES

Al producirse, atendiendo al valor de referencia catastral, un exceso de adjudicación no compensado, la extinción de condominio quedará sujeta, además, al impuesto de donaciones.

"Si conforme a dichos valores (VRC) se produjese un exceso de adjudicación, si éste no fuera objeto de compensación deberá tributar como donación conforme al Impuesto sobre Sucesiones y Donaciones, sin perjuicio de que los interesados, de no estar conformes con el valor de referencia, soliciten la rectificación de la autoliquidación en los términos expuestos en el artículo 10 del Texto Refundido".

La base imponible será 25 que es lo que, atendiendo al VRC, le faltaría recibir al copropietario saliente. El sujeto pasivo será el adjudicatario del inmueble por ser el beneficiario de dicho exceso.

– IRPF

Por aplicación de la sentencia del STS 10-10-2022, al haberse producido una variación del valor, (se adquirió por 100 y ahora se valora en 150) se habrá producido una alteración patrimonial sujeta a tributación.

El sujeto pasivo será el copropietario saliente y la base imponible será la diferencia entre el valor de su cuota en el momento de la adquisición (50) y el valor de su cuota en el momento de la extinción del condominio (75). Por tanto, su ganancia patrimonial será de 25.

3. VALOR DEL INMUEBLE: 200.

Los copropietarios extinguen el condominio, valoran el inmueble en 200, por lo que el copropietario adjudicatario abona al copropietario saliente 100.

La tributación sería, en mi opinión, la siguiente:

– AJD:

La operación está sujeta a AJD siendo la base imponible 100 puesto que el valor de referencia catastral es 200.

– IMPUESTO DE DONACIONES

Al coincidir el valor dado por los copropietarios (200) con el valor de referencia catastral (200) no habrá ningún un exceso de adjudicación no compensado, por lo que la extinción de condominio no estará sujeta al Impuesto de Donaciones.

– IRPF

Por aplicación de la sentencia del STS 10-10-2022, al haberse producido una variación del valor, (se adquirió por 100 y ahora se valora en 200) se habrá producido una alteración patrimonial sujeta a tributación.

El sujeto pasivo será el copropietario saliente y la base imponible será la diferencia entre el valor de su cuota en el momento de la adquisición (50) y el valor de su cuota en el momento de la extinción del condominio (100). Por tanto, su ganancia patrimonial será de 50.

C) APLICABLE A LOS TRES SUPUESTOS

– IIVTNU

La extinción de condominio, en los tres casos expuestos, no está sujeta a IIVTNU.

– TPO

La extinción de condominio, en los tres casos expuestos, no está sujeta a TPO por aplicación del art. 7.2 B) del TR ITPAJD dado que siempre estamos ante un inmueble indivisible, que se adjudica a uno y se compensa en metálico.

13 de enero 2024

INCIDENCIA DEL VALOR DE REFERENCIA CATASTRAL EN EL IRPF. TRANSMISIONES ONEROSAS Y TRANSMISIONES LUCRATIVAS

En mi opinión, hay que distinguir entre:

A) ADQUISICIONES O TRANSMISIONES ONEROSAS

Para calcular la posible alteración patrimonial hay que estar al importe real de la adquisición o transmisión, es decir, al valor escriturado. No al valor de referencia catastral.

En este sentido el art. 35 del IRPF:

“1. El valor de adquisición estará formado por la suma de:

a) El importe real por el que dicha adquisición se hubiera efectuado.

b) El coste de las inversiones y mejoras efectuadas en los bienes adquiridos y los gastos y tributos inherentes a la adquisición, excluidos los intereses, que hubieran sido satisfechos por el adquirente.

En las condiciones que reglamentariamente se determinen, este valor se minorará en el importe de las amortizaciones.

2. El valor de transmisión será el importe real por el que la enajenación se hubiese efectuado. De este valor se deducirán los gastos y tributos a que se refiere la letra b) del apartado 1 en cuanto resulten satisfechos por el transmitente.

Por importe real del valor de enajenación se tomará el efectivamente satisfecho, siempre que no resulte inferior al normal de mercado, en cuyo caso prevalecerá éste”.

Por tanto, habrá que calcular la posible alteración patrimonial en las transmisiones onerosas por el valor escriturado, no por el VRC.

B) ADQUISICIONES O TRANSMISIONES LUCRATIVAS

Para calcular la posible alteración patrimonial hay que estar al valor de referencia catastral salvo que el valor escriturado fuera superior, en cuyo caso prevalecerá éste último.

En este sentido, el art. 36 del IRPF:

“Cuando la adquisición o la transmisión hubiera sido a título lucrativo se aplicarán las reglas del artículo anterior, tomando por importe real de los valores respectivos aquéllos que resulten de la aplicación de las normas del Impuesto sobre Sucesiones y Donaciones, sin que puedan exceder del valor de mercado”.

Y, lógicamente, las normas del Impuesto sobre Sucesiones y Donaciones, nos remiten al VRC, salvo que el valor escriturado fuera superior.

En este sentido, el art. 9.3 del ISD, que con relación a la base imponible del impuesto establece que:

3. "En el caso de los bienes inmuebles, su valor será el valor de referencia previsto en la normativa reguladora del catastro inmobiliario, a la fecha de devengo del impuesto.

No obstante, si el valor del bien inmueble declarado por los interesados es superior a su valor de referencia, se tomará aquél como base imponible".

IRPF: PÉRDIDAS PATRIMONIALES EN DONACIONES

STSJV de 28 de septiembre de 2022

A) TESIS TRADICIONAL

Siempre se ha mantenido que la alteración patrimonial para el donante solo puede generar ganancia o neutralidad patrimonial, nunca pérdida.

Así parece desprenderse claramente del artículo 33.5 de la L IRPF:

"5. No se computarán como pérdidas patrimoniales las siguientes:

c) Las debidas a transmisiones lucrativas por actos ínter vivos o a liberalidades".

B) CAMBIO DE CRITERIO

Pues bien, sorprendentemente, el TSJ de la Comunidad Valenciana en sentencia de 28 de septiembre de 2022 ha mantenido el criterio contrario.

Es decir, el Tribunal considera que se computan en IRPF las pérdidas debidas a donaciones.

El argumento para mantener esta posición llama poderosamente la atención.

"Sería manifiestamente contrario a los principios de equidad y capacidad contributiva hacer tributar por las ganancias puestas de manifiesto en una transmisión lucrativa, pero, en cambio, no permitir las pérdidas que se puedan generar por este tipo de transmisiones".

Dada la literalidad del art. 33.5 de la L IRPF no creo que esta sentencia pueda tener mucho recorrido, pero cosas más raras se han visto.

Desde luego, el Derecho Fiscal no deja nunca de sorprender.

IRPF: PÉRDIDAS PATRIMONIALES EN DONACIONES. POSICIÓN DEL TRIBUNAL SUPREMO

S TSJ de la Comunidad Valenciana de 28 de septiembre de 2022.

STS 23 de octubre de 2024.

A) POSICIÓN DEL TSJ DE LA COMUNIDAD VALENCIANA

En su día comentamos en este Chat cómo el TSJ de la Comunidad Valenciana, en sentencia de 28 de septiembre de 2022, mantuvo el criterio de considerar que se computaban en el IRPF las pérdidas debidas a donaciones.

El argumento para mantener esta posición llamaba poderosamente la atención:

"Sería manifiestamente contrario a los principios de equidad y capacidad contributiva hacer tributar por las ganancias puestas de manifiesto en una transmisión lucrativa, pero, en cambio, no permitir las pérdidas que se puedan generar por este tipo de transmisiones".

B) POSICIÓN DEL TRIBUNAL SUPREMO

El TS, en la sentencia que comentamos, no comparte este criterio y considera que las pérdidas patrimoniales derivadas de transmisiones lucrativas inter vivos o liberalidades no deben computarse en el IRPF.

El argumento más poderoso que utiliza el TS para mantener esta posición es la dicción literal del art. 33.5 del IRPF:

"5. No se computarán como pérdidas patrimoniales las siguientes:

c) Las debidas a transmisiones lucrativas por actos ínter vivos o a liberalidades".

Según el TS:

"La norma es clara en su redacción y no admite interpretación distinta a la que se desprende de su tenor literal, cuando en el mismo, sin margen de duda, se excluyen las pérdidas patrimoniales derivadas de donación".

Por tanto, según el TS, es el propio legislador el que elimina la posibilidad de que los contribuyentes puedan incorporar a sus declaraciones pérdidas derivadas de actuaciones que dependen únicamente de su voluntad y evitar así mecanismos de elusión fiscal.

C) CONCLUSIÓN

Para el TS:

"Según 33.5.c) de la L IRPF, no procede computar, a efectos de este impuesto, las pérdidas patrimoniales declaradas debidas a transmisiones lucrativas por actos inter vivos o liberalidades, aunque en unidad de acto se computen las ganancias patrimoniales también declaradas, derivadas de ese mismo tipo de transmisiones".

IRPF. DONACIONES MORTIS CAUSA CON TRANSMISIÓN DE PRESENTE

A) SUPUESTO DE HECHO

"El consultante va a efectuar una donación mortis causa con transmisión de presente (de las reguladas en el Libro cuarto del Código Civil de Cataluña) de la vivienda familiar en favor de sus tres hijos".

B) CUESTIÓN PLANTEADA

¿Cómo tributa esta operación en el IRPF?

C) POSICIÓN DE LA DGT

Para la DGT, en la consulta que comentamos, no hay alteración patrimonial en las donaciones *mortis causa* aunque la transmisión sea de presente:

"De acuerdo con los preceptos anteriores, la donación "mortis causa", si bien tiene la naturaleza jurídica de la donación, constituye una donación de características especiales a la que, en cuanto título sucesorio, se le aplicarán siempre las normas relativas a las adquisiciones por causa de muerte y no las relativas a adquisiciones a título gratuito e "inter vivos

En este supuesto resultará de aplicación lo dispuesto en la letra b) del artículo 33.3 de la LIRPF".

Recordemos que el art. 33.3 letra b) del IRPF dice:

3. "Se estimará que no existe ganancia o pérdida patrimonial en los siguientes supuestos:

b) Con ocasión de transmisiones lucrativas por causa de muerte del contribuyente".

D) CONCLUSIÓN

Para la DGT, las donaciones *mortis causa* con transmisión de presente de la propiedad no provoca ninguna alteración patrimonial en el IRPF.

IRPF. VALOR DE ADQUISICIÓN Y VALOR DE TRANSMISIÓN INFERIORES AL VALOR DE REFERENCIA CATASTRAL EN TRANSMISIONES ONEROSAS Y GRATUITAS

DGT V1601-22

Al hilo de las alteraciones patrimoniales en renta de la que debatimos el otro día con relación a las extinciones de condominio y la última sentencia del Supremo.

A) TRANSMISIÓN ONEROSA

Importante consulta de la DGT que aclara que, para calcular la alteración patrimonial en el IRPF, hay que atender al "importe real" por el que la enajenación se hubiese efectuado aunque éste fuera inferior al valor de referencia catastral.

Prevalece, en consecuencia, el valor escriturado sobre el valor de referencia catastral.

Por tanto, en una compraventa, el comprador tributará por ITP tomando como base imponible el valor de referencia catastral si fuese superior al valor escriturado, mientras que el vendedor tributará en el IRPF por su ganancia patrimonial tomando como base el valor escriturado.

El fundamento se encuentra en el art. 35 del IRPF:

Artículo 35. Transmisiones a título oneroso.

"El valor de transmisión será el importe real por el que la enajenación se hubiese efectuado".

B) *TRANSMISIÓN GRATUITA*

Por el contrario, en mi opinión, si la transmisión fuese gratuita debe prevalecer el valor de referencia catastral sobre el valor escriturado, salvo que el valor declarado fuera superior.

En este caso, tanto donante como el donatario tributarán respectivamente en renta y en donaciones tomando como base imponible el valor de referencia catastral, salvo que el valor declarado fuera superior.

El argumento lo encontramos en el art. 36 del IRPF:

Artículo 36. Transmisiones a título lucrativo.

"Cuando la adquisición o la transmisión hubiera sido a título lucrativo se aplicarán las reglas del artículo anterior, tomando por importe real de los valores respectivos aquéllos que resulten de la aplicación de las normas del Impuesto sobre Sucesiones y Donaciones, sin que puedan exceder del valor de mercado"

Este artículo se remite a las normas del ISD que en su artículo 10 establece que, el caso de los bienes inmuebles, su valor será el valor de referencia previsto en la normativa reguladora del catastro inmobiliario, a la fecha de devengo del impuesto, salvo que el valor declarado fuera superior.

En fin ...que en esta materia cada vez hay que ir con más cuidado.

ALTERACIÓN PATRIMONIAL EN EL IRPF: VALOR REAL O VALOR DE REFERENCIA CATASTRAL

DGT V1601-22

Importante consulta vinculante.

A) *TRANSMISIÓN ONEROSA*

Aclara que para calcular la posible alteración patrimonial en el IRPF en las transmisiones onerosas, hay que estar "valor real" declarado en la escritura y no al Valor de Referencia Catastral.

"Para la determinación del valor de adquisición hay que partir del importe real por el que la adquisición se hubiera efectuado. De igual forma, para la determinar del valor de transmisión se parte del importe real por el que la enajenación se hubiese efectuado, tomándose como tal el efectivamente satisfecho, siempre que no resulte inferior al normal de mercado, en cuyo caso prevalecerá éste.

Por lo tanto, será esta la forma de determinación de los valores de adquisición y transmisión del inmueble transmitido a los efectos del cálculo de la ganancia o pérdida patrimonial en el Impuesto sobre la Renta de las Personas Físicas. Y ello con independencia de la determinación de la base imponible que proceda en el Impuesto sobre Transmisiones Patrimoniales y Actos Jurídicos Documentados (ITPAJD)".

En mi opinión, esto también sería aplicable a las transmisiones onerosas sujetas a IIVTNU.

B) TRANSMISIÓN LUCRATIVA

Por el contrario, en las transmisiones lucrativas, en mi opinión, habrá que tener en cuenta el Valor de Referencia Catastral para calcular tanto la posible alteración patrimonial en IRPF como la incidencia en IIVTNU, salvo que el valor declarado fuera superior.

15. VALOR DE REFERENCIA CATASTRAL

11 de septiembre 2024

REPERCUSIÓN DEL VRC EN EL VENDEDOR: NINGUNA

En mi opinión, el hecho de que el comprador liquide por un valor de referencia catastral superior al valor escriturado para evitar el posible expediente sancionador, no afecta para nada al vendedor.

El VRC no se puede considerar, en ningún caso, como "valor comprobado".

De hecho, el VRC surgió porque el TS cuestionó el tradicional sistema de comprobación de valores utilizados por las distintas CCAA basado en valores catastrales y coeficientes.

Podríamos distinguir dos supuestos:

A) INMUEBLES CON VRC

Si el inmueble tiene VRC no hay posible comprobación de valor.

En estos casos, la base imponible estará constituida por el VRC o por el valor escriturado si éste fuera superior.

B) INMUEBLES SIN VRC

Si el inmueble no tiene VRC puede haber comprobación de valores.

En estos casos, la base imponible será el valor escriturado sin perjuicio de la posible comprobación de valores efectuada por la Administración.

C) REPERCUSIÓN EN IRPF o IIVTNU: NINGUNA

El VRC no afecta al vendedor ni en IRPF ni en IIVTNU.

En ambos impuestos, tanto la posible ganancia patrimonial en el IRPF como el posible incremento de valor en el IIVTNU, la base imponible será el valor escriturado, sin perjuicio de la posible comprobación de valores realizada por la administración.

Es decir, como toda la vida.

El sistema no ha cambiado para estos impuestos con la entrada en vigor del VRC.

No ocurre lo mismo con las transmisiones lucrativas, como ya comentamos en su día.

15 de marzo 2023

IRPF Y VALOR DE REFERENCIA CATASTRAL

En mi opinión, hay que distinguir entre:

A) ADQUISICIONES O TRANSMISIONES ONEROSAS

Para calcular la posible alteración patrimonial hay que estar al importe real de la adquisición o transmisión, es decir, al valor escriturado. No al valor de referencia catastral.

En este sentido el art. 35 del IRPF:

"1. El valor de adquisición estará formado por la suma de:

a) El importe real por el que dicha adquisición se hubiera efectuado.

b) El coste de las inversiones y mejoras efectuadas en los bienes adquiridos y los gastos y tributos inherentes a la adquisición, excluidos los intereses, que hubieran sido satisfechos por el adquirente.

En las condiciones que reglamentariamente se determinen, este valor se minorará en el importe de las amortizaciones.

2. El valor de transmisión será el importe real por el que la enajenación se hubiese efectuado. De este valor se deducirán los gastos y tributos a que se refiere la letra b) del apartado 1 en cuanto resulten satisfechos por el transmitente.

Por importe real del valor de enajenación se tomará el efectivamente satisfecho, siempre que no resulte inferior al normal de mercado, en cuyo caso prevalecerá éste".

Por tanto, habrá que calcular la posible alteración patrimonial en las transmisiones onerosas por el valor escriturado, no por el VRC.

B) ADQUISICIONES O TRANSMISIONES POR DONACIÓN

Para calcular la posible alteración patrimonial hay que estar al valor de referencia catastral salvo que el valor escriturado fuera superior, en cuyo caso prevalecerá éste último.

En este sentido, el art. 36 del IRPF:

"Cuando la adquisición o la transmisión hubiera sido a título lucrativo se aplicarán las reglas del artículo anterior, tomando por importe real de los valores respectivos aquéllos que resulten de la aplicación de las normas del Impuesto sobre Sucesiones y Donaciones, sin que puedan exceder del valor de mercado".

Y, lógicamente, las normas del Impuesto sobre Sucesiones y Donaciones nos remiten al VRC, salvo que el valor escriturado fuera superior.

En este sentido, el art. 9.3 del ISD, que con relación a la base imponible del impuesto establece que:

"3. En el caso de los bienes inmuebles, su valor será el valor de referencia previsto en la normativa reguladora del catastro inmobiliario, a la fecha de devengo del impuesto.

No obstante, si el valor del bien inmueble declarado por los interesados es superior a su valor de referencia, se tomará aquel como base imponible".

14 de mayo 2024

VALOR DE REFERENCIA CATASTRAL: INCIDENCIA EN AJD Y EN OS

A) INCIDENCIA DEL VRC EN AJD

El Valor de Referencia Catastral sí que tiene incidencia en AJD.

En este sentido, el art. 30 del TR ITPAD en sede de AJD que se remite al art. 10 en sede de TPO.

Art. 30:

"Cuando la base imponible se determine en función del valor de bienes inmuebles, el valor de estos no podrá ser inferior al determinado de acuerdo con lo dispuesto en el artículo 10 de este texto refundido".

Art. 10:

"En el caso de los bienes inmuebles, su valor será el valor de referencia previsto en la normativa reguladora del catastro inmobiliario, a la fecha de devengo del impuesto.

No obstante, si el valor del bien inmueble declarado por los interesados, el precio o contraprestación pactada, o ambos son superiores a su valor de referencia, se tomará como base imponible la mayor de estas magnitudes".

B) INCIDENCIA DEL VRC EN OS

El VRC tiene incidencia incluso en OS en los supuestos de reducción de capital y disolución de sociedad a la hora de valorar los bienes y derechos entregados a los socios.

En este sentido, el art. 25 del TR ITPAJD:

"En la disminución de capital y en la disolución, la base imponible coincidirá con el valor de los bienes y derechos entregados a los socios, sin deducción de gastos y deudas, determinado de acuerdo con lo dispuesto en el artículo 10 de este texto refundido".

C) VRC ES INCOMPATIBLE CON COMPROBACIÓN DE VALORES

En mi opinión, si un inmueble tiene VRC no cabe la comprobación de valores por parte de la Administración Tributaria, que sólo es posible si el inmueble carece de VRC.

En este sentido, el mismo art. 10:

"Cuando no exista valor de referencia o este no pueda ser certificado por la Dirección General del Catastro, la base imponible, sin perjuicio de la comprobación administrativa, será la mayor de las siguientes magnitudes: el valor declarado por los interesados, el precio o contraprestación pactada o el valor de mercado".

Por tanto, se observa que la posibilidad de comprobación de valores aparece en este párrafo, pero no en el anterior.

Por tanto, en mi opinión, la comprobación administrativa sólo es posible si el inmueble carece de VRC.

Si el inmueble tiene VRC, éste constituirá la base imponible salvo que el valor declarado por los interesados fuera superior.

6 de septiembre 2023

SUBASTA Y VALOR DE REFERENCIA CATASTRAL

DGT V1867-23

A) ANTES DE UNO DE ENERO DE 2022

Tradicionalmente, cuando un bien inmueble era adquirido por subasta pública, la base imponible en el ITP estaba determinada por el valor de adquisición.

En este sentido, el art. 39 del RITPAJD:

"En las transmisiones realizadas mediante subasta pública, notarial, judicial o administrativa, servirá de base el valor de adquisición".

Este artículo no era más que el desarrollo reglamentario del antiguo art. 10 del TR ITPAJD, que en su redacción original decía:

"La base imponible está constituida por el valor real del bien transmitido o del derecho que se constituya o ceda".

Por tanto, el tema estaba claro.

La base imponible estaba constituida por el valor real del bien transmitido y si la transmisión se había realizado mediante subasta pública, este valor real coincidía con el valor de adjudicación en la subasta.

B) DESPUÉS DE UNO DE ENERO DE 2022

Tras la entrada en vigor del nuevo VRC podríamos preguntarnos cuál es el ámbito de aplicación actual del art. 39 del RITPAJD.

Pues bien, esta cuestión ha sido abordada por la DGT en su consulta V1867-23 que, como veremos, reduce de forma importante el ámbito de aplicación del art. 39 del RITPAJD.

En definitiva, la DGT distingue dos supuestos en función de si el inmueble subastado tiene o no VRC.

a) INMUEBLE CON VRC

Si el inmueble objeto de subasta tiene VRC, la base imponible estará constituida por el VRC, salvo que el valor de adjudicación fuera superior.

"Conforme a lo expuesto, en las transmisiones de bienes inmuebles realizadas mediante subasta pública, notarial, judicial o administrativa, la base imponible será el valor de referencia del inmueble en la fecha de devengo del impuesto, salvo que el valor de adquisición del bien inmueble, el valor declarado por los interesados, o ambos sean superiores a su valor de referencia, en cuyo caso se tomará como base imponible la mayor de estas magnitudes"

Por tanto, el art. 39 del RITPAJD no será aplicable a este supuesto.

b) INMUEBLE SIN VRC

Si el inmueble objeto de subasta no tiene VRC, la base imponible estará constituida, tal como señala la DGT, por el valor de adjudicación, por lo que será de aplicación el art. 39 del RITPAJD.

"Ahora bien, si no existe valor de referencia o este no pueda ser certificado por la Dirección General del Catastro, en la determinación de la base imponible sí será aplicable lo dispuesto en el artículo 39 del RITPAJD, conforme al cual el valor de adquisición del inmueble tendrá la consideración de valor de mercado".

CONCLUSIÓN

Se ha reducido el ámbito de aplicación del art. 39 del RITPAJD que se aplicará exclusivamente a aquellos supuestos en que el inmueble subastado carezca de VRC.

Otro supuesto más en que las normas tributarias no tienen en cuenta la capacidad económica.

24 de abril 2023

OBRA NUEVA Y DIVISIÓN HORIZONTAL ANTIGUA: VALOR DE REFERENCIA CATASTRAL

DGT V1582-17

El otro día nos planteamos qué incidencia podían tener los nuevos valores de referencia catastral en la doctrina hasta ahora mantenida por la DGT para calcular la base imponible en las escrituras de ON y DH antiguas.

A) OBRA NUEVA ANTIGUA

En mi opinión, los nuevos valores de referencia catastral no tienen ninguna incidencia en esta materia.

Es decir, la base imponible de la escritura pública en la que se formalice una declaración de obra nueva antigua seguirá siendo el valor real del coste de la obra nueva que se declare, sin que proceda actualizar su valor a la fecha del devengo tal como establece, entre otras, la DGT V1582-17 que vimos el otro día.

Esto es así, en mi opinión, por aplicación de lo dispuesto en el art. 30.1 del TR ITPAJD en relación con el art. 10 del mismo texto legal (que es el que hace referencia al valor de referencia catastral), al que sólo se remite en aquellos supuestos en los que la base imponible se determina "en función del valor de los inmuebles".

Art. 30.1 TR ITPAJD:

"Cuando la base imponible se determine en función del valor de bienes inmuebles, el valor de estos no podrá ser inferior al determinado de acuerdo con lo dispuesto en el artículo 10 de este texto refundido".

Hay que recordar que la base imponible de la declaración de ON no se determina "en función del valor de los inmuebles", sino por el valor real del coste de la obra que se declara, tal como establece el art. 70.1 R ITPAJD.

"La base imponible en las escrituras de declaración de obra nueva estará constituida por el valor real de coste de la obra nueva que se declare".

Este artículo está plenamente vigente y es el aplicable a este caso concreto.

B) DIVISIÓN HORIZONTAL ANTIGUA

Aquí sí que tienen incidencia los nuevos valores de referencia catastral, al menos, en lo relativo a la valoración del terreno.

Recordemos que la base imponible en la DH se determina por el valor del terreno más el valor de la edificación.

Ya hemos visto cómo se determina el valor de la edificación.

En cuanto al valor del terreno, el art. 70.2 del R ITPAJD se remite al valor real del mismo y la DGT ha interpretado que ese valor real es su valor actual por lo que, en mi opinión, aquí sí que tendrá incidencia el valor de referencia catastral por la remisión que el art. 30.1 del TR ITPAJD hace al art. 10 del mismo cuerpo legal.

Art. 70.2 R ITPAJD:

"2. En la base imponible de las escrituras de constitución de edificios en régimen de propiedad horizontal se incluirá tanto el valor real de coste de la obra nueva como el valor real del terreno".

DGT V1582-17:

"La base imponible de la escritura pública en que se formalice la nueva división horizontal de un edificio comprenderá tanto el valor real del coste de la obra nueva como el valor real del terreno. A estos efectos, el valor de la obra a tener en cuenta es el del coste real que tuvo la obra en cuestión, sin que proceda actualizarlo a la fecha del devengo del impuesto. En cuanto al valor del terreno será el valor real actual, el que tenga en el momento del devengo del impuesto, que será el día en que se formalice la escritura pública".

CONCLUSIÓN

El VRC no tiene ninguna incidencia para calcular la base imponible en las DON antiguas y sí la tiene para calcular la base imponible en la DH en lo relativo a la valoración del terreno.

16. CUESTIONES GENERALES

7 de junio 2023

FORMA DE VALORAR LOS INMUEBLES EN LOS DISTINTOS IMPUESTOS

Cada impuesto tiene sus propias normas para valorar los bienes inmuebles.

El valor de referencia catastral despliega su eficacia en el ámbito del ITPAJD y en el ISD.

El valor de mercado despliega su eficacia en el ámbito del Impuesto de Sociedades.

Sólo por recordar.

1. VALOR DE REFERENCIA CATASTRAL:

El Valor de Referencia Catastral servirá para valorar los inmuebles en los siguientes impuestos:

A) TPO: art. 10. TR ITPAJD

"En el caso de los bienes inmuebles, su valor será el valor de referencia previsto en la normativa reguladora del catastro inmobiliario, a la fecha de devengo del impuesto.

No obstante, si el valor del bien inmueble declarado por los interesados, el precio o contraprestación pactada, o ambos son superiores a su valor de referencia, se tomará como base imponible la mayor de estas magnitudes".

B) OS: art. 25. TR ITPAJD

"En la disminución de capital y en la disolución, la base imponible coincidirá con el valor de los bienes y derechos entregados a los socios, sin deducción de gastos y deudas, determinado de acuerdo con lo dispuesto en el artículo 10 de este texto refundido".

C) AJD: art. 30. TR ITPAJD

"Cuando la base imponible se determine en función del valor de bienes inmuebles, el valor de estos no podrá ser inferior al determinado de acuerdo con lo dispuesto en el artículo 10 de este texto refundido".

D) ISD: art. 9 ISD

"En el caso de los bienes inmuebles, su valor será el valor de referencia previsto en la normativa reguladora del catastro inmobiliario, a la fecha de devengo del impuesto.

No obstante, si el valor del bien inmueble declarado por los interesados es superior a su valor de referencia, se tomará aquél como base imponible".

2. VALOR DE MERCADO:

Por el contrario, la ley del Impuesto de Sociedades no hace referencia al valor de referencia catastral a la hora de valorar los inmuebles sino que se refiere al "valor de mercado".

Art. 17 LIS:

"Se valorarán por su valor de mercado los siguientes elementos patrimoniales:

c) Los transmitidos a los socios por causa de disolución, separación de éstos, reducción del capital con devolución de aportaciones, reparto de la prima de emisión y distribución de beneficios.

Se entenderá por valor de mercado el que hubiera sido acordado entre partes independientes, pudiendo admitirse cualquiera de los métodos previstos en el artículo 18.4 de esta Ley".

CONCLUSIÓN:

Impuesto distintos, métodos distintos para valorar los bienes inmuebles.

15 de julio 2024

EXCLUSIÓN DE CULPABILIDAD AL CONTRIBUYENTE POR LA GESTIÓN DE LOS IMPUESTOS EFECTUADOS POR EL NOTARIO

Del último Flash Fiscal.

S TSJ de Andalucía de 24 de octubre de 2023 (Rec. 234/2021)

El Tribunal considera que no resulta procedente la imposición de una sanción al contribuyente, por la liquidación de IVA en una operación de compraventa inmobiliaria que fue asesorada y gestionada fiscalmente por la notaría.

Así, hechos como que se realizara el pago de tributos (aunque no fuera el procedente legalmente), la declaración tributaria del hecho realizado, y la presentación de la liquidación siguiendo el criterio de la notaría (por TPO y no por IVA), son circunstancias que no permiten tachar la conducta de culposa en el marco de la imposición de sanción.

CONCLUSIÓN:

Se excluye la culpabilidad del contribuyente en aquellas liquidaciones practicadas, aunque sean incorrectas, asesoradas y gestionadas por la notaría.

Otra cosa es la responsabilidad en la que pudiera haber incurrido el notario.